Fach-
buch
Klett-Cotta

»Mutter, Sohn«

Kalligraphie von
Martina Geßner

VICTOR CHU

Die Mutter im Leben eines Mannes

Eine lebenslange Bindung

Klett-Cotta

Klett-Cotta
www.klett-cotta.de
J. G. Cotta'sche Buchhandlung Nachfolger GmbH,
Rotebühlstr. 77, 70178 Stuttgart
Fragen zur Produktsicherheit: produktsicherheit@klett-cotta.de

Illustrationen: S. 2, »Mutter, Sohn«, Kalligraphie von Martina Geßner
S. 242 © Shutterstock/siridhata
Cover: Bettina Herrmann, Stuttgart
unter Verwendung eines Fotos von © Shutterstock/Maria Sbytova
Gesetzt in den Tropen Studios, Leipzig
Gedruckt und gebunden von CPI – Clausen & Bosse, Leck
ISBN 978-3-608-96334-2

Dritte Auflage, 2026

Bibliografische Information der Deutschen Nationalbibliothek:
Die Deutsche Nationalbibliothek verzeichnet diese Publikation in der
Deutschen Nationalbibliografie; detaillierte bibliografische
Daten sind im Internet über http://dnb.d-nb.de abrufbar.

Inhalt

Dies Buch widme ich

meinen Schwestern, die Mutter und
Vater mit mir teilten

allen Tibetern und Uiguren,
meinen Landsleuten im In- und Ausland,
besonders den Hongkongern

und
meinem japanischen Freund
Kazuaki Tanahashi,
der mir beibrachte,
meine Feinde zu lieben

Der Glanz in den Augen der Mutter beim Anblick ihres Sohnes mag schmeichelhaft, aber nicht immer gut für den Jungen sein.

Victor Chu

Selbstgeständnis

Ich bin meiner Mutter einzig Kind,
Und weil die andern ausblieben sind,
Was weiß ich wie viel, die sechs oder sieben,
So ist eben Alles an mir hängen blieben;
Ich hab' müssen die Liebe, die Treue, die Güte
Für ein ganzes halb Dutzend allein aufessen,
Ich will's mein Lebtag nicht vergessen.
Es hätte mir aber noch wohl mögen frommen,
Hätte ich nur auch Schläg' für Sechse bekommen.

Eduard Mörike (1804–1875)

Vorwort

Erlauben Sie mir gleich zu Beginn eine Vorbemerkung: Es geht in diesem Buch nicht um eine allgemeine Abhandlung über die Beziehung zwischen Müttern und Söhnen. Vielmehr geht es um das Verhältnis zwischen *schwierigen* Müttern und ihren Söhnen. Mich hat als Psychotherapeut interessiert, welche Konflikte entstehen können, wenn eine Mutter persönliche Probleme hat, die sie unbewusst auf den Sohn überträgt und die ihr gegenseitiges Verhältnis belasten.

In vielen Gesprächen mit Männern habe ich erfahren, wie ein Zuviel oder Zuwenig an Mutterliebe ihnen Schwierigkeiten in ihrem erwachsenen Leben bereiten können. Frauen beklagen sich darüber, dass ihre Partner mehr an der Mutter hängen als an ihnen, dies aber vehement ableugnen. Und Töchter sind darauf eifersüchtig, dass ihre Mütter den Bruder selbst im Erwachsenenalter bevorzugen. Schließlich sind manche Mütter darüber verzweifelt, dass sie ihre erwachsenen Söhne nicht verstehen, dass sie keinen Zugang mehr zu ihnen finden und sie sich deshalb Sorgen um sie machen. Ihnen allen möchte ich Erklärungen für das komplexe Geflecht in der Beziehung zwischen Müttern und Söhnen an die Hand geben, damit sie ihr gegenseitiges Verhältnis klären und besser gestalten können.

Es ist unmöglich, objektiv über Mütter nachzudenken und zu schreiben. Jeder Mensch, egal Frau oder Mann, den man nach seinem Verhältnis zur Mutter fragt, kommt mit persönlichen Erinnerungen und Geschichten, die mit positiven oder negativen Gefühlen besetzt sind. Das Verhältnis zur Mutter ist immer subjektiv und immer emotional, ist sie doch die erste und die prägendste Beziehung in unserem Leben. Selbst ein Mensch, der gleich nach der Geburt von seiner Mutter zur Adoption freigegeben wurde, hat die ersten neun Monate seines Lebens in ihrem Uterus erlebt, war mit ihr über die Nabelschnur aufs Innigste verbunden, hat alles miterlebt, was ihr während der Schwangerschaft widerfuhr. Mit der Mutter ist er gemeinsam durch die Geburt gegangen, einen Prozess, in dem es für beide um Leben und Tod geht.

Wieviel stärker und persönlicher ist das Verhältnis zur Mutter für Menschen, die mit ihr nicht nur Schwangerschaft und Geburt erlebt haben, sondern jahrelang von ihr genährt und großgezogen worden sind. Die Mutter ist schlichtweg die prägendste Person in unserem Leben.

Umgekehrt ist es für eine Mutter unmöglich, neutral über ihr Verhältnis zu ihren Kindern zu berichten. Zum einen ist die Fähigkeit, ein Kind zu bekommen und auf die Welt zu bringen, ausschließlich dem weiblichen Geschlecht vorbehalten. Sie gehört zum Schicksal einer Frau, von manchen als Geschenk, von anderen als Fluch empfunden, mit all den Nuancen dazwischen. Diese Tatsache führt dazu, dass keine Frau neutral über Mutterschaft und Muttersein sprechen kann. Zudem berührt dieses Thema auch ihre Geschichte mit *ihrer* Mutter. Muttersein ist ein Fluss, der von Großmutter zur Mutter zur Tochter und weiter fließt. Therapeutinnen berichten, dass es nicht selten vorkommt, dass eine Frau bei der Geburt ihres Kindes ihre eigene Geburt durchlebt, diesmal in der Doppelrolle als Gebärende und als (einstiges) Kind. Vor diesem Hintergrund nimmt es nicht wunder, dass die meisten Mütter ihre Kinder mit vielschichtigen Gefühlen betrachten. Eine Mutter erzählt, dass es unmöglich sei, sich nicht in Extremen zu sehen: Entweder tue sie als Mutter zu viel oder zu wenig. Sie sei ihre schärfste Kritikerin. Aus diesem Grund hat eine Mutter fast nie das Gefühl, ihre Kinder richtig zu behandeln. Es ist schier unmöglich, eine »ideale Mutter« zu sein.

Es ist also weder aus der Perspektive des Kindes noch aus der der Mutter möglich, objektiv über Mütter und Muttersein zu denken und zu sprechen. Vielleicht ist dies der Grund, warum das Thema

Mutter in der öffentlichen Diskussion oft nur mit Samthandschuhen angefasst wird. In der psychologischen Literatur finden wir zwar eine Menge Ratgeber dafür, wie man Kinder richtig erziehen soll. Aber über die Probleme, die Kinder mit ihren Müttern haben, ihre Ängste, ihre Schmerzen, ihr Leid – das Kind als Opfer seiner Mutter –, darüber wird kaum etwas geschrieben. Es ist, als betrete man eine Tabuzone, wenn man sich über Mütter beklagt. Darüber darf zwar unter vier Augen erzählt werden, aber in der Öffentlichkeit? Da wird die Mutter verehrt und auf einen Sockel gestellt. Das größte Vorbild dafür ist die Mutter Gottes.

Ich habe nur ein einziges Madonnenbild gesehen, auf dem die Madonna das Jesuskind verprügelt. Es ist 1926 von Max Ernst gemalt worden, mit dem Titel »Die Jungfrau züchtigt das Jesuskind vor drei Zeugen: André Breton, Paul Éluard und dem Maler«. Auf dem Bild sieht man, wie Maria mit einem starren, ausdruckslosen Blick das nackte Jesuskind auf ihrem Schoß mit der linken Hand festhält und mit der rechten ihm auf den bereits geröteten Po schlägt. Dabei trägt sie den Heiligenschein. Seiner ist jedoch auf den Boden gefallen. In den gefallenen Heiligenschein hat der Maler seine Signatur gesetzt. Im Hintergrund schauen drei Männer durch ein winziges Fenster zu. Man könnte das Bild so deuten, dass Max Ernst seinen beiden Freunden über seine einstige Züchtigung durch die Mutter erzählt. Das Bild löste 1926 ein Skandal aus. Als es im Kölnischen Kunstverein ausgestellt wurde, soll der damalige Erzbischof gefordert haben, es abzuhängen.

Wie sehr unsere Idealvorstellung der Familie von der Realität abweicht, zeigt folgendes Zitat aus den Federn eines führenden Traumatherapeuten:

»(...) denn Menschen seien nun einmal Virtuosen des Wunschdenkens und des Verschleierns der Wahrheit (...) Wir wollen im Grunde nicht wissen, was Soldaten im Kampf durchmachen. Wir wollen auch nicht wissen, wie viele Kinder in unserer Gesellschaft

sexuell belästigt, missbraucht oder misshandelt werden, und auch nicht, wie viele Paare – es ist fast ein Drittel – irgendwann in ihrer Beziehung gewalttätig werden. Wir möchten uns die Familie als einen sicheren Hafen in einer herzlosen Welt vorstellen und unser eigenes Land als von aufgeklärten und zivilisierten Menschen bewohnt. Wir ziehen es vor zu glauben, dass Grausamkeiten nur an fernen Orten wie in Darfur oder im Kongo stattfinden (…).« (Van der Kolk 2015, S. 20)

Über das zwiespältige Verhältnis zwischen Müttern und Töchtern hat Nancy Friday 1977 zum ersten Mal in ihrem Buch *My Mother Myself* geschrieben. Über Mütter und Söhne wurde jedoch kaum etwas Kritisches geschrieben. Das Buch von Karl Haag, *Wenn Mütter zu sehr lieben. Verstrickung und Missbrauch in der Mutter-Sohn-Beziehung* (2015), bildet eine große Ausnahme, ebenso das erschütternde autobiographische Buch *Das wahre »Drama des begabten Kindes«* (2016) von Martin Miller, dem Sohn von Alice Miller. Er beschreibt darin, wie seine weltberühmte Mutter, die in ihren Büchern stets die Psyche des Kindes gegen den Machtmissbrauch der Eltern verteidigt, aufgrund ihrer erlittenen kriegs- und holocaustbedingten Traumata ihre eigenen Kinder abgeschoben, vernachlässigt und den Misshandlungen durch deren Vater tatenlos überlassen hat.

Gerade Männern scheint es schwerzufallen, über die schmerzlichen Seiten ihrer Mutter-Beziehung nachzudenken und zu schreiben. Zu tief sitzt die Wunde. Zu sehr wehrt sich die männliche Seele dagegen, zugeben zu müssen, einst als hilfloser Junge von der Mutter abhängig gewesen zu sein, vielleicht sogar von ihr gedemütigt, misshandelt oder missbraucht worden zu sein. Zu sehr steht dies dem gewohnten stereotypen Bild des starken Mannes entgegen, der ein Mann in der Gesellschaft zu sein hat.

Es ist jedoch gerade die Umkehrung des Klischees von dem starken Mann hier und der schwachen Frau dort, die das Verhältnis zwischen Müttern und Söhnen so interessant macht. Wir vergessen zu oft, dass jeder Mann, egal ob Macho oder Softie, einmal ganz klein und hilflos gewesen ist und seiner Mutter ausgeliefert war. Damit beginnt das Leben eines jeden Mannes. Hier beginnt auch seine Geschichte mit der Frau. Die Mutter ist die erste Frau im Leben eines Mannes. Sie prägt sein Verhältnis zu sich selbst, indem sie ihm zum ersten Mal das Gefühl dafür gibt, wie es ist, ein Mann zu sein. Vor allem aber prägt sie sein Verhältnis zu allen Frauen, die er später antreffen wird. Mit ihr macht er seine ersten Erfahrungen mit der weiblichen Stimme, dem weiblichen Duft und der weiblichen Haut. Hier spürt er Wärme und Kälte, Liebe und Schmerz.

Umgekehrt begegnet eine Mutter in ihrem Sohn zum ersten Mal ein männliches Wesen, das klein, ja winzig ist, ein Wesen, das total von ihr abhängig ist, dessen Wohl und Weh von ihrem guten (oder schlechten) Willen abhängt. Hier erlebt sie die Umkehrung des Mann-Frau-Verhältnisses, das sie sonst in ihrem Leben antrifft. Wie wird ihr eigenes Verhältnis zu Männern – zu ihrem Vater, zu ihren Brüdern, zu ihren Vorgesetzten, zu ihren Liebespartnern und zum Vater des Kindes – sich auf die Beziehung zu ihrem kleinen Sohn abfärben? Welche Botschaften gibt sie ihm auf den Weg, wie er später als Mann zu sein hat? Wie stark bestimmt sie ihn in seinem Mannsein?

Jeder Mann, mit dem ich über sein Verhältnis zur Mutter spreche, berichtet von schwierigen, manchmal von schrecklichen Erfahrungen, die er mit ihr gemacht hat. Viele möchten dieses Kapitel für immer hinter sich lassen und nichts mehr davon wissen. Viele haben eher ein »mechanisches« Verhältnis zu ihrer Mutter entwickelt: Man besucht sie nach einem bestimmten Ritual. Dabei wechselt man immer die gleichen nichtssagenden Worte, man trinkt Kaffee miteinander, dann gibt man sich die Hand oder ein flüchtiges Küsschen, um dann erleichtert ins eigene Leben zu flüchten, bis zum nächsten Mal. Dabei vergisst man, dass die Mutter einen unsichtbar begleitet, bei jedem Schritt. Sie haust im Herzen jedes noch so erwachsenen Sohnes und beeinflusst alles, was er tut, bis in seine Liebesbeziehungen hinein.

Männer fühlen nicht gerne, vor allem fühlen Männer *sich* nicht gerne. Männer tun lieber etwas. Im Tun blenden Männer aus, was sie lieber nicht fühlen wollen. Und doch wird ihr Tun durch ihr Fühlen bestimmt, auch durch das Fühlen, das sie ausblenden. Das ist das Vertrackte am Unbewussten. Je mehr wir von ihm weglaufen, desto hartnäckiger verfolgt es uns, desto stärker bestimmt es unser Tun. Zu fühlen, was ein Mann von seiner Mutter mitbekommen und mit ihr erlebt hat, bringt ihn zurück an die Quelle seines Seins. Wenn er den Weg zurückfindet, findet er auch zu sich selbst zurück. Stück für Stück eignet er sich sich selbst wieder an: seine Kindheit, seine Jugend, seine Männlichkeit. Wenn er mit seiner Mutter aufgeräumt hat, kann er sein Leben endlich neu in die Hand nehmen und nun selbst bestimmen, wohin es weitergehen soll in seinem zukünftigen Leben. So habe ich es auch beim Schreiben dieses Buchs erfahren.

Die Bedeutung der Mutter-Sohn-Beziehung geht dabei weit über das individuelle Leben eines Mannes hinaus. Sie ist ein entscheidendes Glied in der Kette von Männer-Frauen-Beziehungen in unserer Gesellschaft. Wenn wir das Gewalt- und Herrschaftsverhältnis zwischen Männern und Frauen überwinden wollen, müssen wir zunächst schauen, wie in unserer Gesellschaft Frauen von Männern behandelt werden. Viele erfahren von ihren Partnern sexuelle und körperliche Gewalt und werden von ihnen gedemütigt.[1] Danach können wir verfolgen, wie die betroffenen Frauen später selbst ihre Söhne behandeln: Entweder verwöhnen sie diese grenzenlos (narzisstische Überhöhung), machen sie zu ihrem Ersatzpartner (ödipaler oder inzestuöser Missbrauch), oder sie lassen sie ihre Ablehnung des männlichen Geschlechts spüren (narzisstische Abwertung). Diese Söhne wachsen unter dem Einfluss ihrer Mütter zu erwachsenen Männern heran, die ihrerseits mit den Frauen in ihrem Leben so umgehen, wie sie es am Beispiel der Eltern erlernt haben. Diese

Frauen bekommen wiederum Söhne und der Teufelskreis beginnt von Neuem. Das eine geht nahtlos ins andere über. Innerhalb dieser Kette spielt die Mutter-Sohn-Beziehung eine entscheidende Rolle in der Formung des Verhältnisses zwischen den Geschlechtern. Wir müssen das Ganze als einen durch die Generationen fortlaufenden Prozess anschauen, wo Positives wie Negatives *transgenerational* weitergegeben und weiterentwickelt wird.

Von all den genannten Gliedern in der Kette konzentriere ich mich in diesem Buch auf die Mutter-Sohn-Beziehung. Damit vervollständige ich meine Betrachtung der Eltern-Kind-Beziehung, die mit dem letzten Buch *Vaterliebe* begonnen hat. Dabei arbeite ich gleichzeitig meine eigene Beziehung mit meinen Eltern auf. Es ist nur ein Versuch, aber ich glaube, es ist diesen Versuch wert.

Persönliche Einleitung

Dies ist ein persönliches Buch. Persönlich, weil das Thema *Mutter* jeden Menschen an seinen frühesten und tiefsten Erfahrungen berührt. Daher wäre es illusorisch, ein objektives Buch über die Mutterbeziehung schreiben zu wollen. Jeder, der darüber nachdenkt, tut dies aufgrund seiner ureigenen Erlebnisse und Erinnerungen. Daher bitte ich die Leser, dieses Buch weniger als eine Quelle objektiver Tatsachen oder Erkenntnisse zu betrachten, sondern es als Anregung zur Reflexion über die eigene Mutterbeziehung zu nutzen.

Ich schreibe über ein Thema, wahrscheinlich *das* Thema, das mich mein Leben lang beschäftigt hat: die Beziehung zu meiner Mutter. Ich glaube, dass alle meine bisherigen Bücher um dieses Thema gekreist sind. Natürlich schreibt jeder Autor über für ihn Wesentliches. Nur versuchen die meisten, das Persönliche auf irgendeine Weise zu verkleiden oder zu verschleiern. Doch als Leser spürt man, welche Stellen authentisch und welche bloß ausgedacht sind. Das Fesselndste ist das, was aus dem persönlichen Erleben des Autors stammt.

Meine persönliche Geschichte habe ich in meinen bisherigen Büchern mehr oder weniger verdeckt gehalten, um mich und die Menschen, die mir nahestehen zu schützen. Mit zunehmendem Alter kann ich mehr zu mir stehen. Dies ist eines der wenigen Privilegien des Alters.

Das Mutterthema berührt jeden Menschen tief in seinem Inneren. Wenn ich darüber schreibe, begebe ich mich an die prägendsten Erlebnisse meines Lebens. Davor habe ich mich bislang gescheut. Auch wollte ich meine Mutter in ihrer Privatsphäre schützen, gehört doch das Muttersein zu den intimsten Lebenserfahrungen einer Frau. Mit ihrem Tod haben sich nun viele äußere und innere Fesseln gelöst. Zumindest sind sie lockerer geworden. Ich fühle mich endlich frei genug, um über dieses persönlichste Kapitel meines Lebens nachzudenken und es aufs Papier zu bringen.

Ich schreibe, weil dies mein Weg ist, etwas, das ich zunächst nur gefühlsmäßig erahne, zu präzisieren und fassbar zu machen. Ich schreibe, um das Knäuel an Liebe, Schmerz, Angst und Verzweiflung, das ich mit meiner Mutter verbinde, zu entwirren und zu verstehen.

Ich werde die Beziehung zur Mutter aus meiner Sicht als Sohn wiedergeben. Gleichzeitig möchte ich versuchen, das, was meine Mutter in ihrem Leben als Tochter, als Heranwachsende, als Frau und Ehefrau, als Mutter und Schwiegermutter, als Großmutter und Urgroßmutter, zuletzt als Demente und Siechende durchgemacht hat, mitfühlend zu verstehen, so wie ich es auch mit einer Klientin machen würde.

Der gravierende Unterschied zu einer Klientin besteht jedoch darin, dass es meine Mutter ist, ein Mensch, dem ich so nahe gestanden bin wie sonst keinem – mein Leben begann buchstäblich *in ihr*. Meine Perspektive ist dadurch stets eine subjektive. Alles, was ich über sie schreibe, betrifft mich selbst auf irgendeine Weise.

Es war eine 71 Jahre lange Beziehung, sie umfasst beinahe mein ganzes Leben. Nur langsam entferne ich mich von dem Punkt, an dem wir uns trennten. Das war, als meine Mutter starb. Seither lebe ich wirklich für mich. Ich lebe, ich bin, ohne dass meine Mutter sich irgendwo auf der Welt befindet und an mich denkt oder auf mich wartet. Es ist eine erstaunliche, eine kostbare Freiheit, die ich seither gewonnen habe. Ich wundere mich immer noch darüber, dass ich ihr keine Grußkarte mehr aus dem Urlaub zu schreiben brauche. Jetzt, wo ich es nicht mehr tun muss, vermisse ich es sogar ein wenig! Ihr Haus ist leer, heute wohnen andere Menschen darin. Wir werden nie mehr zu zweit an ihrem Esstisch sitzen und chinesisch essen. Die Freiheit von meiner Mutter fühlt sich auch wie eine große Leere an.

Nun, endlich, kann ich in Ruhe über sie nachdenken und schreiben, ohne ein schlechtes Gewissen zu haben, ohne Rücksicht nehmen zu müssen, ohne sie schützen zu müssen. Es ist eine Befreiung von einer Riesenlast, einer, von der ich dachte, ich würde sie niemals loswerden können. Nun bin ich frei. Ich hoffe, meine Mutter ist es ebenfalls.

Liebe und Leid, Leid und Liebe

Ich schreibe dieses Buch, um das Leid, das meine Geschwister und ich durch unsere Mutter erlitten haben, zu verarbeiten. Ich erzähle aus meiner Perspektive. Meine Schwestern würden ihre Geschichte ganz bestimmt anders erzählen, aus ihrer Perspektive als Töchter. Dennoch kann man aus meiner Geschichte vieles erahnen, was sie als Töchter durchgemacht haben.

Ich erzähle diese Geschichte gleichzeitig als Liebesgeschichte. Weil wir unsere Mutter liebten und lieben. Und umgekehrt bin ich sicher, dass unsere Mutter uns ebenfalls geliebt hat und uns ihre Liebe, so gut sie konnte, geschenkt hat. Manchmal ist das Zurückhalten eines Fluches bereits ein Liebesbeweis. Ich erzähle davon, wie innig Liebe und Leid ineinander verwoben sein können, dass Liebe und das Geliebtwerden sich gelegentlich belastend, ja bitter anfühlen können, auf der anderen Seite im Leid immer noch ein Hauch von Liebe spürbar sein kann.

Es gibt für alles, was wir im Leben erfahren, gute und schlechte Seiten. Der Zenmeister Thich Nhat Hanh hat den Satz geprägt: »Keine Lotusblüte ohne Schlamm«. In unserer Mutterbeziehung, der ersten unseres Lebens, hat jeder Mensch wohl Gutes und Böses erfahren – Liebe und Ablehnung, Liebkosungen und Schläge, Lob und Abwertungen.

Das Gute können wir dankbar annehmen und weiterpflegen. Das Böse können wir als Herausforderung annehmen. Misshandlungen und Missbrauch können uns gedemütigt haben, sie können uns aber auch zu mehr Bewusstheit, Widerstandskraft, Sensibilität und Mitgefühl verhelfen, wenn wir die erfahrenen Verletzungen durcharbeiten und überwinden. Es liegt an uns, uns zu heilen. Es verlangt Mut und Ausdauer, uns mit den Verletzungen von früher zu konfrontieren, den Schmerz durchzugehen, um ans andere Ufer zu gelangen.

Die Mutterbeziehung ist nicht nur die Älteste, sie ist auch die Prägendste unseres ganzen Lebens. Es lohnt sich, sie durchzuarbeiten und ihr Zeit zu widmen. Wir können unsere Geschichte mit unserer Mutter, unser gegenseitiges Verhältnis damals wie heute und die Gefühle, die wir damit verbinden, genauer anschauen, um sie schließlich zu begreifen und in uns zu integrieren. Denn wir haben unsere Mutter und unseren Vater in uns, als genetisches Erbe, als Erinnerungsspur, als Grunderfahrung, auch wenn wir unsere eigene Persönlichkeit entwickeln und unseren Weg gehen. Hier hat die Lotusblüte ihre Wurzeln, auch wenn diese im Schlamm stecken.

In diesem Buch werde ich über viel Leidvolles berichten. Gleichzeitig werde ich versuchen, die Essenz von Beziehungen herauszuarbeiten, und diese erweist sich fast immer als die *Liebe*. In meinen Familienaufstellungen hat sich wieder und wieder gezeigt, wie Krieg, Gewalt, Missbrauch, Hass und Selbsthass angesichts der Liebe und der Selbstliebe ihre Macht verlieren. Im *Tao Te King*, einer der ältesten Schriften der Welt, steht: Wasser ist stärker als Stein, das Weiche überwindet das Harte.

Dieses Buch schreibe ich, um mich von meiner Mutter zu verabschieden, die vor eineinhalb Jahren 95-jährig verstorben ist. Ich schreibe, um mich von ihr zu befreien. Ich schreibe, um mich ihr zu nähern. Ich schreibe, um unsere Beziehung, die längste, die ich je hatte, und die schwerste, an der ich je zu tragen hatte, zu begreifen, um sie endlich loszulassen. Ich werde meiner Mutter vermutlich niemals gänzlich gerecht werden können. Ich kann nur versuchen, mich in sie zu versetzen und unsere Beziehung aus ihrer Perspektive zu betrachten.

Mich als Mann in eine Frau, noch dazu eine Mutter hineinzufühlen, ist eigentlich ein unmögliches Unterfangen. So unterschiedlich sind Mann und Frau. Das allererste Mal, dass ich diesen Unterschied spürte, war gegen Ende meiner Studienzeit, als eine Kommilitonin in unserer studentischen Selbsterfahrungsgruppe von ihrer Regelblutung erzählte. Ich spürte auf einmal tief in meinem Schoß eine Blume aufblühen, so etwas wie eine Lotosblume. Es war ein mir bis dahin völlig unbekanntes Gefühl. Ich war überwältigt. Wow, dachte ich, was für ein Wunder, so etwas wie eine Gebärmutter mitten im Körper zu haben und zu fühlen!

Mich in eine Frau hineinzuversetzen kommt mir verwegen, ja ungeheuerlich vor. Und doch muss ich es tun, wenn ich meine Mutter, wenn ich Mütter in ihrem Wesen verstehen will. Sonst bliebe ich auf meinen männlichen Blickwinkel beschränkt. Wir blieben als Männer und Frauen für immer getrennt, ohne uns je die Hand reichen zu können.

Meine Geschlechtsorgane hängen außerhalb meines Körpers. Eine Frau hat ihre Geschlechtsorgane tief in ihrem Körper. Darin entsteht neues Leben. Dort beherbergt sie ihre Kinder, bis diese lebensfähig sind, um sie dann, unter größten Schmerzen, in einem unglaublichen animalischen Akt, zur Welt zu bringen.

Dies ist der Anfang eines jeden Menschen. Jeder Mann kommt aus dem Schoß einer Frau. Das ist der Grund, weshalb Männer Frauen verehren. Das ist ebenfalls der Grund, warum Männer Frauen verachten und hassen. Darunter liegt meistens Furcht. Denn jeder Mann ist einmal Kind seiner Mutter gewesen. Er ganz klein und hilflos. Sie riesengroß und allmächtig. Jeder Mann ist zu Beginn seines Lebens seiner Mutter auf Gedeih und Verderb ausgeliefert gewesen, für eine ganz, ganz lange Zeit. Wenn die Mutter gut und liebevoll war, hat er allen Grund, sie zu verehren und ihr dankbar zu sein. War sie dagegen böse, abweisend, kalt oder missbrauchend, hat er allen Grund, sie zu fürchten, vor ihr zu fliehen oder lebenslang zu hassen. Die Unterdrückung der Frau ist ein Versuch, diese Lebensschmach zu vergessen, zu rächen und umzukehren.

Und doch, so sehr ein Mann auch vor seiner Mutter zu fliehen versucht, er wird sie niemals loswerden können. Sie wird immer der Ursprung seines Lebens sein, die Ursache seines tiefsten Schmerzes und seiner tiefsten Sehnsucht. Wenn ich also über meine Mutter schreibe, versuche ich eine Brücke zwischen Verehrung und Verachtung, zwischen Schmerz und Sehnsucht zu bauen. Ich will endlich Frieden finden.

Im Laufe dieser inneren Reise bin ich auf auf folgende Erkenntnis gestoßen:

> *Die Geschichte der Mutter-Sohn-Beziehung ist die Geschichte der Frau. In der Geschichte der Mutter-Sohn-Beziehung spiegelt sich die Geschichte der Beziehung zwischen Frau und Mann. Das Besondere an der Mutter-Sohn-Beziehung ist, dass hier die Frau die Große, die Dominierende und Bestimmende ist, während der Mann klein, ausgeliefert und abhängig ist. Dies ist eine Umkehrung des Geschlechterverhältnisses, wie wir es sonst im patriarchalischen Gesellschaftssystem vorfinden.*

Das Aufregende an dieser Umkehrung des Machtverhältnisses liegt darin, dass jeder Mann sein Leben als kleines, hilfloses männliches Wesen in der Beziehung zu einer großen und (all-)mächtigen Frau beginnt, die ihm das Leben schenkt, ihn am Leben hält, ihn nährt und großzieht. Auf der anderen Seite erlebt die Mutter eines Sohnes vielleicht zum ersten Mal, dass sie Macht über das Leben und die Zukunft eines Mannes in Händen hält. Wie beide dieses dynamische Verhältnis gestalten, ist höchst aufregend und von größter Bedeutung für das spätere Verhältnis der Männer zu Frauen, wie auch umgekehrt für das Verhältnis der Frauen zu Männern.

Um meine persönliche Geschichte von meinen allgemeinen Aussagen zu trennen, werde ich erst über meine Mutter und meine Beziehung zu ihr schreiben. Der erste Teil des Buches ist also autobiographisch.

In den nachfolgenden Teilen werde ich versuchen, allgemeine Aussagen zu formulieren über die Rolle, die eine Mutter im Leben eines Sohnes spielt. Ich gehe der Frage nach, weshalb die Geburt eines Sohnes meistens eine andere Bedeutung für eine Mutter hat als die einer Tochter; was dies für Folgen und Auswirkungen auf ihre Beziehung zum Kindesvater und das spätere Leben des Sohnes hat. Dabei werden auch die gesellschaftlichen Bedingungen zur Sprache kommen, unter denen Mütter und Väter in der Vergangenheit Söhne und Töchter bekommen haben und unter denen sie heute ihre Kinder bekommen. Unsere Geschlechtsidentität und das Verhältnis der Geschlechter zueinander haben unmittelbaren Einfluss auf die Art und Weise, wie wir Mutterschaft und Vaterschaft gestalten, persönlich wie gesellschaftlich. Wir werden sehen, wie soziale und politische Brüche, die im letzten Jahrhundert stattgefunden haben, ihre Spuren bis zu den Eltern und Kindern von heute hinterlassen haben.

Für wen ist dieses Buch gedacht?

Dieses Buch richtet sich zunächst an *Männer* – die alle Söhne ihrer Mütter sind. Wir können uns fragen, wie sich unsere Mutterbeziehung auf unser Leben ausgewirkt hat, positiv wie negativ. Wir werden ebenfalls unser Verhältnis zum Vater anschauen. Wenn wir über unsere Kindheit nachdenken, gehören Vater und Mutter untrennbar zusammen, egal ob der Vater an- oder abwesend gewesen ist.

Für *Väter* dürfte das Thema ebenfalls wichtig sein, um ihre Rolle in der Familie wertzuschätzen. Wir haben eine Tradition von abwesenden Vätern. Dadurch wird die Wichtigkeit des Vaters in der Familie häufig unterschätzt, bis hin zur Negierung jeglicher Bedeutung des Vaters für das Aufziehen von Kindern. Dies hat gravierende Folgen für die betroffenen Kinder wie für die Gesamtgesellschaft.

Das Buch richtet sich selbstverständlich an *Frauen*. Zuallererst an *Mütter*, die ihre Beziehung zu ihren Söhnen besser verstehen möchten. Dann an Frauen als *Töchter*, die vielleicht von ihren Müttern und Vätern anders behandelt worden sind als ihre Brüder. Drittens dürften sich wohl auch *Schwiegertöchter* für das besondere Verhältnis ihres Partners zu dessen Mutter interessieren.

Dieses Buch ist eine Fortsetzung und Vertiefung meines letzten Buches *Vaterliebe*. Beide Bücher ergänzen sich. In *Vaterliebe* habe ich über die Gründe für den Vatermangel und die Vaterlosigkeit in unserer Zeit nachgedacht und Wege zur Rehabilitierung des Vaters aufgezeigt. Das vorliegende Buch wendet den Blick auf die andere, mütterliche Seite. Beides gehört zusammen.

Statt eine allgemeine Abhandlung über die Mutter-Sohn-Beziehung zu schreiben, habe ich mich entschieden, meine persönliche Geschichte als Ausgangspunkt zu nehmen, um Licht in einige der dunkelsten Seiten der Mutter-Sohn-Beziehung zu bringen. Ich hoffe, dass die Lektüre Leser und Leserinnen dazu anregt, über ihre eigene Geschichte mit ihrer Mutter beziehungsweise mit ihren Söhnen nachzudenken. Dann hätte dies Buch seinen Zweck erfüllt.

TEIL I
Meine Geschichte

Der Wendepunkt

Es war ein Tag vor Silvester. Meine Frau und ich hatten vor, über den Jahreswechsel wegzufahren. Eine Erkältung machte mir zwar zu schaffen, aber es ging mir schon besser. Alles war gepackt. Wir würden am nächsten Morgen losfahren.

Dann der Anruf aus heiterem Himmel. Es meldet sich die orthopädische Klinik: Meine Mutter sei am Nachmittag gestürzt, habe einen Oberschenkelbruch erlitten. Sie solle gleich operiert werden. Ob ich denn noch vor der OP kommen könne, um zu dolmetschen.

Ich setze mich sofort ins Auto und fahre hin. Es ist nicht weit, 20 Minuten. Beim Einbiegen in die Klinikeinfahrt nehme ich die Kurve zu scharf – mein hinterer Reifen rasiert fast den Bordstein ab. Oh, fährt es mir durch den Kopf, hoffentlich ist der Reifen noch ganz. Ich scheine doch ziemlich nervös zu sein.

Am nächsten Tag wird mir meine Autowerkstatt bescheinigen, dass mein Reifen den heftigen Aufprall heil überstanden hat. Aber der Oberschenkelknochen meiner Mutter ist glatt durchgebrochen. Zum Glück sei es nur der Kopf des Oberschenkelknochens, nicht der Schenkelhals, erklärt mir die diensthabende Ärztin. Der Bruch ließe sich gut nageln. Ich finde meine Mutter in ihrer Straßenkleidung auf der Trage liegend. Sie freut sich, mich zu sehen.

Die Operation gelang tatsächlich. Doch sollte sich das Leben meiner Mutter – und mit ihr mein Leben – seit diesem Ereignis grundlegend verändern. Sie erholte sich zwar körperlich recht schnell von der OP, wurde für vier Wochen in eine Rehaklinik verlegt, wo sie wieder gehen lernte. Aber als sie nach Hause kam, zeigte sich, dass sie zunehmend desorientiert war.

Wir hatten in der Zwischenzeit eine Ganztagspflegerin aus Osteuropa organisiert, die meine Mutter bekochte und versorgte. Vom äußeren Rahmen her war alles perfekt eingerichtet. Doch meine Mutter baute geistig ab. Sie wusste zum Beispiel nicht mehr, welchen Wochentag wir hatten. Manchmal war sie gut orientiert. An anderen Tagen erinnerte sie sich an nichts mehr. Sie verlegte Sachen und wusste nicht mehr, wo sie diese deponiert hatte. Richtig beunruhigt wurden wir, als die Pflegerin uns den verschmorten Wasserkocher zeigte, den meine Mutter auf die heiße Herdplatte gestellt hatte.

Einige Tage danach erlitt sie einen Schlaganfall. Wir fanden sie auf dem Boden neben ihrem Bett liegen. Diesmal war der Befund gravierender. Nach der Entlassung aus der neurologischen Klinik musste sie für viele Wochen in ein Altenheim in die Kurzzeitpflege, weil sie täglich 24 Stunden lang überwacht werden musste. Jeden Tag sprach sie, nunmehr in ihrer reduzierten Sprache, dass sie nach Hause möchte. Als sie nach zwei Monaten endlich in ihr Haus zurückkehren durfte, war sie geistig auf den Stand eines Kindes zurückgefallen.

Während dieser Monate beobachtete ich bei mir selbst eine große Veränderung. Äußerlich hatte ich schnell auf die neue Situation reagiert. Zusammen mit meiner Schwester hatte ich alles gut organisiert: die engmaschige Betreuung durch das Pflegeheim, die Hausärztin, die Krankengymnastin, die Ergotherapeutin und die Masseurin. Selbst eine Friseurin kam nun regelmäßig zu ihr nach Hause. Äußerlich schien alles zufriedenstellend zu sein. *Aber tief in mir fand ein gewaltiger Umbruch statt.*

Umbruch, Einbruch, Zusammenbruch

Meine Erkältung, die ich bereits vor Silvester hatte, verwandelte sich nach dem Unfall meiner Mutter zu einer schweren Grippe. Sie wurde so schlimm, dass ich von Hustenanfällen regelrecht durchgeschüttelt wurde. Mein Rücken schmerzte so, dass ich kaum noch aus dem Bett kam. Endlich ließ ich eine Kernspinnaufnahme machen. Der Röntgenarzt schaute sich die Bilder an und fragte, wann mein Unfall gewesen sei – bei mir seien drei Lendenwirbel zusammengebrochen. Ich stand vor den Aufnahmen und war wie vom Donner gerührt: Mir war kein Unfall wie meiner Mutter zugestoßen. Aber mein Rücken war, genau wie ihr Bein, zusammengebrochen. Die Synchronizität beider Zusammenbrüche erschütterte mich zutiefst.

Ich hatte bis dahin gedacht, ich hätte mich längst von meiner Mutter abgenabelt. Seit ich nach dem Abitur das Elternhaus verlassen habe, führe ich ein selbständiges Leben. Ich lebte mit meiner eigenen Familie, meiner Frau und unseren Kindern zwar in der Nähe meiner Mutter. Sie passte auf die Kinder auf, wenn wir verhindert waren. Dafür waren wir dankbar. Aber inzwischen waren sie alle flügge geworden. Wir sahen uns nicht mehr oft.

Das Leben meiner Mutter und meines verliefen auf unterschiedlichen Bahnen. Ich ging meiner Arbeit nach, sorgte für meine Familie, fuhr in Urlaub. Sie ging einkaufen, schaute fern, telefonierte mit ihren Freundinnen und ihrem Bruder in Shanghai. Die Zeit floss dahin, als würde es ewig so bleiben.

Nun war dieser ruhige Fluss jäh unterbrochen. Nach den Jahrzehnten stetiger Gleichförmigkeit ging es mit dem Leben meiner Mutter abwärts, unerbittlich dem Ende entgegen. Und ich, der immerhin 24 Jahre jünger war, brach mit ihr zusammen. Wie war das nur möglich, wo ich doch jahrzehntelang so unabhängig von ihr gelebt hatte?

Die unsichtbare Bindung

Meine Mutter war keine einfache Person. Deshalb hielt ich immer Abstand zu ihr. Meine Besuche bei ihr waren eher Pflichtbesuche. Nun kümmerte ich mich auf einmal peinlichst um ihr Befinden und Wohlergehen, wie ein treuer Sohn, der nie von ihrer Seite gewichen war. Zuerst erklärte ich mir, dies gehöre zur konfuzianischen Tradition: Es ist Kindespflicht, für die Eltern zu sorgen, solange sie leben. Selbst nach deren Ableben verehrt man sie auf dem Familienaltar. Man geht jährlich zu ihrem Grab und opfert ihnen Papiergeld und ihre Lieblingsspeisen, damit es ihnen im Jenseits an nichts fehle.

Aber dies erklärt nicht die unerwartete emotionale Nähe, die ich zu meiner Mutter nach ihrem Unfall empfand: Als sie im Pflegeheim jeden Tag darum bat, nach Hause gehen zu dürfen, ging es *mir* immer schlechter. Eine Freundin sagte mir, ich sähe so traurig aus. Tatsächlich wurde ich mit jedem Tag depressiver. Ich fühlte die innere Verzweiflung meiner Mutter über die Tatsache, dass sie mit wildfremden Heimbewohnern zusammen sein musste, als sei ihre Verzweiflung meine eigene. Noch schlimmer war die Verantwortung, über ihr Wohl und Weh entscheiden zu müssen. Ich war zwar froh darüber, dass sie mir drei Jahre vorher eine Vollmacht erteilt hatte. So konnte ich alles Notwendige für sie veranlassen. Aber diese Verantwortung, ja die Macht, die ich auf einmal über meine eigene Mutter hatte, bedrückte mich sehr.

Ich erinnere mich an eine frühere Klientin: Sie hatte eine psychisch gestörte Mutter, die sie und ihren Bruder allein aufzog. Der Vater hatte die Familie längst im Stich gelassen. Als Kind war sie eigentlich die Erwachsene im Haus. Sie kümmerte sich um die Mutter, den Haushalt und den jüngeren Bruder. Nachdem sie endlich erwachsen war, floh sie aus dem Mutterhaus. Sie ergriff einen helfenden Beruf, war aber innerlich so erschöpft, dass sie mit Vierzig pensioniert werden musste. Sie war froh, allein zu leben. Aber als sie erfuhr, dass ihre Mutter sterbenskrank war, brach sie ihre Zelte ab und zog zur Mutter, um diese bis zu ihrem Tod zu pflegen.

Damals war ich erstaunt über die unsichtbare Bindung meiner Klientin zu ihrer Mutter, die offenbar ihr ganzes Erwachsenenleben hindurch im Untergrund geschlummert hatte, bis die Mutter pflegebedürftig wurde. Dann eilte die Tochter zurück, um bei der Mutter zu sein, die sie brauchte. (Dieser letzte Satz ist zwiespältig formuliert: »Dann eilte die Tochter zurück, um bei der Mutter zu sein, die sie brauchte«. Wer brauchte wen? Brauchte die Mutter die Tochter, oder brauchte die Tochter die Mutter, oder brauchten sich *beide* gegenseitig?) Im Kinderlied *Hänschen klein* heißt es: »Aber Mama weinet sehr, hat ja nun kein Hänschen mehr. Da besinnt sich das Kind, kommt nach Haus geschwind«.

Auch ich habe scheinbar mein Erwachsenenleben unabhängig von meiner Mutter geführt. Im Gegensatz zu der Klientin habe ich eine eigene Familie gründen können. Aber kaum, dass meine Mutter mich dringend brauchte, war ich zur Stelle. Anscheinend war auch bei mir die Bindung zur Mutter nie abgebrochen. Sie hatte nur geschlummert, um dann hellwach aufzuspringen, als meine Mutter wirklich Hilfe benötigte.

Ich begann mich zu fragen, worin diese unsichtbare Bindung besteht. Was macht sie aus? Wieso ist sie so unglaublich stark? Ausgehend von meiner Mutterbeziehung begann ich, mir über die Beziehung zwischen Müttern und Söhnen generell Gedanken zu machen. Dies Buch ist das Ergebnis dieser inneren Reise.

Das Leben meiner Mutter

Meine Mutter wurde 1922 in China geboren, in einer Stadt namens Jiaxing in der Nähe von Shanghai – die Menschen aus Shanghai sind ein stolzes Volk. Sie wurde Gu Wen-Hui genannt. Gu war ihr väterlicher Familienname – in China stellt man den Familiennamen vor den Rufnamen. Wen bedeutet Kultur, Literatur, Schrift. Hui bedeutet klug, intelligent, scharfsinnig. Tatsächlich war meine Mutter hoch gebildet. Sie hatte eine wunderschöne Schrift (von ihr habe ich Kalligraphie gelernt) und war außerordentlich scharfsinnig. Sie war eine gute Menschenkennerin und hatte ein untrügerisches Gespür dafür, ob sie einem Menschen trauen konnte oder nicht. Außerdem war sie eine sehr schöne Frau. Schön zu sein war für meine Mutter äußerst wichtig. Selbst im Alter pflegte sie ihren Teint und ihre Haare auf das Sorgfältigste.

Ihre Mutter stammte aus einer angesehenen Kaufmannsfamilie, die mit Seide, Gold und Silber handelte. Meine Mutter war stolz darauf, dass ihre Mutter aus einer der angesehensten Familien ihrer Heimatstadt stammte (auch wenn sie leider nur die zweitangesehenste in der Rangliste war). Ihr Vater kam ebenfalls aus einer vornehmen Familie. Die beiden wurden traditionsgemäß miteinander verheiratet. Sie hatten sieben Kinder. Die Familie hatte umfangreiche Ländereien. Meine Großmutter hatte die Abgabe von Reis durch die Pächter überwacht, während mein Großvater als Rechtsanwalt in Shanghai arbeitete, einige Stunden von Jiaxing entfernt. Dort lebte er mit einer zweiten Frau zusammen, mit der er vier Kinder hatte. Das kam damals recht häufig vor, obwohl das Konkubinat (die Vielehe) nach der chinesischen Revolution offiziell verboten war: Mit der offiziellen Ehefrau wurde ein Mann verheiratet, die zweite Frau war die Eigentliche, mit der er sein Leben teilte. So lebte mein Großvater während der Woche mit seiner zweiten

Familie zusammen, die Wochenenden verbrachte er zuhause bei seiner Erstfrau, meiner Großmutter.

Darüber, so berichtete meine Mutter, sei ihre Mutter sehr unglücklich gewesen. Sie war eine sehr hübsche Frau, konnte jedoch nur trippelnd gehen. Denn ihr wurden als Kind die Füße zusammengebunden. Es gehörte zum Schönheitsideal der Manchus, jenes Volksstamms, das als Qing-Dynastie ganz China vier Jahrhunderte lange beherrschte, dass Männer bei Strafe Zöpfe zu tragen hatten und Frauen die Füße gebunden bekamen. (Zumindest genossen Frauen aus vornehmen Familien dieses »Privileg«. Bäuerinnen, die auf dem Feld arbeiten mussten, blieben davon verschont). Zu diesem Zweck wurden Mädchen ab dem sechsten Lebensjahr die Füße so fest zusammengeschnürt, dass die Zehen und Mittelfußknochen der Heranwachsenden brachen und verkrümmt unter den Fußsohlen lagen. So verkrüppelt, konnten die Frauen aus vornehmem Haus nur noch trippelnd gehen, aber nicht weglaufen. Auf die damaligen Männer schien dieser Gang im höchsten Maße sexuell erregend gewirkt zu haben. Sie nannten solche missgebildeten Frauenfüße Lotusfüße. Erst 1911, nach der Chinesischen Revolution, durften Männer endlich ihre verhassten Zöpfe abschneiden (von daher kommt die deutsche Redewendung die alten Zöpfe abschneiden) und Frauen ihre Füße aufschnüren. Aber meine Mutter sagte, ihrer Mutter hätte das Gehen zeitlebens wehgetan.

Meine Mutter war die Fünfte von sieben Kindern ihrer Eltern. Sie war erst 12 Jahre alt, als ihre Mutter mit nur 42 Jahren an Krebs verstarb. Sie bekam die Anweisung, auf den im Schlafzimmer aufgebahrten Leichnam ihrer Mutter aufzupassen. Voller Panik floh sie aus dem Raum. Zeitlebens sollte sie eine furchtbare Angst vor dem Tod behalten. Ihr Vater aber beanspruchte die Hinterlassenschaften seiner verstorbenen Frau und lag lange mit seiner Schwiegerfamilie im Erbstreit.

Kurz danach fielen die Japaner in China ein. Ähnlich wie die Nationalsozialisten in Deutschland beanspruchte das damals zur asiatischen Großmacht aufgestiegene japanische Kaiserreich mehr Lebensraum für die Versorgung mit Erzen und Lebensmitteln. Ende 1937 fiel die damalige chinesische Hauptstadt Nanjing. Den siegreichen japanischen Soldaten wurde erlaubt, drei Tage zu plündern, zu töten und zu vergewaltigen. 300 000 Menschen fielen dem Massaker zum Opfer. Dieses Massaker begründete die tiefsitzende Angst und den unversöhnlichen Hass vieler Chinesen auf »die Japaner« bis zum heutigen Tag. Die Angst meiner Mutter vor den japanischen Invasoren war so groß, dass ich als Nachgeborener, der ein gutes Jahr nach Kriegsende geboren wurde, im ersten Traum, an den ich mich erinnern kann, erlebte, wie ich mit meiner Mutter an einem Bahnsteig stand und von japanischen Tieffliegern bombardiert wurde. Ich bin damals in Panik aufgewacht.

Vor den herannahenden japanischen Truppen floh meine Mutter mit ihren Geschwistern nach Westen zu ihrer Großmutter, der Mutter ihrer Mutter, die ein Anwesen auf einem hohen Berg besaß. Dort erlebte sie, wie sie immer sagte, die glücklichste Zeit ihres Lebens. Die Großmutter passte auf die Enkelschar auf. Sie hatten alles, was das Herz begehrte: freie Natur, gesunde Luft, gutes Essen und Dienstpersonal. Die Japaner waren weit weg. Sie waren in Sicherheit. Von dieser Zeit gibt es ein Foto meiner Mutter, wie sie mitten unter ihren Geschwistern und ihrer Großmutter saß, mit beiden Beinen quer über einen Sessel hängend und einem spitzbübischen Lächeln auf dem Gesicht – so, wie ich sie später nie mehr erlebt habe.

Aber diese schöne Zeit ging zu schnell vorbei. Die Großmutter starb. Die älteren Schwestern meiner Mutter heirateten. Sie wurde mit den beiden jüngsten Geschwistern zurückgelassen, einem Bruder und einer noch sehr jungen Schwester. Für diese zwei war sie fortan verantwortlich, als Muttterersatz.

Mit ihnen zog sie zu ihrem Vater nach Shanghai. Shanghai war damals eine internationale Stadt. Sie war von den europäischen Kolonialmächten in verschiedene internationale Schutzzonen oder

Konzessionen aufgeteilt, die von den Japanern in Ruhe gelassen wurden. Dort war man als Chinese vor ihnen sicher. Meine Mutter ging hier zur höheren Schule. Sie war ausgezeichnet im Sport. Noch im Alter erzählte sie, wie sie, ohne jemals zuvor etwas von Hürdenlauf gehört zu haben, von ihrer Schule in dieser Disziplin in den Wettkampf geschickt worden sei und den zweiten Platz errungen habe. Gerne hätte sie Klavier gespielt, aber sie konnte sich keines leisten. Nach der Schule studierte sie einige Semester Jura, um in die Fußstapfen ihres Vaters zu treten. Aber dieser lehnte sie als Mädchen ab. Meine Mutter hasste ihren Vater dafür bis zu ihrem Lebensende. Sie meinte, er sei daran schuld, dass ihre Mutter so früh gestorben war. Wenn meine Mutter jemanden hasste, hatte er keine Chance, sich je zu rehabilitieren.

Weil sie trotz Jurastudiums die Anerkennung ihres Vaters nicht erlangen konnte, brach sie das Studium ab und begann, im Büro zu jobben. Dort befreundete sie sich mit einer Kollegin, die ihr ihren Bruder vorstellte – meinen Vater[1].

Vor meinem Vater hatte meine Mutter einen ersten Freund aus der Schule gehabt. Er war Künstler und wollte mit ihr nach Paris auswandern. Aber meine Mutter lehnte ab, weil sie sich verantwortlich für ihre jüngeren Geschwister fühlte. Wäre sie mitgegangen, hätte sie wahrscheinlich ein ganz anderes Leben geführt. Ein Künstlerleben in Frankreich, das hätte gut zu ihr gepasst. Denn sie liebte Musik und Tanz.

Mein Vater tanzte nicht, aber er sah gut aus. Meiner Mutter gefielen besonders seine großen runden Augen, recht ungewöhnlich für einen Chinesen. Sie hatte schon immer die großen Augen der Europäer bewundert. Sie ging fast wöchentlich ins Kino und kannte alle amerikanischen Filmstars aus dieser Zeit: Vivian Leigh, Clark Gable, Humphrey Bogart, Ingrid Bergman … In ihrer Liebe für den westlichen Way of life trafen sich meine Eltern.

Mein Vater hatte das Apotheker-Handwerk von seinem Vater gelernt. Er wurde 1920 in Hangzhou geboren, einer Stadt unweit von

Shanghai. Mein Vater war das dritte von vier Kindern. Sein älterer Bruder war der Augapfel seiner Eltern, während mein Vater eher ein Lausbub war, der lieber fischen ging als zur Schule.

Bei der japanischen Invasion befand sich die nationalchinesische Armee auf dem Rückzug. Sie kam auch an Hangzhou vorbei und suchte dringend neue Rekruten. Gegen den Willen seiner Eltern meldete sich mein Vater 17-jährig freiwillig zur Armee. Als Apotheker wurde er sofort als Sanitätsoffizier aufgenommen. Aber seine Eltern waren besorgt. Daher befahl ihm der Vater, zu seinem älteren Bruder nach Shanghai zu gehen, wo dieser bereits im Handel tätig war. Widerwillig beendete mein Vater seine militärische Laufbahn und schloss sich seinem Bruder an. Nach einer Apotheke eröffnete er ein Uhrengeschäft (seither trug er nur noch Rolex-Armbanduhren – Originale, keine Imitate!). Nach Kriegsende vertrieb er westliche Antibiotika und machte damit gutes Geld.

Er hatte schon immer ein großes Herz. Als er meine Mutter traf, diese junge Halbwaise mit ihren zwei jüngeren Geschwistern im Schlepptau, von ihrem Vater verachtet und im Stich gelassen, verliebte er sich sofort in sie. Er wollte fortan ihr Retter sein. Er bot ihr Sicherheit in einer chaotischen, kriegsumtosten Zeit: China befand sich seit der Revolution 1911 in nicht endenden Bürgerkriegen zwischen verschiedenen War Lords. Später bekämpften sich Kommunisten und Nationalisten in einem schmutzigen und blutigen Bürgerkrieg. Dieser wurde während der japanischen Besatzung unterbrochen, nur um nach Kriegsende umso heftiger wieder aufzuflammen. Insgesamt verloren 5 Millionen Chinesen ihr Leben während dieses Bürgerkriegs. Dazu kam die ungeheure Zahl von 15 Millionen Toten während der japanischen Besatzung. Meine Eltern waren in Kriegszeiten geboren und kannten bis zur Ausrufung des Volksrepublik China 1949 nur den Kriegszustand, niemals Frieden.

Sie lernten sich 1943 kennen. Zwei Jahre später, nach Kriegsende und in der Hoffnung, dass endlich Frieden einkehrte, heirateten sie.

Da war mein Vater 25, meine Mutter 23. Ende 1946 kam ich zur Welt. Wir lebten zu sechst in einem einzigen Zimmer: meine Eltern und ich, die beiden jüngeren Geschwister meiner Mutter und die alte Amme meiner Mutter, die sie herbeigerufen hatte, um auf mich aufzupassen.

Aber das Eheglück währte nicht lange. Meine Mutter, die von ihrem Elternhaus nur Zank kannte, konnte die Nähe meines Vaters nicht ertragen. Ständig brach sie Streit vom Zaun, dem mein Vater hilflos ausgeliefert war. (Viele Jahre später, als meine Frau und ich unser erstes Kind bekamen, sollte ich unter Stress ebenfalls in Tobsuchtsanfälle ausbrechen, die mich aus heiterem Himmel überfielen. Ich hatte die Zornausbrüche wohl buchstäblich mit der Muttermilch aufgenommen. Auf dieses Phänomen werde ich später näher eingehen.)

Mein Vater war ein umgänglicher Mensch. Er war, im Gegensatz zu meiner Mutter, sehr sozial und kommunikativ veranlagt. Außerdem war er ein geborener Kaufmann mit einem sechsten Sinn für die neuesten geschäftlichen Ideen. Von den verbalen Attacken meiner Mutter zermürbt, floh er ins Ausland, auf der Suche nach neuen Geschäftsfeldern. Schon vor meinem ersten Geburtstag war er auf dem Weg nach Korea. Nach dem Ausbruch des Koreakrieges zog es ihn nach Hongkong, damals einem blühenden, unter dem Schutz der britischen Krone stehenden Handelsplatz. Ich weiß nicht, wie oft er heimkam. Ich erinnere mich nur an ein Foto, auf dem meine Mutter mit mir auf dem Arm am Bund, dem berühmten Kai von Shanghai, steht und mit mir auf die Schiffe im Hafen schaut.

Mein Vater entschied sich, sich in Hongkong niederzulassen. Er bat meine Mutter, ihm dorthin zu folgen. Sie flog mit mir zur Probe hin, aber das Klima und die fremde Umgebung gefielen ihr nicht. Nach einem halben Jahr flog sie mit mir zurück nach Shanghai.

Dort angekommen, entdeckte sie, dass sie schwanger war. Es war 1949. Die im Bürgerkrieg siegreichen kommunistischen Truppen näherten sich Shanghai. Man hörte schon den Kanonendonner. Da boten Freunde meiner Mutter eines der letzten Flugtickets nach Hongkong an. So floh sie in Panik mit mir aus Shanghai und ließ ihre Geschwister und ihre Familie zurück. Seit dieser Zeit sind wir eigentlich Flüchtlinge. Millionen Chinesen sollten uns folgen, auf der Flucht vor der kommunistischen Diktatur.

Mein Vater empfing uns in Hongkong. Dort hatte er es inzwischen zu Reichtum und Wohlstand gebracht, wie viele anderen Shanghaier, die dort gestrandet waren. Wir wohnten in einer schönen Wohnung, später sogar in einer Villa am Stadtrand. Wir hatten eine Köchin und Kindermädchen zu Diensten. Aber meine Mutter war nicht glücklich. Sie fühlte sich fremd in der Hitze Hongkongs und mit den Menschen, die einen fremden Dialekt sprachen. Ihre ganze Familie, einschließlich ihrer beiden jüngeren Geschwister, war in China zurückgeblieben. Sie, eine studierte Frau und Tochter eines Großgrundbesitzers, war zu dem eintönigen Leben einer reichen Ehefrau verdammt. Ihre einzige Zerstreuung bestand darin, sich mit anderen Frauen aus Shanghai, die ebenfalls vom Schicksal in die Fremde verschlagen worden waren, zu treffen und Mah-Jongg zu spielen.

Ich war zweieinhalb, als ich von heute auf morgen aus der Geborgenheit meiner Shanghaier Großfamilie gerissen wurde. Auf dem Foto, das mich auf dem Flughafen in Hongkong in den Armen von zwei fremden Mädchen zeigt, die wohl von meinem Vater abgeordnet waren, uns zu empfangen, schaue ich ganz desorientiert um mich. Ein späteres Foto zeigt mich an einer Mauer lehnend und in die Leere schauend. Ich wirkte als Dreijähriger schon depressiv. Dieses Foto sticht aus den üblichen (gestellten) Fotos heraus, auf denen ich stets mit Smiley in die Kamera schaue. Es gibt die Melancholie wieder, die sich über die nächsten Jahre über mich legen sollte.

Kurz nach der Ankunft in Hongkong kam meine nächste Schwester zur Welt. Meine Mutter stattete sie aus, wie sie sich eine Tochter nach ihrem Geschmack vorstellte, mit allen Attributen der

Weiblichkeit. Bei ihrer dritten Schwangerschaft aber wünschte sie sich einen zweiten Sohn. Es kam jedoch wieder ein Mädchen. Meine Mutter war so enttäuscht, dass sie sich gleich nach der Geburt sterilisieren ließ und – für mich noch furchtbarer – das Baby im Krankenhaus zurückließ. Als sie eine Woche nach der Geburt nach Hause kam, fragte ich sie: »Wo ist denn das Baby, wo ist meine kleine Schwester?« Ihre Antwort: »Ich habe sie im Krankenhaus gelassen. Dort hat sie's besser!« Erst nach einem Monat durfte meine kleine Schwester nach Hause! Seither habe ich sie in meinem Herzen adoptiert.

Äußerlich erlebten wir eine behütete Kindheit. Wir lebten in einer Villa mit einem riesigen Garten, der von einem Gärtner auf das Sorgfältigste gepflegt wurde. Wir lebten in einer scheinbar heilen Welt, obwohl in Hongkong zehntausende Flüchtlinge in Blechhütten hausten, in China Millionen Menschen unter dem Regime von Mao Zedong verhungerten und der Kalte Krieg zwischen Ost und West herrschte. Uns ging es materiell gut. Aber wir waren eingesperrt hinter einer massiven mannshohen Mauer, die oben mit Glassplittern bewehrt war.

Wir gehörten zur High Society Hongkongs. Meine Mutter schickte uns auf die besten britischen Missionsschulen. Wir bekamen alle Klavierunterricht, meine Schwestern noch Ballettstunden dazu. Aber zuhause herrschte eine merkwürdig gedämpfte, heute würde ich sagen: depressive Stimmung, die nur erhellt wurde von der Heimkehr unseres Vaters, wenn er mit einem fröhlichen »Hallo!« ins Haus trat. Aber er ging schon früh morgens weg und kam spät abends nach Hause.

Ich erinnere mich, wie er einmal, entgegen seiner sonstigen Gewohnheit, schon am frühen Nachmittag nach Hause kam und freudig rief, dass er Karten für ein besonderes Event hätte. Wir könnten sofort mitkommen. Ich war begeistert. Endlich mal was Neues! Aber meine Mutter zog eine Miene und sagte, so plötzlich könne sie sich nicht aufmachen. Mein Vater zog ab wie ein begossener Pudel.

So lebte mein Vater in seiner männlichen Geschäftswelt und überließ mich der mütterlichen Welt, in der ich als einziges männliches Wesen lebte. (Wie fremd ihm der Umgang mit Kleinkindern war, zeigte sich, als ich ihm, absichtlich noch vor meiner Mutter, viele Jahre später meinen neugeborenen ersten Sohn in den Arm legte. Er erschrak, drehte sich sofort zu meiner Mutter um und überreichte ihr das fremde Paket. Erst dann konnte er voller Großvaterstolz auf den Enkel herunterblicken.)

Der Bruch zwischen meinen Eltern begann nach der Geburt meiner jüngeren Schwester. Nach ihrer Sterilisation ließ meine Mutter ihren Mann wohl nicht mehr an sich heran. Ein Jahr später brachte mich mein Vater überraschenderweise mit dem Auto zur Schule (sonst fuhr ich immer mit dem Bus). Beim Aussteigen verkündete er, dass er gleich für einen Monat nach Deutschland fliegen würde, natürlich geschäftlich. Ich solle auf meine Mutter aufpassen. Ich war damals acht.

Es wurde nicht ein Monat, nicht zwei Monate, es wurden sechs Jahre, in denen ich meinen Vater nicht mehr sehen sollte. Er schrieb uns, dass er in Deutschland so viel zu tun hätte, dass seine Rückkehr sich verzögern würde. Nur an Weihnachten rief er für ein oder zwei Minuten an. Damals war das Telefonieren über die Kontinente sehr teuer, es ging nur über Unterseeleitungen. Und die Sprachqualität war miserabel. Jeder von uns durfte für einige Sekunden mit ihm sprechen. Was kann man in so kurzer Zeit schon austauschen? »Wie geht es dir? Mir geht's gut. Komm bald wieder.«

Für Kinder kann das Warten verdammt lange werden, vor allem, wenn ihnen versprochen wird, dass die ersehnte Person gleich zurückkommen würde. Die sechs Jahre wurden für mich zu einer Ewigkeit. Sie waren die einsamsten in meinem ganzen Leben. Erst Jahre später sollte ich den wahren Grund für das Fernbleiben meines Vaters erfahren.

Während dieser Jahre merkte ich an meinem körperlichen Zustand, dass es mir immer schlechter ging. Bis dahin war ich immer schmächtig gewesen. Nun wurde ich zusehends dicker und unbeweglicher. Zudem sah ich immer schlechter. Meine Kurzsichtigkeit wuchs in den Jugendjahren auf Minus 9 Dioptrien heran. Ich verschwand hinter Büchern und Comics und verdarb mir die Augen. Meine Helden waren solche, die meine leibliche Schwerfälligkeit konterkarierten: Herkules, Wildwest-Scharfschützen, Kung Fu-Fighter. Meine Schulhefte kritzelte ich voll mit Segelschiffen und Mustangs, den wilden Pferden der Prärie – Symbole meiner Sehnsucht nach Freiheit und Ungebundenheit.

In der Realität fühlte ich mich eingesperrt wie im goldenen Käfig. Meine Schwestern waren meine einzigen Spielkameraden. Sonst ließ meine Mutter nur Umgang mit »braven« Schulkameraden zu, für mich allesamt langweilige Streber und Stubenhocker. Nur einmal lud ich, ohne um Erlaubnis zu fragen, meine ganze Klasse zu einem Cowboy-Indianer-Kampf in den riesigen verwilderten Nachbargarten neben unserem Haus ein. Und so schwangen sich meine Schulkameraden, etwa 30 an der Zahl, wild heulend über die hohe Mauer. Aus Gummischlingen beschossen wir uns gegenseitig mit Steinen. Der Sohn eines angesehenen Lehrers unserer Schule bekam einen Stein ins Gesicht. Wutentbrannt warf meine Mutter alle meine Klassenkameraden hinaus, sehr zu meiner Schande. Sie kamen nie wieder.

In der Schule wurde ich zum Einzelgänger. Bei jedem Fußballspiel wurde ich als Letzter gewählt und ins Tor gestellt. Während der Pausen ging ich allein im Schulhof herum, während alle anderen um mich herum Tischtennis, Murmeln und Nachlaufen spielten. Während der langen Mittagspause ging ich ganz ans Ende des weitläufigen Schulgeländes und legte mich in eine Kuhle, so dass mich niemand von der Schule aus sehen konnte. Selbst heute meine ich die Gabe zu besitzen, mich in einer Menschenmenge unsichtbar machen zu können. Es ist ganz einfach: Du tust so, als würdest du niemanden sehen und dich für nichts interessieren. Vor allem tust du so, als seist du selbst Luft.

Ich nahm den Auftrag meines Vaters ernst, den er mir zum Abschied gab: ich solle auf meine Mutter aufpassen. Irgendwann nahm sie einen alleinstehenden Untermieter auf. Er war ein Orchestergeiger, großgewachsen, mit kantigen männlichen Zügen. Meine Mutter hatte immer schon ein besonderes Faible für Künstler gehabt. Ich bekam ihre Annäherung mit, bis ich eines Tages ganz zufällig Zeuge davon wurde, wie die beiden miteinander im Bett lagen. Für den Zehnjährigen war es ein Schock. Instinktiv fühlte ich, dass das nicht in Ordnung war, konnte mich aber niemandem mitteilen. Nur mit unserer Haushälterin, vor der das Verhältnis nicht geheim gehalten werden konnte, spürte ich ein wortloses, gleichzeitig ohnmächtiges Verbündetsein.

Ich reagierte innerlich mit unverhohlenem Hass auf den Eindringling, der den Platz meines Vaters usurpiert hatte. Ich hasste die Ausflüge an die Sandstrände, die wir mit ihm machten. Früher war unsere Mutter immer widerwillig mit unserem Vater und uns zum Strand gefahren. Jetzt wirkte sie fröhlich und ausgelassen. Ich fand ihren Freund verachtenswert, wie er immer nur im seichten Wasser parallel zum Strand schwamm und nie wagte, ins tiefe Wasser hinauszuschwimmen.

Die Liebesaffäre meiner Mutter währte drei Jahre. Sie ging zu Ende, als es ihrem Freund, der verheiratet war, gelang, seine Frau aus Shanghai nach Hongkong zu holen. Er zog aus und ward nie mehr gesehen. Meine Mutter habe ich noch nie so traurig gesehen. Sie war am Boden zerstört. Eines Tages sah ich, wie sie im Wohnzimmer am Kamin, der sonst nie benutzt wurde, Briefe und Fotos verbrannte. Danach verlor sie kein einziges Wort mehr über ihn. Er war wie aus ihrem Gedächtnis ausgelöscht.

Dann geschah so etwas wie ein Wunder. Mein Vater schrieb und schlug uns vor, zu ihm nach Deutschland zu kommen. Meine Mutter meinte, es sei sowieso geplant, dass wir nach der Schule zum Studieren ins Ausland gingen. Warum nicht das Ganze um ein paar Jahre vorziehen? Deutschland sei doch ein hoch gebildetes Land.

Wir waren überrascht, aber freundeten uns mit dem Gedanken an, unseren Vater wiederzusehen. Irgendwie schien unsere Zeit in Hongkong sowieso abgelaufen.

Das Schwerste war, uns von unserer Haushälterin Ah Fuen zu trennen. Sie hatte uns mehr als zehn Jahre gedient und war mir wie eine zweite Mutter. Sie hatte für uns gekocht, gewaschen und geputzt. Meine Mutter war all diese Jahre zwar körperlich anwesend gewesen, aber seelisch eigentlich absent. Die Haushälterin war hingegen immer für uns da. Am Tag der Abfahrt begleitete sie uns bis aufs Schiff. Sie konnte nicht mitkommen, weil ihre Eltern noch auf dem Festland lebten. Wir sahen sie nie mehr.

Es war eine schöne Seefahrt, die fast einen Monat dauerte, von Hongkong über Singapur, Karatschi, Bombay, Aden, durch den Suezkanal bis Genua. In Genua holte uns mein Vater ab. Ich hatte mich so auf meinen Vater gefreut. Während der Jahre seiner Abwesenheit war mir mein realer Vater immer virtueller und verschwommener geworden. An seine Stelle trat ein idealisierter Traumvater auf meine innere Bühne, größer, stärker und liebevoller denn je. Bei unserem Wiedersehen zerbarst dieses Phantasiebild und ich erkannte ein dickliches Männchen, einen Kopf kleiner als ich, in einem Anzug, der Küchengerüche verströmte. Es war eine herbe Enttäuschung.

Die Begrüßung war trotzdem ausreichend freudig. Er chauffierte uns in seinem neuen gelben Opel Rekord über die Alpen, wo wir den ersten Schnee sahen und in die Hand nahmen, dann am Schwarzwald entlang, der zu unserer Überraschung überhaupt nicht schwarz war, bis wir in Kaiserslautern ankamen. Dort zogen wir in seine Dreizimmerwohnung ein. Nach den Millionenstädten Shanghai und Hongkong wirkte Kaiserslautern winzig. Die Straßen waren fast menschenleer! Aber es machte uns nichts aus. Wir waren ja endlich wieder vereint.

Der Versuch der Familienzusammenführung schlug leider schon nach kurzer Zeit fehl. Diesmal nahm unser Vater uns alle drei ins

Auto und sagte, dass unsere Mutter und er sich nicht mehr verstünden und dass er nach Frankfurt ziehe. Er würde aber jede Woche bei uns vorbeikommen. Den Grund, weshalb sie sich nicht mehr verstanden, sagte er jedoch nicht. Die Wahrheit erfuhr ich erst nach und nach, aus Gesprächsfetzen, Informationen von Dritten und Schlussfolgerungen aus den Aussagen meiner Eltern.

Die Wahrheit war: Mein Vater hatte während der sechs Jahre in Deutschland mit einer anderen Frau zusammengelebt, einer Frau, die er in einer Hongkonger Tanzhalle kennen gelernt hatte. Nach einem Schwangerschaftsabbruch hatte er sich getrennt und war nach Deutschland gefahren. Als er dort einen schweren Autounfall hatte, war sie ihm nachgereist und war bei ihm geblieben. Peu à peu bauten sie gemeinsam ihre Geschäfte in Deutschland auf und hatten Erfolg. Schließlich begann mein Vater, China-Restaurants zu eröffnen, die gerade in Deutschland zu boomen begannen. Insofern stimmte es tatsächlich, dass er viel zu tun hatte. Er verschwieg uns nur, dass er dabei nicht allein war. Seine Freunde und Geschäftspartner in Hongkong, vermutlich auch deren Ehefrauen, wussten es. Aber sie alle hielten die Wahrheit von meiner Mutter fern.

Als meine Mutter aber in Deutschland angekommen war, freundete sie sich mit der Geliebten des chinesischen Geschäftspartners meines Vaters an, der ebenfalls seine Frau betrog. Diese Geliebte mochte meine Mutter und verriet ihr, dass mein Vater die ganze Zeit mit einer anderen Frau zusammen gewesen sei. Noch schlimmer: Der Grund, weshalb mein Vater uns hatte kommen lassen, war, dass seine Freundin wieder schwanger geworden war. Er wollte das Kind wieder nicht, woraufhin sie es abtrieb und endgültig mit ihm Schluss machte. Er brachte sie nach Genua zur Überfahrt zurück nach Hongkong. Drei Tage später holte er uns von unserem ankommenden Schiff ab! Als meine Mutter realisierte, dass er uns in dieselbe Wohnung geführt hatte, in der er vorher mit seiner Freundin zusammengelebt hatte, warf sie ihn hinaus.

Ihre Wut konnte ich gut nachvollziehen. Auch ich war schockiert, als ich vom Geheimnis meines Vaters erfuhr, habe ich ihm doch all die Jahre seiner Abwesenheit die Treue gehalten, während ich das Verhalten meiner Mutter verurteilte.

Wir hatten jedoch wenig Zeit, um uns von diesem Schock zu erholen. Denn wir mussten uns in unserem neuen Leben in Deutschland einrichten. Meine Schwestern und ich kamen in deutsche Schulen. Ich fand schnell Anschluss an meine Klasse und fühlte mich nicht mehr so einsam wie in Hongkong. Auch zuhause klappte es auf einmal. Unser Vater zog zwar nach Frankfurt, wo er ein neues China-Restaurant eröffnete. Er besuchte uns aber jede Woche und brachte uns Geld und Berge von Essen mit. Auch meine Mutter wandelte sich grundlegend. In China und Hongkong hatte sie immer Bedienstete um sich gehabt. Hier in Deutschland übernahm sie den gesamten Haushalt. Sie kochte uns jeden Tag drei Mahlzeiten, wusch und bügelte und sorgte auch sonst in allen Belangen für uns. Nun war sie endlich für uns da.

Nach dem Abitur gingen wir, einer nach dem anderen, von zuhause weg. Unsere Mutter blieb zurück. Sie pflegte ihr Haus und wartete auf unseren Besuch. Wir versuchten, sie dazu zu bewegen, endlich besser Deutsch zu lernen, damit sie mehr unter Leute ging. Aber sie begnügte sich mit ihrem bruchstückhaften Deutsch und ihren wenigen Kontakten mit Freundinnen und Nachbarinnen. Allerdings lernte sie immer wieder Neues, etwa das Korbflechten. In Handarbeit war sie sowieso Spitze. Zuhause begnügte sie sich mit Fernsehen. Vor allem Sportsendungen schaute sie sich begeistert an. Tennis- und Fußballspiele verfolgte sie oft bis tief in die Nacht. Noch bis ins hohe Alter spielte sie begeistert Tischtennis.

1971 ereilte meine Mutter die Nachricht vom Tod ihrer jüngsten Schwester. Diese war inzwischen verheiratet und hatte zwei kleine Töchter und korrespondierte regelmäßig mit meiner Mutter. Es war die Zeit der Kulturrevolution. Mao Zedong und seine Frau Jiang Qing beschlossen, die traditionelle chinesische Familie endgültig zu zerschlagen, um den »sozialistischen Menschen« zu erschaffen.

Da sie wussten, dass Mütter den Mittelpunkt der Familie bilden, schickten sie alle Mütter aus den Städten tausende Kilometer weg aufs Land. Sie durften nur eine einzige Woche im Jahr ihre Kinder und ihren Mann besuchen. Meine Tante hielt es nicht aus, und als sie Gerüchte hörte, dass ihr Mann fremdging, stürzte sie sich aus dem Fenster. Diesen Schock hat meine Mutter nie überwunden. Sie fühlte sich schuldig, dass sie ihre kleine Schwester in China zurückgelassen hatte.

Es folgten die wilden 60er und 70er Jahre. In Heidelberg studierte ich Medizin und Psychologie und engagierte mich in der Linksalternativszene, ging mit langen Haaren barfuß durch die Straßen und zog ungeniert mit meiner ersten Freundin zusammen, danach mit ihr in eine Wohngemeinschaft. Nach einigen turbulenten Jahren traf ich meine Frau, mit der ich unser erstes Kind bekam. Endlich schien ich von meiner Mutter befreit.

Wir fanden eine Hausgemeinschaft auf dem Land. Die Gemeinschaft löste sich jedoch auf und wir suchten nach einer neuen Bleibe. Ich fand die Kleinstadt Neckargemünd ganz reizvoll, weil es nicht zu weit von Heidelberg liegt. Meine Frau fand es aber nicht ländlich genug, so dass wir schließlich in dem Dorf blieben, in dem wir schon waren. Ich fand es schade, Neckargemünd aufzugeben, und schlug unüberlegt meiner Mutter vor, dorthin in unsere Nähe zu ziehen. Sie lebte schließlich seit Jahren mutterseelenallein in Kaiserslautern, und Neckargemünd war nur 10 Minuten entfernt von uns, so dass sie auf unsere Tochter aufpassen könnte. Sie war sofort begeistert. Mein Vater und ich fanden schnell ein geeignetes Haus für sie und sie zog freudig nach Neckargemünd.

In diesem Augenblick bekam ich einen Riesenschreck. Es war fast eine panikartige Angst, die mich erfasste: die Tatsache, dass nach den 15 Jahren seit meinem Abschied vom Elternhaus meine Mutter plötzlich wieder so nahe bei mir leben sollte, bedrohte mich zutiefst. Wie konnte ich sie nur einladen, in unsere Nähe zu ziehen, und dies ohne jeglichen Zwang!? Ich verstand mich nicht mehr.

»Da hat das Unbewusste wieder zugeschlagen!«, dieser freche Spruch eines Kollegen fällt mir ein, wenn ich an meine unbedachte Einladung an meine Mutter denke, in unsere Nähe zu ziehen. Irgendetwas in mir muss mich dazu motiviert haben. War es der Wunsch, sie nicht mehr so einsam in Kaiserslautern dahinvegetieren zu sehen? War es der innere Zwang, mich um sie zu kümmern, wie es von Geburt an mein Auftrag gewesen war? Oder könnte es nicht doch eine irgendwie geartete Sehnsucht nach mehr Nähe, nach Wiederherstellung der uralten Symbiose sein?

Dann wäre es aber widersinnig, dass ich mich so erschrak, als sie mir tatsächlich so »auf die Pelle rückte«. Es fühlte sich wie eine existenzielle, fast lebensbedrohliche Nähe an, wie das Aufschrecken eines Beutetiers, wenn es die Nähe des heranschleichenden Raubtiers wittert, oder die Angst der Fliege vor der Spinne, die all die Jahre geduldig in ihrem Netz wartet, bis sie sich in ihrem Netz verfängt.

Damals verstand ich den Grund meines Erschreckens nicht. Aber in mir ging eine unüberhörbare Alarmsirene an. Ich reagierte sofort. Etwas in mir rasselte wie eine unsichtbare Mauer zwischen mir und meiner Mutter herunter. Da sie nun räumlich so nahe gerückt war, musste ich eine innere Distanz schaffen. So mied ich in den nächsten zwei Jahren fast jeglichen Kontakt mit ihr. Meine Mutter war jedoch völlig zufrieden. Nun bekam sie endlich eine neue, dankbare Aufgabe. Sie passte leidenschaftlich gerne auf ihre Enkelkinder auf. Egal wann und egal wie kurzfristig, sie war immer bereit, Babysitter zu spielen.

Es schien, als habe sich ihr Wunsch nach Nähe von mir auf meine Kinder verlagert. Nach der ersten Nacht, als sie unsere dreijährige Tochter bei sich übernachten ließ, verabschiedete sie sich von dem Kind mit den Worten: »Ach, jetzt ist die Oma wieder so allein!« Bei diesen Worten spürte ich eine Mischung von Abscheu und Alarmiertsein. Es klang wie ein Appell, gleichzeitig aber auch wie eine emotionale Erpressung. Eigentlich hätte ich solche Auslassungen meiner Mutter zurückweisen müssen, von denen es viele gab. Wie sollte ein kleines Kind darauf reagieren außer mit einem schlechten Gewissen?

Mein Vater und meine Mutter versöhnten sich über die Jahre, vielleicht auch über die Liebe zu ihren Enkelkindern. Sie besuchten unsere junge Familie regelmäßig zusammen. Nach dem Tod meines Vaters blieb noch meine Mutter, die sich weiter um ihre Enkelkinder kümmerte. Die Familie war ihr Ein und Alles. Vielleicht lag es daran, dass sie so früh so viele Angehörige verloren hatte: ihre Mutter, ihre älteste Schwester, die während des Zweiten Weltkriegs spurlos verschwand, und ihre jüngste Schwester. Letztere hinterließ zwei Töchter, die damals noch Kinder waren. Um diese Nichten kümmerte sich meine Mutter hingebungsvoll bis zu ihrem Tod.

Erst 1985, 36 Jahre nach unserer Flucht, konnten wir China wieder besuchen. Es war unglaublich schön. Alle Verwandten kamen zu diesem Wiedersehen. Es waren fast 40 Personen – wir lernten Onkel, Tanten, Cousinen und Cousins kennen. Vorher hatten meine Schwestern und ich nur unsere fünfköpfige Kleinfamilie gekannt.

Von da an besuchte unsere Mutter ihre Heimat immer wieder, bis alle ihre älteren Geschwister verstorben waren. Sie wollte auch im Alter nicht zurück in ihre Heimat, obwohl sie es dort, äußerlich betrachtet, besser gehabt hätte. Sie hätte ihre Verwandten um sich gehabt, sie hätte wieder in ihrer Muttersprache sprechen können, und dann wäre da natürlich auch das chinesische Essen gewesen, das sie so liebte. Aber wichtiger war es für sie, bei ihren Kindern, ihren Enkelkindern und ihrer Urenkelin zu bleiben. Sie war ganz und gar Mutter, Großmutter und Urgroßmutter. Für alle strickte sie unermüdlich bis zum Schluss jede Menge Pullover. Sie drängte uns ihre Pullover und Jacken auf, selbst wenn wir sagten, wir hätten genug. Es war, als ahnte sie, dass ihre Lebensuhr langsam zu Ende ging. Sie wollte in der Restzeit uns noch so viel von ihrer Mutter- und Großmutterliebe schenken, wie sie konnte. Ich muss gestehen: Wir waren nicht immer nur dankbar. Unsere Kleiderschränke quollen über. (Heute merke ich mit Wehmut, wie die Wolle meiner Lieblingsjacke, den sie vor Jahren gestrickt hat, langsam mürbe wird. Sie lässt sich nicht mehr ersetzen.)

Auch wenn meine Mutter ihren Horizont sehr eng um sich zog und allem, was von draußen kam, skeptisch bis ablehnend gegenüberstand, hat sie ihre Familie geliebt, auch wenn sie in der Verteilung ihrer Zuneigung nicht immer gerecht war. Zuletzt richtete sie ihr Misstrauen auf meinen Schwager, dem sie Erbschleicherei unterstellte. Es war eine fixe Idee, die an Paranoia grenzte und von der sie nicht abzubringen war. Das erfüllte die ganze Familie mit großem Kummer. Es war wie ein Gift, das sie bei jedem Kontakt um sich spritzte. Daher habe ich sie in diesen letzten Jahren nicht gerne besucht. Selbst wenn wir ganz friedlich beieinandersaßen und plauderten, kam sie am Schluss immer auf dieses leidliche Thema zurück. Ich vermute, es hat etwas mit ihrem Hass auf ihren eigenen Vater zu tun, der nach dem Tod ihrer Mutter deren Ländereien einforderte. Nicht selten fällt man im Alter auf die traumatischen Erlebnisse zurück, die man früh im Leben erfahren und nicht verarbeitet hat.

Das Alter war für meine Mutter ein großes Problem. Für jemanden, dem das Aussehen so wichtig ist, ist es schlimm zu sehen, wie er mit jedem Jahr älter wird. Meine Mutter pflegte sich sorgfältig mit vielen Cremes. Sie ging regelmäßig zum Friseur und ließ ihre Haare färben. Sie achtete sehr auf ihre Ernährung und auf genügend Schlaf. In ihrer Gesundheitsvorsorge war sie vorbildlich und hielt in allem ein gutes Maß. Denn sie wollte so lange selbständig bleiben wie möglich. Das Alleinleben hatte sie jahrzehntelang geübt. Schrecklich war ihr die Vorstellung, einmal pflegebedürftig zu werden. Für meine Mutter war die Aussicht, im Alter hilflos zu werden und auf die Pflege anderer angewiesen zu sein, eine furchterregende Perspektive. Ich vermute, sie hatte als Baby Schlimmes erlebt. Als fünftes von sieben Kindern hatte sie wahrscheinlich keine besondere mütterliche Fürsorge erfahren. Ihre Amme war ihr wahrscheinlich näher als ihre Mutter. Daher denke ich, dass für sie die Vorstellung, im Alter wieder auf die Hilfe anderer angewiesen zu sein, eine war, die sie kaum ertragen konnte.

Meine Schwester entdeckte einmal bei einem Besuch bei ihr ein Arsenal an Schlaftabletten. Auf ihre Frage, weshalb sie denn so viele Schlafmittel hortete, antwortete meine Mutter unumwunden, dass sie diese nehmen würde, wenn sie mal nicht mehr könne. Meine Schwester erschrak furchtbar und warf die Tabletten alle weg. Sie fragte meine Mutter, was denn passieren würde, wenn sie den Suizidversuch überlebte und dann behindert wäre. Meine Mutter schwieg eine Zeitlang. Dann fing sie an, über aktive Sterbehilfe zu sprechen. Sie habe erfahren, dass man dies in der Schweiz veranlassen könne. Sie wisse auch, dass man die entsprechenden Medikamente aus der Schweiz anfordern könne. Sie wusste nur nicht wie. Als wir uns weigerten, dies für sie zu tun, fing sie an, mich zu bedrängen, dass ich als Arzt die Medikamente für sie besorge. Diesen Auftrag konnte ich unmöglich annehmen. Sie hat mir das Leben geschenkt. Wie könnte ich je ihr Leben nehmen?

Gleichwohl konnte ich verstehen, woher ihr Sterbewunsch kam. Sie hatte ihre Mutter früh verloren. Ihre jüngste Schwester hatte sich während der Kulturrevolution umgebracht. Ihre älteren Geschwister waren mittlerweile alle verstorben, jede nach langjähriger Pflegebedürftigkeit. So ein Schicksal wollte sie selbst nicht erleiden, wo sie doch so lange eisern durchgehalten hatte, allein zu leben.

Sie hatte zwei Busenfreundinnen, eine in Heidelberg, die andere in Shanghai. Auch diese starben nacheinander, die eine nach sechs Jahren Leiden in einem deutschen Altenheim, die andere bei bester Betreuung zu Hause in China. Es wurde um meine Mutter immer einsamer. Mittlerweile war sie Mitte neunzig.

In ihrem kleinen Städtchen zog sie ihre bescheidene kleine Runde und war als freundlich-distanzierte alte Dame bekannt. Sie ging zur Bank, zum Bioladen und zum Supermarkt. Als sie Ende 2016 stürzte und sich das Bein brach, verlor sie ganz schnell ihre Selbständigkeit und mit dieser ihre Orientierung in der Welt. Wir haben zwar dafür gesorgt, dass sie mit Hilfe von Pflegerinnen zuhause bleiben konnte. Aber sie verlor immer mehr ihr Interesse und ihren Lebensmut. Dank ihrer robusten Konstitution lebte sie noch gut eineinhalb Jahre weiter. Aber es war doch traurig mitanzusehen, wie diese einst so vitale Frau immer mehr abbaute. So war ihr der Tod eine Erlösung. Meine Schwestern und ich wechselten uns ab, bei ihr zu sein. Am Ende waren wir Tag und Nacht bei ihr. Wir konnten fast alle Kinder, Enkelkinder und die Urenkelin zusammenrufen, um sich von ihr zu verabschieden.

Sie ist hoffentlich endlich dort, wohin sie sich zeitlebens gesehnt hat. Wo das sein könnte, erahnen wir vielleicht aus ihren Träumen:

Nach dem Tod meines Vaters vor 22 Jahren träumte sie jede Nacht, dass er bei ihr sei. Er habe ganz normal im Wohnzimmer gesessen, habe Zeitung gelesen und sei stets mit einem Rat zur Hand gewesen, wenn sie eine Frage an ihn hatte.

Den zweiten Traum erzählte sie mir zwei Monate vor ihrem Tod: Sie habe ihre Mutter zu einem Haus getragen und sei ganz erstaunt gewesen, wie leicht ihre Mutter gewesen sei.

Zu diesen beiden Menschen, die im Land ihrer Träume wohnten, trugen wir sie schließlich ins Grab, so leicht war sie selbst am Ende geworden.

Welche Beziehung hatte ich zu meiner Mutter?

Mich beschäftigt eine beunruhigende Frage: War ich als Kind je glücklich mit meiner Mutter? Ich meine nicht, ob ich *in ihrem Beisein* je glücklich war. Wenn sie in meiner Kindheit mit mir in den Park ging, habe ich bestimmt gespielt und Spaß dabei gehabt. Nein, ich meine, war ich glücklich, wenn ich bewusst mit ihr zusammen war.

Die Frage muss ich leider verneinen. Mit meinem Vater war ich glücklich, als er zweimal in den Sommerferien mit meinen Schwestern und mir zelten ging. Wir bauten zusammen das Zelt auf. Wir kochten an einem winzigen Gaskocher Hühnchen aus der Dose. Wir schwammen im Bodensee und im Vierwaldstättersee. Das waren unvergessliche Erlebnisse. Als Baby war ich ebenfalls glücklich mit meiner Tante, der jüngsten Schwester meiner Mutter, die nur 12 Jahre älter war als ich und die mich immer auf dem Arm trug, solange wir in Shanghai waren. Wir liebten uns.

Bei meiner Mutter hingegen habe ich eigentlich nicht *mich*, sondern *sie* gespürt. Meine Aufmerksamkeit war nicht auf mich gerichtet, sondern auf sie. So weiß ich heute noch, wann ich sie glücklich, wann traurig, wann wütend, wann verliebt, wann missmutig wahrgenommen habe. Ich war nicht bei mir, wenn ich mit meiner Mutter zusammen war. Meine ganze Aufmerksamkeit galt ihr. Ich passte auf sie auf – wie eine Amme auf ein Kind. Zwei Motive bewegten mich dabei: Erstens war ich in Sorge, ob es ihr gut ging. Zweitens musste ich auf der Hut sein, wenn sie wütend wurde. In diesem Fall musste ich ihr schleunigst aus dem Weg gehen, und das war nicht selten. So oder so, meine Antennen waren ständig auf sie ausgerichtet.

Meine Aufmerksamkeit galt seit jeher meiner Mutter, nicht mir. Mich habe ich gespürt, wenn ich alleine war. Dann konnte ich mich endlich in ein Spiel vertiefen oder in ein Buch. Sobald meine Mutter auftauchte, wechselte meine Aufmerksamkeit sofort auf sie über. Da war kein Raum mehr für mich selbst. Ich war für sie da. Ich spürte ihre Not, als sei sie meine eigene.

Eine solche Sensibilität zeige ich sonst nur meinen Klienten gegenüber. Dort hat es ja seinen Sinn. Bei meinen Klienten ist es wichtig, dass ich ihre unbewussten Regungen aufspüre, ihre Stimmungen spiegele und ihren Gefühlen auf den Grund gehe. So ist es kein Wunder, dass ich ausgerechnet diesen Beruf, der so viel Sensibilität und Empathie verlangt, ausgesucht habe. Ich habe es von Kindesbeinen an gelernt.

Meine Mutter war natürlich ebenfalls für mich da. Sie hat mich zeitlebens umsorgt. Sie nahm mich schon als Baby mit in den Park, damit ich frische Luft bekam. Ich sollte mich immer warm anziehen. Jedes Jahr bekam ich neue Schuhe angepasst. Sie schnitt mir die Nägel, kratzte mir den Schmalz aus den Ohren, schickte mich jede Woche (!) zum Friseur und jedes halbe Jahr zum Zahnarzt. Wir aßen nur vom Allerbesten. Selbst im Alter pflegte sie mir am Ende meiner Besuche immer etwas zum Knabbern mitzugeben. Sie liebte mich. Ich war ihr wichtig.

> *Aber wenn eine Mutter selbst nicht glücklich ist, dann kannst du als Kind nicht glücklich sein. Dann schaust du nach deiner Mutter. Dann wünschst du dir, dass sie auch mal fröhlich ist, dass sie mal ausgelassen ist, dass sie lacht und aus sich herausgeht. Und wenn sie all dies nicht tut, dann machst du dir Sorgen um sie. Du bemühst dich, ihre Erwartungen zu erfüllen, damit sie sich wenigstens ein bisschen über dich freut. Du versuchst, ihr etwas von der unsichtbaren Last abzunehmen, die sie herunterzieht. Ein Kind will doch nicht nur geliebt werden. Es braucht eine Mutter, die liebenswert ist. Es sehnt sich nach einer Mutter, die sich selbst liebt und in sich ruht. Dann kann es in ihren Armen selber zur Ruhe kommen und einschlafen.*

Wenn ich lese, was ich gerade geschrieben habe, dann denke ich, dass ich meine Mutter im Grunde meines Herzens doch sehr geliebt haben muss. Aber ich spüre es kaum! Stattdessen habe ich mich um sie gesorgt und sie aus einem gebührenden Abstand bedauert. Gleichzeitig war ich in ihrem Beisein sehr auf der Hut, wenn sie wieder mal über ihren Vater, meinen Vater, eines meiner Geschwister, oder irgendeinen anderen Menschen herzog.

Wenn ich dies jemandem außerhalb der Familie erzähle, der meine Mutter oberflächlich gekannt hat, ist dieser oft überrascht. Für die meisten Außenstehenden war meine Mutter eine nette, freundliche alte Dame. Kein Wunder! Nach außen hatte sie stets ihre Contenance bewahrt. Dort hatte sie sich immer in der Gewalt gehabt. Zuhause war sie jedoch herrisch gegenüber den Bediensteten, überfürsorglich-bevormundend uns Kindern gegenüber und distanziert bis verächtlich ihrem Mann gegenüber. Alleine für sich versank sie schließlich in eine depressiv-aggressive Stimmung, in die sie sich in ihrem Groll gegen diese oder jene Person einwickelte, die sie gekränkt oder die ihr schlichtweg nicht gepasst hatte.

Um mich gegen ihre depressive Aggressivität zu schützen, habe ich mich innerlich gewappnet und mir einen Panzer angelegt. Vor lauter Selbstschutz habe ich meine Liebe für sie tief in mir vergraben. Ich kann sie bis heute nur schwer spüren.

Sie tat mir leid, aber ich konnte ihr nicht nah sein. Eigentlich hätte sie jemanden gebraucht, dem ihre Verachtung und ihre Zurückweisung nichts ausgemacht hätte; jemanden, der sie ausgehalten hätte; jemanden, der ihre Launen verstanden und sie trotz ihres Widerstands liebevoll in den Arm genommen und getröstet hätte. Mein Vater hat es versucht und ist daran gescheitert. Dabei war sie die Liebe seines Lebens. Aber er war ein Mann, und die Nähe von Männern war ihr von jeher suspekt. Außerdem dürfte man sich ihr gegenüber nicht unterordnen und sich abspeisen lassen. Man müsste das, was man wollte, bei ihr auch durchsetzen.

Tatsächlich hat es so jemanden gegeben, jedoch erst am Ende ihres Lebens. Es war eine polnische Mama, die als Pflegerin für meine Mutter kam. Sie schaffte es, meine Mutter so anzunehmen, wie sie war. Obwohl meine Mutter anfangs über ihren dicken Busen gelacht hatte, ließ sie sich weder kränken noch abschütteln. Zophia blieb respektvoll und aufmerksam. Sie kaufte nur das Beste für meine Mutter ein, bekochte sie, badete sie und brachte sie ins Bett. Sie wusste von der Widerborstigkeit meiner Mutter und passte sich an, indem sie ihr zum Beispiel eine Dusche schon Tage vorher ankündigte, es jeden Tag wiederholte, bis meine Mutter an dem vorbestimmten Tag sich endlich ausziehen und abduschen ließ. Es war eine große Ehre, dass meine Mutter ihr beim Abschied unumwunden sagte, sie sei die beste Pflegerin gewesen und sie möge wiederkommen. Zophia kam tatsächlich noch ein zweites Mal, aber danach war sie total erschöpft und brauchte eine längere Ruhepause. Während dieser Zeit aber baute meine Mutter ab (unter der Betreuung einer viel weniger aufmerksamen Pflegerin) und verstarb wenige Wochen später.

Scarlett

Wenn ich mich frage: Wer meine Mutter war, dann taucht in mir eine ihrer Lieblings-Filmfiguren auf: *Scarlett* aus dem Film *Vom Winde verweht*. Scarlett O'Hara war eine eitle, kindlich trotzige Schönheit, ausgestattet mit einem unbeugsamen Willen und einer beeindruckenden Persönlichkeit. Sie bezirzte alle Männer, liebte aber zeitlebens nur einen Mann wirklich: Ashley Wilkes, einen scheuen zarten Mann, der geradezu das Gegenbild von ihr war. Aber er liebte und heiratete ihre beste Freundin Melanie. Scarlett ließ sich schließlich auf das Werben Rhett Butlers ein, eines skrupellosen Geschäftsmanns, der sie ehrlich liebte, den sie jedoch verachtete. Am Ende verlor sie beide Männer und blieb ratlos zurück.

Der Roman, auf dem der Film basiert, spielt während des Amerikanischen Bürgerkriegs zwischen den Nord- und den Südstaaten.

Die Heldin stammt aus den reichen Südstaaten und kommt aus vornehmsten Verhältnissen. Als der Süden jedoch den Krieg verliert, muss sie um ihr Überleben kämpfen, während die Welt, die sie kannte, um sie herum untergeht.

Im Chinesischen hieß *Vom Winde verweht* romantisierend *Die edle Schöne inmitten einer chaotischen Welt*. Ähnlich wie Scarlett O'Hara durchlebte meine Mutter die Hochs und Tiefs ihrer Zeit. Geboren wurde sie kurz nach Ende des chinesischen Kaiserreiches. Ihre Familie war ausgestattet mit allen Privilegien und Bequemlichkeiten der feudalen chinesischen Oberschicht. Für sie war es eine Selbstverständlichkeit, über ihre Dienerschaft zu verfügen und jeden Wunsch erfüllt zu bekommen. Doch dieses Glück währte nur bis zur japanischen Invasion. Sie musste fliehen und ihre Heimat verlassen.

Zusätzlich war ihre Kindheit überschattet vom Zwist zwischen ihren Eltern, bei dem sie sich innerlich voll auf die Seite der schwächeren Mutter schlug und Partei gegen den Vater ergriff, der in Shanghai eine zweite Familie unterhielt. Der frühe Tod ihrer Mutter war ein tiefer Einschnitt für die 12-jährige, die nunmehr für ihre jungen Geschwister verantwortlich war.

Sicherheit und Geborgenheit hatte sie nur kurz bei der Großmutter genossen, in »der glücklichsten Zeit ihres Lebens«, wie sie später sagte. Nach dem Tod der Großmutter musste sie zum ungeliebten Vater nach Shanghai. Ihrer ersten Liebe, dem Künstler, konnte sie nicht nach Paris folgen, weil sie für ihre beiden jungen Geschwister sorgen musste. In diesen schweren Zeiten tauchte mein Vater als Rettungsanker auf, wie es auch Rhett Butler für Scarlett O'Hara war. Wie im Film stieß meine Mutter ihren Mann zurück, so dass er in seine Geschäfte im Ausland flüchtete.

Als die kommunistischen Truppen Shanghai eroberten, ging für meine Mutter eine Welt unter. Sie gehörte zur Bourgeoisie, diese galt in der Volksrepublik als Klassenfeind. Durch die Flucht nach Hongkong und die Tüchtigkeit meines Vaters gelang es meinen

Eltern, ihren früheren Status aufrechtzuerhalten – wir hatten Kindermädchen und Köchin. Aber die Heimat und mit ihr die gesamte Lebenswelt meiner Mutter gingen für immer verloren. Sie hatte ihre Familie, ihre Freunde, ihre Kultur und ihre Sprachgemeinschaft nicht mehr. Es blieb ihr nur noch das sinnentleerte Leben einer Ehefrau, die sich in ihrem Luxus tödlich langweilte. (Für meinen Vater war es anders. Da die Geschäfte in der blühenden Wirtschaft Hongkongs für ihn gediehen, wog für ihn der Heimatverlust nicht so schwer wie für meine Mutter.)

Der Verlust der Heimat war, neben dem frühen Tod ihrer Mutter und dem Suizid ihrer jüngsten Schwester während der Kulturrevolution, für meine Mutter traumatisch. Hatte ich in den ersten Lebensjahren in Shanghai eine lebenslustige Mutter, die optimistisch in die Zukunft schaute, war nach der Flucht alles anders. Ihre Fröhlichkeit und ihre Lebendigkeit verschwanden hinter dem »Bambusvorhang«, dem östlichen Pendant zum europäischen Eisernen Vorhang, der Ost und West teilte. Zurückblieb eine schweigsame, in sich gekehrte Frau, die im Stress entweder explodierte oder sich für Tage schweigend in ihr Zimmer zurückzog. Solche Kontaktabbrüche waren für uns Kinder am schwersten zu ertragen. Sie waren viel schlimmer als ihre Zornausbrüche. Wir liefen tagelang geduckt im Hause herum, fühlten uns schuldig und wussten gleichzeitig nicht, was wir denn falsch gemacht hätten. In diesen Zeiten hing eine schwarze Wolke über dem ganzen Haus.

Ich spürte wohl, dass meine Eltern sich nicht verstanden und dass meine Mutter depressiv war. Aber ich wusste keine Lösung dafür. In einem in dieser Zeit sich wiederholenden Albtraum sah ich mich immer vor einer verschlossenen Tür stehen. Kaum gelang es mir, sie zu öffnen, zeigte sich dahinter eine zweite verschlossene Tür, dahinter eine dritte, und so fort. Seit dieser Zeit habe ich immer wieder Kopfschmerzen.

Erst Jahrzehnte später, in den 1980er Jahren tauchte der Begriff der *Borderline-Störung* in der Psychologie auf. Unter dieser

Diagnose fasst man solche Menschen zusammen, die emotional äußerst instabil sind und in ihren zwischenmenschlichen Beziehungen zwischen intensivster Nähe und Anklammerung einerseits und abrupten Beziehungsabbrüchen andererseits schwanken. (Ein zu diesem Syndrom passender Buchtitel lautet *Ich hasse dich, verlass mich nicht!* [Kreisman & Straus 2012]) Die Betroffenen neigen zu Wutanfällen und paranoiden Vorstellungen (dass andere ihnen Böses antun wollen) und sind latent suizidal. Bald war diese Diagnose in der Fachwelt in allem Munde. Aber ich konnte damit gar nichts anfangen, soviel ich auch darüber las. Mir war es als erfahrener Psychotherapeut ziemlich peinlich, in Fachdiskussionen nichts dazu beitragen zu können. Ich saß buchstäblich auf der Leitung. Irgendwann durchfuhr es mich wie ein Blitz: Meine eigene Mutter fiel unter diese Diagnose! Die Borderline-Störung habe ich seit meiner Kindheit gekannt! Aber sie war mir so vertraut, dass sie mir ganz normal vorkam. Ich besaß einfach nicht die notwendige Distanz, um sie mit den neutralen Augen eines Psychologen zu erkennen.

Diese bestürzende Erkenntnis war für mich der Anfang meiner eigenen Heilung. Ich verstand endlich, weshalb ich mich im Beisein meiner Mutter so unwohl gefühlt hatte. Denn bei einer Borderline-Störung leidet nicht nur der Betroffene, sondern genauso seine engsten Bezugspersonen: der Partner/die Partnerin, die Kinder, die Eltern, die besten Freunde.

Ich verstand, dass ich, genauso wie mein Vater und meine Geschwister, in einer Ambivalenz feststeckte, der ich nicht entfliehen konnte. Einerseits fühlte ich mich aufgefordert, meiner Mutter zu helfen und beizustehen. Andererseits fürchtete ich mich davor, von ihr aus heiterem Himmel mit Vorwürfen belegt oder mit Schweigen bestraft zu werden. Ich verstand endlich meine innere Anspannung in ihrer Gegenwart. Es war wie ein Eiertanz, zu dem man ständig aufgefordert wurde. Zu einem an einer Borderline-Störung leidenden Menschen kann man weder eine entspannte intime Nähe herstellen (dies wäre zu gefährlich), noch darf man sich von ihm distanzieren oder gar trennen, denn das würde die in ihm tiefsitzende Verlassenheitsangst auslösen. Man ist in einem unlösbaren Liebe-Hass-Clinch gefangen. Wirkliche Nähe ist kaum möglich.

Ich war außerordentlich dankbar für diese Erkenntnis. Endlich schien ich einen Namen für das gefunden zu haben, worunter meine Mutter (und mit ihr ihre gesamte Umgebung) litt. Mit der Diagnose verstand ich auch die Hintergründe für ihr Leiden. Wahrscheinlich war sie, wie viele Mitleidenden, schwer traumatisiert worden. Sie konnte ihre unsäglich schlimmen seelischen Schmerzen nur ertragen, indem sie diese abspaltete und auf andere projizierte, ja schleuderte. Viele Eigenarten und Verhaltensweisen meiner Mutter zeigten Ähnlichkeiten mit Patienten, die an einer *Posttraumatischen Belastungsstörung* leiden, unter anderem Wutausbrüche, Intrusionen (plötzlich einfallende Erinnerungen an traumatische Ereignisse), Dissoziation (sich »wegbeamen«), verzerrte Wahrnehmung der Umwelt, innere Leere, Suizidalität. Da meine Mutter eine sehr starke Persönlichkeit war, konnte sie ihre Symptome einigermaßen in Schach halten. Bei Stress brachen sie jedoch wieder aus, wie bei einer nicht verheilten Wunde.

Sie hatte, wie viele Menschen ihrer Generation, nicht die Möglichkeit, therapeutische Hilfe in Anspruch zu nehmen. Psychische Störungen galten in ihren Augen zu sehr als Stigma, als Geisteskrankheit. Sie wollte nicht als »verrückt« abgestempelt werden.

Es erwies sich als Glücksfall, dass meine Mutter und wir nach Deutschland kamen. Für meine Schwestern und mich war die liberale Atmosphäre in der Bundesrepublik eine Befreiung. Nach meinem Außenseiter-Dasein in Hongkong, wo ich mich nie richtig wohl gefühlt hatte, konnte ich in Deutschland neu durchstarten. Ich erntete Erfolg und Anerkennung an der Schule, später im Studium und Beruf. Und: Ich hatte meinen Vater wieder, selbst nachdem er ausgezogen war. Die Entfernung Frankfurt-Kaiserslautern war gegenüber der zwischen Deutschland und Hongkong überbrückbar, und mein Vater besuchte uns regelmäßig einmal die Woche. Das war für mich als Teenager eminent wichtig.

Für meine Mutter war es ebenfalls ein Neuanfang. Zum ersten Mal in ihrem Leben hatte sie kein Dienstpersonal mehr. Sie war auf sich alleingestellt. Was auf den ersten Blick als Mangel oder Demütigung erschien, entpuppte sich als Segen. Sie war gezwungen, die Ärmel hochzukrempeln und sich persönlich um Haushalt und Kindererziehung zu kümmern. Und sie tat es mit Bravour. Es zeigte sich, dass sie alle haushälterischen Fähigkeiten besaß oder, wenn nötig, sie sich erwarb. Während sie in Hongkong der Haushälterin bloß die Rezepte der Gerichte vorgegeben hatte, die diese kochen sollte, bereitete sie nun selbst das Essen. Sie las in Kochbüchern und versuchte, Spezialitäten nachzukochen. Ihr Essen schmeckte uns besser als die raffinierten Gerichte, die uns unser Vater aus seinem Restaurant brachte. Es war »hausgemacht«, frisch und nicht aufgewärmt. Nun endlich erlebte ich eine richtige Mutter, die uns versorgte. Sie hatte immer noch ihren Befehlston auf den Lippen und ihre Launen, aber nun hatte sie nicht mehr so viel Zeit, diese auszuleben. Das Leben forderte sie heraus und sie nahm die Herausforderung an. Dafür hat sie meinen ganzen Respekt.

Sie strengte sich an und wir mit ihr, uns so gut wie möglich in der fremden Umgebung einzurichten. Außerdem schlüpften meine Schwestern und ich bald in eine neue Rolle. Durch die Schule beherrschten wir die deutsche Sprache bald besser als unsere Mutter und konnten ihr bei Behördengängen und den alltäglichen Formalitäten behilflich sein. Außerdem wurden wir älter. So wuchsen wir langsam aus der Abhängigkeit von ihr heraus.

Einer nach dem anderen gingen wir aus dem Haus. Wir waren nun endlich frei. Meine Mutter bezog ein neues Haus in Kaiserslautern, aber sie richtete für jeden von uns weiterhin ein eigenes Zimmer ein. Sie blieb Mama, der heimische Hafen. Jedoch war es bezeichnend, dass beide meiner Schwestern weit wegzogen. Sie brauchten den räumlichen Abstand von unserer Mutter. Ich war mit meinem Studienort Frankfurt, später Heidelberg, derjenige, der noch am nächsten wohnte. Ich blieb zwar in ihrem Einflussbereich, fühlte mich jedoch frei genug, um mein eigenes Leben zu führen.

Nach dem Tod meines Vaters 1996 rückte meine Mutter zum Familienoberhaupt auf. Nun war sie die Älteste in unserer in Deutschland/Österreich ansässigen Familie geworden. Sie war Dreh- und Angelpunkt für Familienfeiern. Mit ihren Enkeln unterhielt sie liebevolle Beziehungen. Sie haben ihre Großmutter als liebevolle und fürsorgliche Oma kennengelernt. Zum Glück haben sie nicht das erleben müssen, was meine Schwestern und ich als Kinder durchgemacht haben. Als der Tod meiner Mutter naherückte, kamen alle, um sich von ihr zu verabschieden.

Welche Funktionen hatte ich für meine Mutter zu erfüllen?

Im letzten Abschnitt habe ich beschrieben, wie ich mich gegenüber meiner Mutter fühlte. Da ging es um meine unmittelbaren Gefühle meiner Mutter gegenüber. Nun möchte ich einen Schritt zurücktreten und mich fragen:

Welche Funktionen hatte ich für meine Mutter zu erfüllen?

Das Erste, was mir bei dieser Frage einfällt, ist: Ich soll meiner Mutter ähnlich ausgesehen haben, nämlich groß und schlank. Meine nächstgeborene Schwester soll dagegen unserem Vater gleichen, rundlich mit großen Augen. Aber das stimmt nicht: Viele Schwestern meiner Mutter waren rundlich und klein. Ich habe ähnlich große Augen wie mein Vater. Aber meine Mutter übersah all diese Gegenargumente. Für sie, die sie außerordentlich großen Wert auf die äußere Erscheinung legte, war es klar: Ich war ihr ähnlich, meine Schwester gehörte mehr zur väterlichen Seite.

Das war die erste Funktion, die ich zu erfüllen hatte: *Ich war eine Fortsetzung, eine Verlängerung, ja ein Teil von ihr.* Ich komme direkt aus ihr und von ihr. Mit dieser Idee nahm sie mich in Besitz. Auf mich war sie stolz, während sie auf meinen Vater (und damit auf meine Schwester) herabschaute. Schon von Kindesbeinen an schärfte sie mir ein, ich dürfe niemals Kaufmann werden wie mein Vater. Damit zog sie eine Trennungslinie zwischen meinen Vater und mich.

Als *ihr* Sohn musste ich ihr physisch und psychisch nahe sein. Als Baby ließ sie mich nie aus den Augen. Sie stillte mich mit Inbrunst, nicht ein halbes, nicht ein ganzes, sondern eineinhalb Jahre lang. (Meinen beiden Schwestern gab sie dagegen die Flasche.)

Damit kommen wir zur zweiten Funktion, die ich für meine Mutter spielte: Ich war für sie auch so etwas wie ein *erotisches*

Liebesobjekt. Dies erkannte ich, nachdem unsere Kinder zur Welt kamen. Meine sonst so zurückhaltende Mutter schnüffelte mit Wonne, ja mit Inbrunst an ihren Babyfüßen. Es war ihr die reinste Lust. Sie, die sonst in Bezug auf den Körper so prüde war und alle sexuellen Triebregungen als lasterhaft verurteilte, ließ sich ohne Hemmung in ihre Verzückung über den zarten, duftenden Babykörper fallen. (Es kommt recht häufig vor, dass Mütter beim Stillen besonders eines männlichen Säuglings sexuell erregt werden.)

Aus diesen Beobachtungen folgerte ich, dass auch ich in den Armen meiner Mutter nicht nur gekuschelt wurde. Mir wurden womöglich Liebkosungen zuteil, die erotisch aufgeladen waren. Ich bin nicht sicher, ob mir das nur angenehm war. Ich bin auch nicht sicher, ob ich nicht mit sexuell erregt wurde. Jahre später bemerkte ich als Erwachsener eine unwillkürliche Reaktion, die mir in der Intimität mit einer Frau regelmäßig widerfuhr: Bei innigen Umarmungen zogen sich meine Lippen zu einem maskenhaften, verkrampften Grinsen zusammen. Es fühlte sich so an, als müsste ich mich zwingen, lieb zu sein. Das stand in krassem Widerspruch zu der aktuellen Situation: Ich war ja gerade mit einer Frau zusammen, der ich nahe sein wollte. Ich musste mich zu überhaupt nichts zwingen. Woher kam dann diese unwillkürliche fratzenhafte Maske?

Ich begann mich zu fragen, ob ich als Kind dieses gezwungene Lächeln aufs Gesicht aufgesetzt habe, jedes Mal wenn meine Mutter mit mir schmuste. Wieso war aber diese Fratze bei mir mit sexueller Erregung verknüpft? War es *eine konditionierte Reaktion* – ich bin sexuell erregt, und die sexuelle Erregung löst das Grinsen aus? *Habe ich das Gegenteil von dem gemacht, was ich eigentlich habe tun wollen*: Habe ich gelächelt und so getan, als würde mir die Umarmung gefallen, obwohl ich meine Mutter lieber von mir weggestoßen hätte? (In der Psychoanalyse nennt man eine Umkehrung dessen, was man eigentlich machen will, in sein Gegenteil *Reaktionsbildung.*) War ich schon als Baby für meine Mutter eine Art kindlicher Liebhaber? Dann wäre es eine Form sexuellen Missbrauchs, zumindest eine Grenzüberschreitung vonseiten meiner Mutter gewesen.

Die Leib-Seele-Geist-Symbiose mit unserer Mutter am Anfang unseres irdischen Daseins hat uns Leben gegeben. Sie war die Grundlage unserer Existenz. Die Bemutterung durch die Mutter ist das Wunderbarste und das Größte, was ein Mensch einem anderen Menschen schenken kann.
Jedoch muss dieses Geschenk in gegenseitiger Würde übergeben und angenommen werden. Würde bedeutet: Ich bin mir meiner Selbst bewusst. Das ist mein Körper, meine Seele, mein Geist. Ich möchte von Dir als Ich gesehen und respektiert werden. Ich möchte Dich ebenfalls als Du sehen und respektieren.
Wenn die Mutter das Kind in den Arm nimmt, muss sie es tun, weil das Kind es will und braucht, nicht weil sie es will und braucht. Sie muss das Kind respektieren in seinen Willens- und Bedürfnisäußerungen. Sie muss sich gleichzeitig ihrer eigenen Würde und ihrer Bedürftigkeit bewusst sein. Was die Mutter dem Kind gibt, fließt aus ihr heraus, aus ihrer Liebe, wie die Muttermilch, die aus ihr sprudelt. Sie sollte ihre Liebe aus dem Überfluss geben, nicht aus ihrer eigenen Bedürftigkeit. Und sie muss hinschauen, hinhören und hinspüren, ob das Kind ihre Umarmung, ihre Milch, ihre Liebe, ihre Liebkosung gerade braucht oder nicht. Darin achtet und respektiert sie die Würde des Kindes.
Das Kind ist zwar bedürftig. Es braucht Nahrung, Liebe, körperliche und seelische Zuwendung. Aber es ist bereits ein eigenes, in sich geschlossenes Wesen. Es hat eine eigene Würde. Es hat ein eigenes Selbst. Es ist in diesem Sinne eine Wesenheit für sich. Ein Subjekt. Dies gilt eigentlich für alles, was auf der Welt existiert, egal ob groß oder klein, belebt oder unbelebt. Alles, was auf der Welt existiert, ist Subjekt.

> *Wir können nur von Subjekt zu Subjekt mit allem in der Welt umgehen, egal ob es sich um einen Grashalm, eine Raupe, oder einen Stein handelt.*
> *Umso mehr müssen wir dies berücksichtigen, wenn wir ein Kind in unserer Obhut haben. Es ist von Anfang ein Subjekt für sich, das wir nur als Subjekt ansprechen, anfassen und behandeln dürfen. Mutter und Kind haben zwar komplementäre, das heißt sich ergänzende Rollen – die Mutter gibt und das Kind nimmt. Aber diese Interaktion muss achtsam geschehen, von Subjekt zu Subjekt.*
> *Im Idealfall sollte die Mutter selbst satt, in sich ruhend und für sich zufrieden sein. Dann kann sie in Ruhe wahrnehmen, was das Kind von ihr braucht und es ihm geben, als Geschenk.*
> *Ist die Mutter aber selbst hungrig, liebesbedürftig, unzufrieden oder unglücklich, dann sollte sie das, was sie braucht (Nahrung, Liebe, Wärme, Zuwendung), woanders suchen und finden, dort wo es passend ist. Aber nicht bei ihrem Kind, denn dann benutzt sie es und missbraucht es für ihre eigenen Bedürfnisse.*

In ihrer Verzückung über mich als männlicher Säugling und auch später als Kleinkind zeigte meine Mutter mich gerne ihren Freundinnen. Es war mir äußerst unangenehm, wenn sie mich als entzückendes männliches Kind mit den Freundinnen »teilte«. Sie bot mich ihnen quasi als Schmuseobjekt an. Die Erinnerung daran, von diesen fremden Frauen betatscht, befummelt und geküsst zu werden, erweckt in mir immer noch Ekelgefühle.

Indem meine Mutter mich als erotisches Liebesobjekt in Besitz nahm, ging sie auf Abstand zu meinem Vater. Sie legte mich in die Ritze des Doppelbettes zwischen sich und ihren Mann. Ich bildete also – darin bestand meine dritte Funktion – eine Trennmauer zwischen meinen Eltern. Damit entstand ein klassisches ödipales Dreieck: Mutter und Sohn gegen den Vater. In meinem Kinder-Fotoalbum finde ich jede Menge Fotos mit meiner Mutter und mir, aber kein einziges, auf dem wir *zu dritt* zu sehen sind. Wahrscheinlich stand mein Vater hinter der Kamera, während meine Mutter mit mir posierte.

Die Fotos sind ein Beleg für eine vierte Funktion, die ich für meine Mutter spielte: Ich war ihr ganzer Stolz. Es war mehr als bloß das Glück, das eigene Kind im Arm zu halten. Mit mir im Arm fühlte sie sich *vollständig*. In ihrer Rolle als Mutter eines Sohnes stieg ihr Selbstwertgefühl enorm. Mit mir wurde sie bedeutend »mehr« als vorher. Nun war sie nicht »nur« eine Frau, nun war sie *Mutter eines Sohnes*. Wir dürfen nicht vergessen, dass sie tief in der patriarchalischen chinesischen Tradition verwurzelt stand. In China galten (und gelten heute noch) Söhne als die »eigentlichen« Kinder. Sie sind der ganze Stolz der Sippe. Sie sind diejenigen, die die Familientradition und den Familiennamen weitertragen und weitergeben. Meine Mutter hatte zwar ältere Schwestern, die auch schon Kinder bekommen hatten. Aber es waren alles »nur« Mädchen. Ich war tatsächlich der erste Sohn meiner Generation. War das nicht ein Grund für meine Mutter, richtig stolz zu sein (und zwar nicht nur auf mich, sondern auch auf sich)?

Außerdem hatte sie als die Vierte von fünf Töchtern von ihrem Vater viel Ablehnung und Verachtung erfahren. Für eine so stolze Frau wie sie war dies eine tiefe Kränkung. Im Ehestreit ihrer Eltern stand sie zwar immer auf der Seite ihrer Mutter. Die Meinung ihres Vaters war ihr jedoch extrem wichtig. Nun konnte sie ihm den ersten Enkel*sohn* präsentieren. Mit mir auf dem Arm war sie endlich wer. Sie war kein Mangelwesen mehr.

Wir werden später im allgemeinen Teil eine solche Besetzung des Kindes durch die Mutter *eine narzisstische Bindung* nennen: In dieser Funktion war ich dazu da, ihr Selbstbild um den fehlenden männlichen Teil zu vervollständigen und ihr Selbstgefühl zu steigern.

Die nächste, fünfte Funktion, die ich für meine Mutter innehatte, leitet sich aus der vorigen ab: Als Frau in einer patriarchalischen Gesellschaft der 1940er und 1950er Jahre durfte meine Mutter ihre vielen Talente und Anlagen nicht verwirklichen. Wäre sie ein Mann gewesen, hätte sie Rechtsanwalt oder Chef eines Unternehmens werden können. Meine Mutter hätte dafür die Intelligenz und die Souveränität gehabt. Wäre der Krieg nicht gewesen, hätte sie die Ländereien ihrer Eltern verwalten können, wie es einst ihre Mutter gemacht hatte. Aber nach der kommunistischen Machtübernahme ging der ganze Grundbesitz verloren. (Ihr Vater war so schlau, dass er seine Ländereien noch vor der Enteignung freiwillig dem Staat übergab. Dafür wurde er von der Verfolgung der Landbesitzer verschont.) Nach der Flucht meiner Mutter nach Hongkong blieb ihr nur noch die Rolle der Luxus-Ehefrau eines erfolgreichen Geschäftsmanns.

So delegierte sie ihre eigenen Karrierewünsche auf mich: Ich sollte entweder Architekt oder Arzt werden. Dafür musste ich in der Schule glänzen. Nach Schulabschluss sollte ich auf jeden Fall zum Studium ins Ausland. Deshalb schickte sie mich auf die Eliteschule in Hongkong. Für die Aufnahme in diese Schule musste ich erst einen Test absolvieren. Aber ich war noch zu jung, um aufgenommen zu werden. Meine Mutter fälschte daraufhin meine Geburtsurkunde und gab an, dass ich ein Jahr älter sei! Leider fiel ich bei dem Test durch. Im darauffolgenden Jahr, also im richtigen Aufnahmealter, schaffte ich ihn. Soviel zum Ehrgeiz meiner Mutter.

In der Folgezeit war ich nicht besonders fleißig. Immerhin befand ich mich notenmäßig im ersten Drittel meiner Klasse. Auffällig war nur, dass meine beiden Schwestern, die ebenfalls auf Elite-Mädchenschulen geschickt wurden, furchtbar schlechte Zensuren schrieben, obwohl sie mindestens so intelligent sind wie ich. Aber das schien meine Mutter nicht zu stören. Wichtig war nur, dass der Sohn gute Schulnoten nach Hause brachte.

Außerdem sollte ich Klavierunterricht bekommen. Meine Mutter hätte als Kind liebend gerne Klavier gespielt, durfte es jedoch nicht. Nun spielte ich für sie. Manchmal saß sie auf der Couch und hörte zu. Nach drei Jahren Unterricht sollte ich an einem Klavierwettbewerb für Kinder teilnehmen. Dafür musste ich ein halbes Jahr immer dasselbe Stück üben. Es war totaler Stress, nicht weil das Musikstück schwer war, es war einfach langweilig, immer und immer wieder das Gleiche spielen zu müssen. Manchmal gingen mir die Finger durch und spielten falsch, als wollten sie nicht mehr. Ich erinnere mich an den Tag des Wettbewerbs. Er fand in einem Saal voller aufgeregter Eltern und Verwandten statt. Ich ging auf die Bühne und spielte das Stück fehlerlos – auch hiervon existiert ein Foto –, aber ich bekam »nur« den zweiten Preis. Für mich war es völlig in Ordnung, ich war nicht besonders ehrgeizig, war es doch eher ein Auftrag meiner Mutter, mich am Wettbewerb zu beteiligen. Aber es war eine Riesenenttäuschung für meine Mutter und die Klavierlehrerin, die ebenfalls mit mir hoch hinauswollte. (Man erinnere sich: Die Familie meiner Mutter war die *Zweitvornehmste* ihrer Heimatstadt. Als Schülerin errang meine Mutter beim Hürdenlauf den *zweiten* Platz. So war der zweite Rang in den Augen meiner Mutter etwas sehr Enttäuschendes.) Zum Glück musste ich danach nie mehr zu einem Wettbewerb.

Erfolgreich zu sein war ein bewusster Auftrag meiner Mutter an mich. (In der Familientherapie nennt man einen solchen Auftrag eine *Delegation.*) Ich habe aber für sie noch viele weitere Funktionen erfüllt. Vor allem war ich ein *Lückenbüßer*, und zwar für all die wichtigen Personen, die meiner Mutter gefehlt haben:

Als erster fällt mir mein Vater ein. Seit meiner Geburt ist er vor meiner Mutter geflohen: nach Korea, nach Hongkong, nach Deutschland, nach Frankfurt. So wurde ich zum *Partnerersatz* für meine Mutter. Dies wurde zusätzlich gefördert von meinem Vater, der mir zweimal explizit den Auftrag gab, an seiner statt auf meine Mutter aufzupassen: das erste Mal, bevor er nach Deutschland flog, da war ich acht; das zweite Mal, kurz bevor er starb.

Nachdem mein Vater nach Deutschland verschwunden war und uns in Hongkong zurückgelassen hatte, zog sich meine Mutter immer mehr zurück. Sie wurde immer menschenscheuer, nicht zuletzt, weil sie ihre Beziehung mit ihrem Liebhaber verheimlichen wollte. Aber manchmal war es dennoch unvermeidlich, sich in der Öffentlichkeit zu präsentieren. Ich erinnere mich an ein Hochzeitsbankett, zu dem sie eingeladen war. Ich sollte als 12-Jähriger mitgehen und ihr männliche Begleitung bieten. Es war mir vollkommen peinlich, mit Krawatte ausstaffiert neben ihr zu sitzen und von all den unbekannten Erwachsenen begrüßt zu werden. Ich war doch nicht mein Vater und nicht ihr Mann! Viel lieber wäre ich mit den anderen Kindern spielen gegangen. Das war das schlimmste Erlebnis als Partnerersatz meiner Mutter.

Meine Mutter hat mich auch in meinen künstlerischen Fähigkeiten gefördert. Ich zeichnete gerne und bin nicht ganz unmusikalisch. Wir erinnern uns: Ihr erster Freund war Künstler und ging nach Paris. Ihr Geliebter in Hongkong war ein Geiger. Ich wurde also so etwas wie ein Ersatz für diese beiden *Sehnsuchts-Partner.*

Zum Schluss kommen ihre beiden Eltern, die ihr gefehlt haben: Ihre Mutter war jung gestorben, ihr Vater kümmerte sich nicht um sie. Sie war eigentlich elternlos. So war ich es, der immer Sorge um meine Mutter hatte und immer nach ihr schaute. Mir war ihr Wohlergehen wichtig. Ich bekam immer ein schlechtes Gewissen, wenn ich längere Zeit nur für mich war, ohne an sie gedacht oder nach ihr geschaut zu haben. Ein solches Verantwortungsgefühl kenne ich sonst nur in Bezug auf meine Kinder, als diese noch klein waren. Da ich mich ähnlich verantwortlich für meine Mutter fühlte, war ich *Elternersatz* für sie. In der Familientherapie nennt man eine solche Umkehrung der elterlichen Fürsorge, wenn ein Kind die Rolle eines sorgenden Elternteils für seine Eltern übernimmt, *Parentifizierung.*

Das Verantwortungsgefühl wurde noch verstärkt durch unsere Auswanderung nach Deutschland. Hier kannte sie sich schlecht aus, die deutsche Sprache lernte sie nur schwer. Meine Schwestern und ich wurden bald ihre *Dolmetscher, Verwalter und Bevollmächtigte.* Dies machten wir nicht ungern, auch nicht, als sie im Alter hinfällig und pflegebedürftig wurde. Das erachte ich als normale Kinderpflicht, wenn Eltern im Alter hilfsbedürftig werden.

Es gibt jedoch noch eine Funktion, die wir überhaupt nicht gerne für unsere Mutter erfüllten. Wir waren so etwas wie ihr *Mülleimer*, in den sie ihre Beschwerden über andere Menschen ablud. Davon hatte sie jede Menge. Wenn man so lange so allein für sich lebt, hat man viel Zeit zu überlegen, was einem alles Schlimmes im Leben passiert ist und welches Unrecht einem angetan worden ist, egal ob es stimmt oder nicht. Meine Mutter war eine Meisterin darin, sich in tatsächlichen oder fiktiven Geschichten einzuspinnen, bis sie sich vollkommen von Bösewichten und Intriganten umzingelt fühlte. Dann ersann sie Wege, wie sie sich rächen könnte. Da sie sonst keine anderen Gesprächspartner außer uns hatte, lud sie all diese Gehässigkeiten bei uns ab, wenn wir sie besuchten. So sehr wir uns auch bemühten, sie ließ sich durch vernünftige Argumente nicht von ihren paranoischen Ideen abbringen. Dieser Wesenszug verstärkte sich leider im Alter, so dass ich sie immer seltener besuchen mochte.

Überdies neigte sie dazu, zwischen meinen Geschwistern und mir Zwietracht zu säen. In meiner Anwesenheit beschwerte sie sich abwechselnd mal über diese, mal über jene Schwester. Ich bin sicher, dass sie ihnen gegenüber ebenfalls Unschönes über mich erzählt hat. Ich bemühte mich zwar, wegzuhören, wenn sie wieder einmal etwas Übles über die eine oder die andere Schwester sagte. Aber irgendetwas von ihren negativen Urteilen und Bewertungen blieb doch unweigerlich hängen. Damit trieb sie immer wieder einen Keil zwischen uns Geschwister.

Es war ein Glück, dass wir wenige Tage nach ihrem Tod uns endlich aussprechen konnten. Es hat nur eines langen, schmerzlichen, gleichzeitig erlösenden Austausches unter uns dreien bedurft. Die Versöhnung war sofort möglich. Unsere Mutter stand endlich nicht mehr zwischen uns.

Wie hat sich meine Mutterbeziehung auf mein Leben ausgewirkt?

Kann man überhaupt den Einfluss der Mutter auf die eigene Person je angemessen wiedergeben? Ist es nicht vermessen, so etwas zu wagen? Selbst wenn man gewissenhaft vorgeht, bleibt es ein subjektives, mit Vorurteilen und Bewertungen behaftetes Bild. Wie wir unser eigenes Leben und das unserer Mutter betrachten, ändert sich je nach der Lebenssituation und der Lebensphase, in der wir momentan stehen. Außerdem bleibt vieles von dem, was uns so persönlich angeht wie das Verhältnis zur Mutter, im Unbewussten verborgen.

Mit dieser Einschränkung möchte ich versuchen zu beschreiben, wie meine Mutter mich beeinflusst hat, positiv wie negativ.

Ich verdanke meiner Mutter, genau wie meinem Vater, mein Leben. Das Leben ist ein so kostbares Geschenk, dass ich meinen Eltern nicht dankbar genug sein kann. Sie haben mir nicht nur mein Leben geschenkt. Sie haben mich auch großgezogen. Seit ich selbst Vater bin, weiß ich, welche Mühe es kostet, ein Kind bis ins Erwachsenenalter zu füttern, zu kleiden und zu erziehen. In meinen Augen ist das Elternsein die größte Aufgabe und Herausforderung des Lebens, gleichzeitig die lohnendste. Dafür ist jeder Dank eigentlich zu gering.

Ein Kind großzuziehen ist schon viel. Es mit Liebe aufzuziehen ist noch mehr. Erst die Liebe lässt das Leben voll aufblühen. Ein Kind, das nicht geliebt, sondern nur durchgefüttert wird, kann vielleicht überleben. Aber seelisch bleibt es verkümmert, wie eine Pflanze, die ohne Sonnenlicht aufwachsen muss. Liebe ist wie die Sonne. Sie lässt das Leben sich zu seiner ganzen Fülle entfalten.

Die Liebe meiner Mutter hat mir das emotionale Fundament fürs Leben gelegt. Ihre Mutterliebe hat tiefe Wurzeln in mir geschlagen. Ich stehe im Leben mit dem selbstverständlichen Gefühl, dass ich ein liebenswerter und wertvoller Mensch bin. Ich bin mir sicher, dass mir Zuwendung und Liebe entgegengebracht wird, egal was mir geschieht. Dieses positive Selbstbewusstsein ist etwas Kostbares, denn ich weiß, dass ich persönlich nichts dazu beigetragen habe. Es wurde mir von meiner Mutter und meinem Vater in die Wiege gelegt.

Meine Mutter hat gut für uns gesorgt. Wir wurden stets warm eingekleidet und liebevoll bekocht. Wenn wir krank waren, bekamen wir frisch gepressten Orangensaft ans Bett. Von ihr habe ich Selbstfürsorge gelernt. Dies mag für manche Menschen selbstverständlich klingen. Es hat mir jedoch verholfen, bis ins Alter gesund zu bleiben.

Weiterhin verdanke ich meiner Mutter alles, was ich von ihr genetisch mitbekommen habe: meine robuste Gesundheit, mein Aussehen, meine Vitalität. Dies ist ein großes Geschenk, das ihre Vorfahren und sie an mich weitergereicht haben. Von ihr und ihrer vornehmen Abstammung trage ich auch einen gewissen Adel in mir, der mir Respekt einbringt, ohne dass ich etwas dafür tun muss.

Allerdings hat mir die herausgehobene Position, die ich in meiner Familie bekommen habe, nicht unbedingt gutgetan. In der traditionellen chinesischen Familie wurde der erstgeborene Sohn »kleiner Herr« genannt. Er sollte ja später das Familienerbe antreten. So wurde ich von unseren Hausangestellten höflich und zuvorkommend behandelt. Selbst meinen jüngeren Geschwistern gegenüber hatte ich eine Sonderstellung. Diese zeigte sich unter anderem darin, dass sie mich immer mit »Gege« (großer Bruder) ansprechen mussten, während ich sie mit ihren Vornamen anreden durfte. Diese Tradition endete erst in Deutschland, als wir anfingen, uns miteinander auf Deutsch zu verständigen.

Meine Stellung bedeutete gleichzeitig, dass ich eine besondere

Verantwortung gegenüber meinen Geschwistern zu tragen hatte. Ich musste mit dafür sorgen, dass es ihnen gut ging, eine Funktion, die ich bis heute noch behalten habe. Diese Bürde wurde später noch dadurch verstärkt, dass mein Vater nach Deutschland ging und uns in Hongkong zurückließ. Als Achtjähriger war ich auf einmal das einzige männliche Wesen in unserer Familie, zusammen mit Mutter, meinen beiden Schwestern, unserer Hausangestellten und einer Hündin. In einer so ausschließlich weiblichen Umgebung, ohne irgendein männliches Vorbild weit und breit aufzuwachsen, war kein Vergnügen. Ich lief mit zwei Spielzeug-Colts herum und machte die Wildwesthelden nach, die ich aus dem Kino kannte. Ich kletterte aufs Dach unseres dreistöckigen Hauses und balancierte an der äußersten Kante des Dachgeländers entlang, als eine Art Mutprobe. Mir lief ein Schauer über den Rücken, als ich dabei hinunterblickte. Doch es war notwendig, um aus der Rolle des braven Sohnes herauszukommen. Meine Mutter hatte uns nämlich strikt verboten, auf Bäume zu klettern, obwohl wir herrlich hohe Bäume im Garten hatten.

Dennoch hat mir die Verantwortung, die ich früh übertragen bekommen habe, später genutzt. Mir fällt es leicht, Gruppen und Seminare zu leiten. Ich wurde ohne mein Zutun zum Vorsitzenden unseres Dachverbandes für Gestalttherapie gewählt. Dies hat sicherlich mit meiner Position in meiner Herkunftsfamilie zu tun.

Seelisch habe ich ebenfalls einige Stärken von meiner Mutter bekommen. Ihr verdanke ich meine Menschenkenntnis. Ich bin flink und scharf in meiner Auffassung, ich kann gut Menschen ein- und abschätzen, ich reagiere schnell auf Veränderungen. Dies bringt auch eine Scharfsinnigkeit und Scharfzüngigkeit mit sich, die einerseits den Nagel auf den Kopf treffen, andererseits auch verletzend wirken können, wie eine scharfe Klinge. Diese Schärfe ist gut, wenn unliebsame Wahrheiten deutlich ausgesprochen werden müssen. Jedoch kann sie auch so unvermittelt daherkommen, dass sie Menschen vor den Kopf stößt und kränkt, ohne dass ich es beabsichtige.

Mit dieser Eigenheit von mir umzugehen, habe ich erst im Laufe meines Lebens gelernt, vor allem durch das Feedback meiner Frau.

Als psychologische Waffe ist sie jedoch außerordentlich wirksam, wenn ich bedroht oder verletzt werde. Ein besonderes Erlebnis kommt mir dabei in den Sinn, und es hängt mit meiner Mutter zusammen: Ich habe nach einem Besuch bei meiner Mutter gerade ihr Haus verlassen, als mich ein Mann auf offener Straße als Ausländer anpöbelte. Wie aus der Pistole geschossen fuhr ich ihn an. Es war ein total instinktiver Reflex. Er erschrak fürchterlich und suchte das Weite. Ich war über diese bis dahin ungeahnte Fähigkeit in mir erstaunt, weil ich mich bis dahin eher als schüchtern und ängstlich wahrgenommen habe. Seither fühle ich mich viel sicherer. Ich weiß, dass ich mich wehren kann.

Meine Mutter hat mir und meinen Geschwistern auch einen Sinn für Ästhetik und Stil vermittelt. Dies betrifft nicht nur die Art, wie wir uns zurechtmachen und anziehen, sondern ebenfalls unsere Bewegungen, die eine gewisse Grazie haben. Meine Mutter brachte mir auch die Liebe zur Kalligraphie bei, eine Kunstfertigkeit, die sie selbst hervorragend beherrschte. Ihr Haus war gefüllt mit chinesischen und impressionistischen Gemälden. Und sie liebte die Musik, sowohl klassische als auch Popmusik. Leider schätzte sie die traditionelle chinesische Musik nicht. Ihr Geschmack war eher westlich geprägt.

Vom chinesischen Tierkreiszeichen war meine Mutter Hund, genau wie ich. Hunde sind nach dem chinesischen Horoskop treu, verlässlich und anhänglich. Diesen Charakterzug hat sie an mich weitergegeben. Es war einer ihrer größten Verdienste, zeitlebens für ihre in China verbliebenen Familienangehörigen finanziell zu sorgen. Mit zunehmendem Alter wuchs sie in die Rolle des Familienoberhaupts und war für alle Kinder, Enkel und Urenkel da, wann auch immer sie gebraucht wurde (auch wenn sie nicht immer gerecht war in der Verteilung ihrer Gunst, die sie hin- und herschob). Diese Treue habe ich von ihr übernommen. Auch mir ist meine Familie das Wichtigste im Leben. Selbst wenn mir der Beruf wichtig ist (diesen Zug habe ich von meinem Vater), nichts geht über meine Frau und meine Kinder. Ich würde alles stehen und liegen lassen, wenn eine/r von ihnen in Not geriete. Das Gleiche gilt für meine Geschwister und meine Verwandten in China.

Beide meiner Eltern sind für mich ein großes Vorbild darin, gut für die Kinder und Enkelkinder zu sorgen. Meine Eltern haben mir und meinen Schwestern beim Erwachsenwerden einen Bausparvertrag geschenkt. Nach der Geburt jedes unserer Kinder haben sie eine größere Summe für deren spätere Ausbildung geschenkt. Mit diesem finanziellen Polster konnten wir sorgenfrei in die Zukunft schauen. Auch hierin sind sie mir Vorbild.

Das Schicksal meiner Mutter als Emigrantin und das wechselhafte Schicksal ihrer Familie haben in mir das Interesse für Geschichte und Zeitgeschichte geweckt. Sie ist vor den Kommunisten nach Hong Kong geflohen. Unter der Trennung von ihrer Familie litt sie zeitlebens. Auch in Deutschland blieb sie politisch interessiert. Hier fanden wir ein Land vor, das bereit war, seine schwierige Geschichte aufzuarbeiten. Im Fernsehen schaute sie regelmäßig die Tagesschau und politische Sendungen an. Sie las in einer auslandschinesischen Zeitung. Nach unserer Einbürgerung ging sie regelmäßig zur Wahl und wählte die SPD, während mein Vater als Mittelständler die FDP wählte. Die Ostpolitik Willy Brandts fand sie gut.

Unter ihrem Einfluss bin ich sozialkritisch geworden. Das Schicksal meiner Eltern und ihrer Familien in den Kriegswirren des Zwanzigsten Jahrhunderts haben mich tief geprägt. Durch die 68er-Bewegung politisiert, achte ich in meiner psychotherapeutischen Tätigkeit stets auf die Auswirkungen des Leidens früherer Generationen auf die heutigen Menschen. Viele psychische Störungen und körperliche Erkrankungen heute haben ihren Ursprung in den transgenerationalen Traumata, die unsere Vorfahren erlitten haben und die an die Nachkommen weitergereicht wurden. In meinen Familienaufstellungen gehe ich den Spuren solcher Leidensgeschichten bis in die Großeltern- und Urgroßeltern-Generationen nach. Indem ich die Ahnenreihe wieder zum Leben erwecke, kann ich das persönliche und kollektive Leiden auffinden und sie auf symbolische Weise auflösen. Die heilende Wirkung auf die heute Lebenden ist oft sehr eindrucksvoll. Wenn die Vorfahren die Last von Kriegen, Verfolgung und Gewalt ablegen, kommen sie wieder zu sich. Sie werden wieder menschlich, weich und mitfühlend. Liebe tritt an die Stelle von Angst, Schmerz und Wut. Sie entspannen sich und werden wieder offen. Nicht selten nehmen sie erst dann ihre Kinder und Enkelkinder wirklich wahr und erkennen, dass sie die ganze Zeit unter dem Eindruck des Grauens, das sie früher erfahren haben, erstarrt gewesen sind und überhaupt nicht fähig waren, auf ihre Kinder einzugehen. Nun können sie als Eltern und Großeltern endlich eine neue Beziehung zu ihren Kindern und Enkel aufbauen. Diesen Vorgang nenne ich die »Neugeburt einer Familie« (Chu, 2008)[1]. Viele meiner Klienten sagen, dies sei eine Friedensarbeit. Auch dies verdanke ich meiner Mutter.

Meine Mutter hat mir auch die Liebe zum Essen, besonders zum chinesischen Essen vermittelt. Essen war für sie, wie für alle Chinesen, Ausdruck der Lebensfreude und des Lebensgenusses. Nicht umsonst hat China eine der besten und raffiniertesten Küchen weltweit. Alle drei Mahlzeiten werden sorgfältig zubereitet und heiß serviert (anstatt »Wie geht's?« gebrauchen Chinesen untereinander als Begrüßungsformel »Hast Du schon gegessen?«) Für meine Mutter war Essen zugleich der direkteste Ausdruck ihrer Liebe und Zuneigung. Jeder Besuch bei ihr begann mit einem Tee und endete mit einer Süßigkeit, die sie dem Besucher mitgab. Auch wenn sie mir nur wenig von ihrer Kochkunst gezeigt hat, koche und experimentiere ich liebend gern in der Küche. Selbst wenn ich spät von der Arbeit nach Hause komme, brutzele ich mir noch etwas Leckeres am Herd zusammen.

Da ihre Möglichkeiten, Zuneigung auszudrücken, so sehr aufs Essen beschränkt waren, habe ich von ihr auch nicht lernen können, positive Gefühle anderen Menschen gegenüber auf andere Weise zu zeigen. Es fiel mir anfangs als Erwachsener schwer, verbal und körperlich Nähe auszudrücken. Eine gewisse Zurückhaltung im zwischenmenschlichen Bereich ist mir auch heute noch eigen. Dies hat sicherlich mit den vielen Jahren zu tun, die ich mit unserer Mutter in sozialer Zurückgezogenheit verbracht habe. Ihre Menschenscheu hat sich auf mich übertragen. Mir fällt Smalltalk schwer, auf Partys überlasse ich gerne meiner Frau die Konversation. Ich bin auch gern zuhause. Kontakt mit Menschen habe ich ja durch meinen Beruf. Dieser ist überhaupt meine Rettung gewesen: Erst im therapeutischen Kontext, vor allem in Gruppen-Selbsterfahrungen habe ich gelernt, mich nicht nur verbal, sondern auch emotional und körperlich auszudrücken. Die 68er-Studentenbewegung und der Psychoboom in den 1970er Jahren gaben mir den notwendigen Impuls, um aus der mütterlichen Isoliertheit auszubrechen und mich mit anderen Menschen zu verbinden.

Gehemmt habe ich mich auch auf dem Bereich der Sexualität gefühlt. Ich war als Baby einerseits durch die übermäßigen Zärtlichkeiten meiner Mutter zu früh stimuliert und mit sexuellen Empfindungen überschwemmt worden. Andererseits empfand ich nach der Entdeckung der heimlichen Affäre meiner Mutter Sexualität als etwas ekelhaft Abstoßendes, das man verheimlichen müsse. Daher war mir das Auftauchen meiner eigenen geschlechtlichen Empfindungen in der Pubertät alles andere als willkommen. Ähnlich wie meine Mutter lebte ich sie heimlich in meinen jungenhaften Phantasien von unerreichbaren weiblichen Wesen aus und schämte mich der Spuren meiner nächtlichen Träume.

Ödipal an meine Mutter gebunden, brauchte ich lange, bis ich meine erste Liebesbeziehung aufnahm. Auch hier profitierte ich von der sexuellen Revolution, die in den 1970er Jahren einsetzte und meiner Generation eine Freiheit gewährte, die nie zuvor möglich gewesen war. Meine Mutter reagierte auf meine erste Beziehung mit Skepsis und Eifersucht. Beide Eltern versuchten, mich mit jungen

Chinesinnen aus ihrem Freundeskreis bekannt zu machen. Mein Vater schlug sogar vor, als Familie in die USA umzuziehen, damit meine Schwestern und ich angemessenere Partner fänden – dort leben mehr Auslandschinesen als in Deutschland. Da war es aber schon zu spät. Wir wollten nicht noch einmal entwurzelt werden.

Dennoch spukten mir die Vorstellungen meiner Mutter weiter in meinem Kopf. Einmal begegnete ich einer Frau, die sehr in mich verliebt war. Sie gefiel mir zwar, jedoch nicht so sehr, dass ich eine Liebesbeziehung mit ihr aufnehmen wollte. Als sie mich fragte, weshalb ich mich nicht auf sie einließe, antwortete ich: »Du wärst für meine Mutter die ideale Schwiegertochter. Aber das reicht nicht für eine glückliche Partnerschaft.« Ich spürte wohl die Verführung, meiner Mutter eine Frau zu präsentieren, die ihrem Idealbild einer lieben, folgsamen Schwiegertochter entsprach und sie in ihrer Position als die wichtigste Frau in meinem Leben nicht gefährden würde. Aber da war mir mein eigenes Glück wichtiger als ihres.

Endlich begegnete ich Anfang dreißig meiner Frau. Bei ihr war ich sicher, dass ich mit ihr zusammenbleiben wollte. Da kam mir die Stelle aus der Bibel in den Sinn, die von der Erschaffung Evas aus der Rippe Adams handelt: »Und Gott der Herr baute eine Frau aus der Rippe, die er von dem Menschen nahm, und brachte sie zu ihm. Da sprach der Mensch: Das ist doch Bein von meinem Bein und Fleisch von meinem Fleisch; man wird sie Männin nennen, weil sie vom Manne genommen ist. Darum wird ein Mann seinen Vater und seine Mutter verlassen und seiner Frau anhangen, und sie werden sein *ein* Fleisch.« (1. Mose 2, 22–24) Ich war entschlossen, meine Mutter hinter mich zu lassen, um meine Partnerin zur Frau zu nehmen und mit ihr eine eigene Familie zu gründen. Meiner Mutter habe ich dies nie explizit gesagt, aber aus meinem Verhalten musste sie meine Entschlossenheit gespürt haben: dass ich mit ihr brechen würde, wenn sie nur eine einzige Bemerkung gegen meine Frau fallen lassen würde. Sie stellte diese Beziehung nie in Frage und respektierte meine Frau an meiner Seite bis zu ihrem Tod.

Jedoch sollte sich in meiner neu gegründeten Familie zeigen, wie stark sich die negativen Eindrücke meiner ersten Lebensjahre in mich eingeprägt haben. Die Geburt unserer Tochter war ein wunderbares Erlebnis. Wir zogen, wie schon länger geplant, nach Heidelberg um. Dort lebten wir nicht mehr in einer Wohngemeinschaft, sondern zu Dritt als Kleinfamilie. Im alltäglichen Elternstress geriet ich immer wieder in Wutausbrüchen, in denen ich meine Frau anschrie und verbal attackierte. Nicht nur sie, ich erkannte mich selbst nicht mehr. So außer mir habe ich mich noch nie erlebt. Ich ahnte, dass dies genau das Verhalten meiner Mutter gegenüber meinem Vater gewesen war, als ich selbst Säugling war. Aber diese Erkenntnis konnte mich überhaupt nicht zur Vernunft bringen. In solchen Momenten hatte ich mich schlicht nicht in der Hand. Heute weiß ich, dass aggressives Anschreien den gleichen traumatischen Effekt auf Kinder hat wie Schläge. Auch wenn meine Mutter mich nie angeschrien hat, es hat gereicht, dass ich in ihren Armen lag, als sie meinen Vater beschimpfte. Ich habe ihre Aggression buchstäblich mit der Muttermilch aufgesogen. Ihre Schreie haben sich tief in mich hineingebohrt. Ich war ein traumatisiertes Kind.

Nun aber platzte die Aggression, die ich bei meiner Mutter erlebt habe, aus *mir* heraus gegen meine eigene Partnerin, als wir in einer ähnlichen Konstellation standen wie ein Menschenalter zuvor. Damals war ich als Kind Zeuge, nun bin ich Täter geworden.

Meine Frau und ich hatten zum Glück früh verabredet, dass wir eine Paartherapie aufsuchen würden, bevor wir uns trennen. Im Laufe unserer Beziehung haben wir mindestens dreimal eine Paartherapie aufgesucht, neben vielen Einzeltherapien für jeden von uns. Dies und unser Willen, es miteinander zu schaffen, hat uns davor bewahrt, dass uns ein ähnliches Schicksal wie meinen Eltern widerfuhr. Es hat unendlich viel Mühe gekostet, dieses Erbe hinter uns zu lassen. Im Laufe dieser Arbeit, die sowohl Beziehungsarbeit als auch innere Arbeit mit mir selbst umfasste, habe ich mehr über die Psyche und das Zusammenleben in der Familie gelernt als in meiner gesamten Ausbildung.

Ein anderes wichtiges Thema betraf das Mann-Frau-Verhältnis. Meine Mutter hat sich mir gegenüber immer wieder über die Wunden beklagt, die sie als Folge der Frauenverachtung durch ihren Vater und des Verlassenwerdens durch ihren Mann davongetragen hatte. So wurde ich zu einem Sympathisanten der Frauen und Verfechter der Frauenemanzipation. Ich stand auf der Seite der Frauen gegen die Männerherrschaft. Dummerweise war ich aber selbst ein Mann. Nicht nur, dass ich keine Feministin werden konnte, ich schämte mich meines eigenen Geschlechts. Ich wollte zwar Retter der Frauen sein. Aber wie sollte ich sie *vor mir selbst* retten? Dieses unlösbare Dilemma erzeugte starke Scham- und Schuldgefühle in mir, und zwar unabhängig davon, ob ich mir als Mann etwas hatte zu Schulden kommen lassen oder nicht. Ich war schuldig allein aufgrund der Tatsache, dass ich Mann bin!

All dies führte dazu, dass ich mich in meinem männlichen Verhalten sehr gehemmt fühlte. Ich vermied es, mein Interesse für eine Frau zu offensichtlich zu zeigen, aus Furcht, sie könnte mich zudringlich finden. Umgekehrt konnte ich schwer einer Frau nein sagen, selbst wenn sie mir mit ihrer Aufmerksamkeit auf die Nerven ging. Da meine Mutter meinen Vater als Mann ablehnte, hielt ich mich (als Sohn meines Vaters) für unattraktiv. So ließ ich meinem besten Freund aus der Schule, einem sehr gut aussehenden Sunnyboy, stets den Vortritt, wenn wir mal ein Mädchen kennenlernten. Wenn ich mich überhaupt einmal traute, in männliche Konkurrenz zu gehen, war ich ziemlich sicher, dass ich unterliegen würde. Erst viele Jahre später merkte ich auf alten Jugendfotos, dass ich eigentlich recht gut ausgesehen hatte. Ich fiel aus allen Wolken, als eine Bekannte aus der Schulzeit mir nach Jahrzehnten erzählte, dass ein mit ihr befreundetes Mädchen aus der Nachbarschaft, für das ich heimlich geschwärmt hatte und dem ich morgens auf dem Schulweg in gebührendem Abstand gefolgt bin, sehr viel für mich übrig gehabt habe. Ich war einfach zu schüchtern, um den ersten Schritt zu machen.

Meine Minderwertigkeitsgefühle führten dazu, dass ich dachte, ich stehe mit meinen Problemen als Mann alleine. Alle anderen Männer hätten es besser und könnten es besser. Auf dem Schulhof ernteten diejenigen Jungen am meisten Aufmerksamkeit und Bewunderung, die mit ihren Eroberungen prahlten. Ich blieb ein schüchterner, braver Junge, der die Nachmittage zuhause bei den Schulaufgaben verbrachte, während meine Schulkameraden sich im Eiscafé mit Mädchen trafen. Ihnen gleichzutun, wäre mir nicht einmal im Traum eingefallen, so sehr wachte das Auge meiner Mutter über mir.

So wuchs ich zu einem Mann heran, der sich seines Mannseins schämte. Sigmund Freud hat in seiner Theorie des Ödipuskomplexes postuliert, dass der kleine Sohn, der seine Mutter begehrt, Angst habe, von seinem (eifersüchtigen) Vater kastriert zu werden. Ich bin der Meinung, es ist weniger die Angst vor dem kastrierenden Vater, der dem Sohn seine männliche Kraft nimmt. Es ist mehr die Männerverachtung der Mutter, die den Sohn entmannt. Die mütterliche Botschaft: »Du bist für mich der wunderbarste Mann auf der Welt. Werde aber nur nicht wie dein Vater!« bringt den Sohn in ein unlösbares Dilemma. Ohne väterliches Vorbild, ohne Anlehnung an den Vater und Identifikation mit ihm ist es für einen Sohn unmöglich, zu einem selbstbewussten Mann heranzuwachsen.

Ein auf solche Weise entmannter Mann kann seine angeborene männliche Potenz nicht spüren. Und wenn er sie spürt, kann er sie nicht zulassen und zur Entfaltung bringen. Dies nimmt ihm das Selbstbewusstsein, dass er seinen Mann stehen kann, im Hinblick auf seine sexuelle Potenz ebenso wie in der Partnerschaft, in der Familie, in der Gesellschaft. Seine Sexualität lebt er im Verborgenen aus. Verschämt findet er kurzfristige Befriedigung bei Prostituierten (die, wie er, oft sexuell missbraucht worden sind) oder, wenn er den realen Kontakt scheut, in der Pornographie. Er kann nur in Anwesenheit seiner Mutter glänzen, woanders fühlt er sich schwach und ängstlich, wie ein Versager. Ihm fehlt die gesunde männliche Aggression, um seine Aufgaben im Leben anzupacken: einen Beruf erfolgreich auszuüben, sich mit einer Partnerin dauerhaft zu verbinden und, wenn sie gemeinsame Kinder bekommen, für sie und die Kinder da zu sein.

Mein Unterlegenheitsgefühl als Mann, gepaart mit dem Schuldgefühl, zum frauenunterdrückenden Geschlecht zu gehören und der damit verbundenen Ablehnung meines eigenen Geschlechts hinderte mich lange daran, wirkliche Freundschaften mit Männern zu suchen und einzugehen. Folgerichtig kamen in meinen ersten Berufsjahren vorwiegend Frauen zu mir in Therapie. Dies erklärte ich mir mit der Tatsache, dass mehr Frauen als Männer therapeutische Hilfe aufsuchen, und war irgendwie erleichtert, da ich seit meiner Kindheit an die Gesellschaft von Frauen gewohnt war und Männer mir nicht ganz geheuer waren. Irgendwann, als mein Sohn in die Pubertät kam, beschloss ich, endlich eine Männergruppe zu gründen, um mit meiner eigenen männlichen Identität voranzukommen. Zu meiner großen Überraschung sprachen wir über ähnliche Probleme und Schwierigkeiten als Jungen und Männer. Wir erkannten uns aneinander und entdeckten, dass wir uns überhaupt nicht so fremd sind, wie wir dachten. Alle hatten Probleme mit der Mutter und Sehnsucht nach dem Vater. Jeder fühlte sich auf diese oder andere Weise inadäquat als Mann. Es war eine große Erleichterung, endlich über uns selbst zu reden statt nur über Autos und Fußball. Seither kommen immer mehr Männer zu mir in Therapie, und ich freue mich, dass ich mich mit ihnen vertrauter und vertraulicher austauschen kann als mit Klientinnen.

Mit den Jahren wurde mir klar, dass ich nicht nur gegenüber Männern Abstand gehalten habe, sondern viel tiefer darunter auch eine misstrauische, aggressive Haltung Frauen gegenüber gehegt habe. Diese Negativität war sehr viel verborgener. Sie hat sich unter einer Schicht höflicher/höfischer Zuvorkommenheit versteckt. Es fühlt sich an wie eine Mischung aus Liebe, Bewunderung und Begehren auf der einen und Misstrauen, Furcht und Rachegelüsten auf der anderen Seite. Zu lange stand ich unter der strengen Fuchtel meiner Mutter. Zu sehr war ich von ihr abhängig. Zu selten hat mein Vater je gewagt, ihr zu widersprechen. Ich hatte einfach nie die Gelegenheit gehabt, in gebührendem Abstand mit meiner Mutter auf Augenhöhe zu kommunizieren und mich mit ihr auseinanderzusetzen. Es war entweder zu nahe, oder ich habe die Weite suchen müssen, um nicht aufgefressen zu werden.

Meine Mutter hat diese meine Ambivalenz ihr gegenüber bestimmt gespürt. Sie behielt mich dennoch in ihrem Herzen und wandte sich nicht von mir ab, wie sie es gelegentlich in ihrer Beziehung zu meinen Schwestern tat. Sie akzeptierte meine vorsichtige Distanz. Sie ließ mich in Frieden meine Familie aufbauen. Sie respektierte unseren moderneren Erziehungsstil, auch wenn dieser ihr nicht entsprach. Vor allem ließ sie, wie mein Vater, mich beruflich das verwirklichen, was mir am Herzen lag, obwohl sie (und mein Vater) sich etwas anderes gewünscht hätten. Ich spürte immer ihre stille Zustimmung und Unterstützung, wenn ich von meiner Arbeit erzählte. Ich habe meinen Beruf nicht gegen ihren Widerstand durchsetzen müssen. Dafür bin ich beiden Eltern sehr dankbar.

Wenn ich nun den Einfluss meiner Mutter auf mein Leben überblicke, erkenne ich, wie Positives und Negatives ineinander verflochten sind. Keine Seite überwiegt. Gerade das Schwere und Belastende, das ich von meiner Mutter übernommen habe, hat mich dazu gebracht, beständig an mir und meinen Beziehungen zu arbeiten. Ich habe dadurch mehr Verständnis für das Menschliche entwickeln können. Wenn ich bedenke, wie schwer das 20. Jahrhundert mit seinen Weltkriegen, dem Ende des Kolonialismus, dem Ost-West-Konflikt und den damit verbundenen Wanderbewegungen auf der Generation meiner Eltern gelastet hat, dann wird mir bewusst, wieviel diese Generation geleistet hat, damit wir, ihre Kinder und Nachfahren, es besser haben. Dafür empfinde ich Demut und Dankbarkeit.

TEIL II
Die gestörte Mutter-Sohn-Beziehung

In dem nachfolgenden allgemeinen Teil werde ich auf die Schwierigkeiten eingehen, die sich aus der Beziehung zwischen Müttern und Söhnen ergeben. Mein besonderes Augenmerk gilt solchen Konstellationen, in denen der Sohn zu eng an die Mutter gebunden ist. Ich werde versuchen herauszuarbeiten, welche Bedingungen eine gute Mutter-Sohn-Beziehung begünstigen und welche ihr schaden.

Ich bin Therapeut. Das heißt, mein Ausgangspunkt sind Störungen im Familiensystem (die zum Teil mit dem Gesellschaftssystem zusammenhängen). Von den Störungen leite ich Überlegungen ab, welche Bedingungen für eine gesündere Mutter-Kind-Beziehung nötig sind. Die Empfehlungen, die sich daraus ergeben, erheben keinen Anspruch auf Allgemeingültigkeit. Erstens sind sie nicht unabhängig von meiner subjektiven Sicht. Zweitens ist die Frage, wie man Kinder am besten erzieht, von der jeweiligen Zeit abhängig. Vor 50 oder 100 Jahren erzog man Kinder anders als heute. Drittens sind es ideale Bedingungen, die ich formuliere. Es gibt jedoch keine ideale Familie. Hätten wir solche, würde die Welt anders aussehen. Schon die Entwicklung einer Paarbeziehung ist kaum vorhersagbar. Wenn zwei Liebende zusammenkommen, können sie nie sicher sein, wie sich ihre Partnerschaft entwickeln wird. Noch komplizierter wird es, wenn sie Eltern werden. Eltern zu sein stellt ein Paar vor ganz andere Herausforderungen als in der Zeit davor. Mit welchen körperlichen und Charaktereigenschaften ein Kind zur Welt kommt, ist ebenfalls unvorhersehbar. Ein lebhaftes Kind braucht etwas anderes als ein ruhiges Kind, ein krankes etwas anderes als ein gesundes, ein Junge etwas anderes als ein Mädchen. Außerdem gehen Kinder durch unterschiedliche Entwicklungsphasen hindurch. Ein vorher pflegeleichtes Kind kann in der Trotzphase oder in der Pubertät ganz andere Saiten aufziehen. Vergessen sollten wir auch nicht, dass Eltern ebenfalls nicht stehen bleiben in ihrer persönlichen Entwicklung. Auch sie sind äußeren und inneren Veränderungen unterworfen (zum Beispiel in der Midlife Crisis, den Wechseljahren oder wenn ihre eigenen Eltern sterben). Zuletzt können sich die politischen und wirtschaftlichen Lebensbedingungen verändern, mit zum Teil drastischen Folgen für die Familie.

Aus allen diesen Gründen bitte ich Sie als Leser, das Gelesene mit Ihren eigenen Erfahrungen und Ihrer eigenen Lebenssituation abzugleichen und zu modifizieren.

Ursachen und Auswirkungen einer überstarken Mutterbindung

In diesem zweiten Teil möchte ich besonders auf die Auswirkungen einer überstarken Mutterbindung für den Sohn eingehen. Wie kommt eine solche übermäßige Mutterbindung zustande? Welche Bedingungen fördern sie, und welche Folgen haben sie auf die Entwicklung und das spätere Leben des Sohnes?

Folgende fünf Ursachen für eine überstarke Mutterbindung habe ich gefunden:

1. Der abwesende oder fehlende Vater
2. Eine überwiegend weibliche Sozialisation
3. Eine lebenslange Symbiose von Mutter und Sohn
4. Die narzisstische Besetzung des Sohnes durch die Mutter
5. Der erotische oder sexuelle Missbrauch des Sohnes durch die Mutter

Diese werde ich zunächst in Form einer Tabelle darstellen. Beim Lesen der Tabelle sind folgende Gesichtspunkte zu beachten:

- Jede Ursache hat eine andere Auswirkung auf den Sohn.
- Die Reihenfolge der Ursachen ist nicht zufällig. Zuerst kommen diejenigen Bedingungen, die häufiger anzutreffen sind: das Fehlen des Vaters und eine überwiegend weibliche Sozialisation. Danach werden die Faktoren immer spezifischer. Je weiter wir in der Tabelle vordringen, desto stärker und schwerwiegender sind die Auswirkungen. Zum Beispiel hat die überwiegend weibliche Sozialisation eines Jungen zur Folge, dass dieser leicht zum »Softie« wird. Eine narzisstische Besetzung (also Überhöhung seiner Person durch die Mutter) kann ihn darüber

hinaus überheblich, frauenverachtend und gemeinschaftsunfähig werden lassen. Wird er dazu auch noch von der Mutter erotisch ausgebeutet oder sexuell missbraucht, wird dies drastische Folgen für seine späteren Liebesbeziehungen nach sich ziehen.

- In den meisten Fällen wirken diese Faktoren nicht einzeln, sondern zusammen. Zum Beispiel verstärken sich die Abwesenheit des Vaters und eine vorwiegend weibliche Sozialisation durch die Mutter und andere weiblichen Instanzen (in Hort, Kindergarten und Schule) gegenseitig. Oder: Eine narzisstische Besetzung des Sohnes durch die Mutter begünstigt eine starke erotische Besetzung des Sohnes und einen (subtilen oder offenen) Missbrauch durch die Mutter.
- Diese negativen Wirkfaktoren wirken kumulativ. Das bedeutet, je mehr Belastungen auf einer Mutter-Sohn-Beziehung liegen, desto schwerwiegender sind die Folgen für den Sohn. Zum Beispiel: So schwer das Fehlen eines Vaters auch wiegen mag, dieser Mangel kann einigermaßen von einer liebenden und respektvollen Mutter kompensiert werden. Wenn jedoch die Mutter den Sohn sexuell missbraucht (und kein Vater ist da, um ihn zu schützen), dann ist er ihr vollkommen ausgeliefert.

Jede Mutter-Sohn-Beziehung ist einzigartig. Bei einer tabellarischen Zusammenfassung lassen sich Verallgemeinerungen nicht vermeiden. Daher muss jede Mutter-Sohn-Beziehung für sich betrachtet werden.

Ursachen und Auswirkungen einer überstarken Mutterbindung

Negativer Wirkfaktor	Ursachen	Emotionale Auswirkung (Selbstgefühl, Identität)	Verhaltensmäßige Auswirkung	Auswirkung auf Beziehungen	Antidot / Heilung
1. **Fehlender / abwesender Vater**	Der Vater fehlt, • weil er unbekannt ist, das Kind wurde mit einer Zufallsbekanntschaft (z. B. einer Urlaubsbekanntschaft) oder durch eine Vergewaltigung gezeugt • aufgrund von Trennung /Scheidung der Eltern • durch äußere Bedingungen, z. B. – Krieg (Vater einberufen, gefallen, vermisst) – Katastrophen, Flucht, Vertreibung	• Diffuse männliche Identität • Scham • Unbeholfenheit in typisch »männlichen Angelegenheiten« und Tätigkeiten (z. B. im handwerklichen oder technischen Bereich)	Entweder: • Anti-Militarismus, Pazifismus • Latente Homosexualität Oder (als Reaktionsbildung, das heißt Verkehrung ins Gegenteil): • Überbetonung / Übertreibung der Männlichkeit: Militarismus, Rowdytum, Rechtsradikalismus, Homophobie	• Der Sohn wird zum Partnerersatz für die Mutter • Er selbst findet keine vollwertige Partnerschaft • Vermeidung von Männerkontakten • Erektionsstörung, Impotenz • Verdrängung der männlichen Stärke und Aggressivität (Aggressionshemmung) • Neigung zur Homosexualität • Ausagieren der männlichen Aggressivität in Gewalt, Aggressionsdurchbrüchen, Vergewaltigung	• Rehabilitierung des Vaters • Versöhnung mit dem Vater • Die Liebe und Zuneigung des Vaters annehmen • Anteile des Vaters in sich (wieder)entdecken • Sich an die männliche Ahnenreihe wiederanschließen • Den mütterlichen und väterlichen Anteil in sich miteinander versöhnen • Männliche Vorbilder finden • Männerbeziehungen aufnehmen und pflegen • Ein gutes männliches Selbstbewusstsein entwickeln

Negativer Wirkfaktor	Ursachen	Emotionale Auswirkung (Selbstgefühl, Identität)	Verhaltensmäßige Auswirkung	Auswirkung auf Beziehungen	Antidot / Heilung
2. Weibliche Sozialisation	• Keine oder zu wenige männlichen Erziehungspersonen in Elternhaus, Kita, Kindergarten, Schule • Matriarchalische Familientradition • Gesellschaftliche oder familiäre Ächtung / Verachtung von Männern und Vätern	• Scham, Selbstverachtung als Mann • Gleichzeitig Stolz, ein »untypischer Mann« zu sein (besonders vor Frauen) • Weibliche Identifikation • Geschlechts-Verwirrung, Geschlechts-Diffusität • Affinität zu Transgender oder anderen sexuellen Orientierungen	• Bewegt sich vorwiegend in Frauenkreisen • Feminines Verhalten • Ablehnung von Männern und männlichen Verhaltensweisen • Angst vor Männern • Meidung von männlichen Kontakten und Beziehungen • Tritt vehement und dogmatisch für die Frauensache ein, blendet dabei das eigene Mannsein aus (»Matriarch« statt Patriarch)	• »Softie« • Wird von Frauen als »Frauenkenner« und »Witwentröster« anerkannt, kann jedoch nicht zur eigenen Partnerin und zu den eigenen Kindern stehen • Wird zum »Feministen«	• Anerkennung der biologischen / auf die Sexualität bezogenen Unterschiede zwischen Männern und Frauen • Gleichzeitig Relativierung und Infragestellung der sozialen / genderbezogenen Unterscheidung von Mann und Frau • Die eigene sexuelle Orientierung finden und dazu stehen • Die Rolle als Mann und Vater übernehmen, Partnerin und Kindern Halt und Schutz bieten

Negativer Wirkfaktor	Ursachen	Emotionale Auswirkung (Selbstgefühl, Identität)	Verhaltensmäßige Auswirkung	Auswirkung auf Beziehungen	Antidot / Heilung
3. **Lebenslange Symbiose von Mutter und Sohn**	• Verlassene, einsame und bedürftige Mutter (durch Trennung vom Vater, Krieg, Flucht etc.) • Alleinverantwortung des Sohnes für die Mutter und die Familie	• Hohe Ambivalenz zwischen Verschmolzensein mit der Mutter bei gleichzeitigem Bedürfnis nach Autonomie und Distanzierung von der Mutter • Angst vor Trennung und Alleinsein • Übermäßige Eifersucht • Scham • Minderwertigkeitsgefühl	• Abhängigkeit von der Mutter • Ablehnung des Vaters • Eifersucht auf den Vater und andere Männerbeziehungen der Mutter (und der eigenen Partnerin) • Unselbständigkeit • Angst, in die Welt hinauszugehen • Enger Lebenskreis • Kommt im Leben nicht voran • Bleibt Single	• Anhänglichkeit an die Mutter bei gleichzeitigem zwanghaften Bedürfnis nach Distanzierung von der Mutter • Suche nach einer »Ersatzmutter«, kann auch in Stalking münden • Trennungsangst • Keine Frau kann wichtiger werden als die Mutter	• Abgrenzung von der Mutter • Abschied von der Mutter • Dank an die Mutter • Die Mutter ihr eigenes Leben leben lassen • Autonomie, auf eigenen Füßen stehen • Lernen, in Beziehungen klar zu kommunizieren • Beziehungen und Partnerschaft aufnehmen und pflegen

Negativer Wirkfaktor	Ursachen	Emotionale Auswirkung (Selbstgefühl, Identität)	Verhaltensmäßige Auswirkung	Auswirkung auf Beziehungen	Antidot / Heilung
4. Narzisstische Besetzung des Sohnes durch die Mutter	• Gesellschaftliche und familiäre Verachtung von Frauen • Narzisstisches Defizit der Mutter • Aufwertung der Mutter durch den Sohn	• Grandiosität und falscher Stolz nach außen (Fassade, falsches Selbst) • Unter der Fassade: Scham, Selbstverachtung und Minderwertigkeitsgefühl (»Schatten«)	• Hochmut • »Star«, »Superman«, »Überflieger« • Suchtneigung (als Suche nach dem wahren Selbst)	• Immanente Verachtung für Frauen • Hass auf Frauen • Rache an Frauen • Scheu vor Männern und männlicher Konkurrenz	• Selbstakzeptanz • Selbstliebe • Das wahre Selbst finden • Demut: Zu den eigenen Schwächen und Stärken stehen • Respekt vor Frauen
5. Erotischer / sexueller Missbrauch des Sohnes	• Mutter wurde selbst missbraucht (wird vom ehemaligen Opfer zur Täterin) • Mutter lehnt Vater sexuell ab, hat keinen anderen Sexualpartner • Übermäßige Abkapselung von Mutter und Sohn gegenüber der Außenwelt • Übermäßige körperliche Nähe zwischen Mutter und Sohn	• Traumatisiert durch Verletzung der eigenen Intimsphäre • Tiefe Scham bei gleichzeitiger Schamlosigkeit nach außen • Sexuell überstimuliert bei gleichzeitiger massiver Angst vor wirklicher Intimität und liebevoller und respektvoller Sexualität • Selbstverachtung • Verachtung des eigenen Körpers • Missbrauch und Ausbeutung des eigenen Körpers	Entweder: • Triebhaft und promiskuitiv (»Don Juan«, Verführer) • Zwanghafte, undifferenzierte sexuelle Abreaktion, Promiskuität • Bleibt in der Opferrolle, bietet sich z. B. als Sexobjekt an (männliche Prostitution) • Wird zum Täter und missbraucht andere Oder: • Strenge Asexualität (sexuelle Enthaltsamkeit, zölibatäre Lebensführung), dabei Gefahr des plötzlichen Triebdurchbruchs, Sucht (Porno-/Sexsucht, Substanzsüchte, Arbeitssucht)	• Bleibt in der Opfer-Rolle (Passivität in Partnerschaft, »Pantoffelheld«, »Schlappschwanz«, Impotenz) • Geht in die Täter-Rolle über (Täter-Introjekt): – Missbrauch der eigenen Kinder, Untergebener und Abhängiger – Sadomasochismus – Vergewaltigung (zur Lustbefriedigung und als Rache am weiblichen Geschlecht)	• Psychotherapie und Traumatherapie • Reparation der eigenen Intimgrenze • Sich abgrenzen lernen • Natürliche Scham wiederentdecken und pflegen • Zur eigenen Schuld als Täter bekennen, die Opfer um Verzeihung bitten • Sühne leisten • Respektvoller Umgang mit Frauen • Ehrliche Beziehungen pflegen • Lieben lernen

Formen elterlichen Missbrauchs

Der Psychotherapeut Karl Haag (2015) hat in seinem Buch *Wenn Mütter zu sehr lieben* sechs Formen elterlichen Missbrauchs aufgeführt. Dabei hat er den Begriff des Missbrauchs sehr weit gefasst. Seine Aufzählung deckt sich nicht ganz mit jener, welche ich in der obigen Tabelle zusammengefasst habe. Daher habe ich sie hier als zweite Tabelle aufgeführt.[1]

Unter Missbrauch verstehen wir solche elterlichen Verhaltensweisen, die

- vom Elternteil ausgehen,
- dazu dienen, die Bedürfnisse des Erwachsenen zu befriedigen, und
- den Bedürfnissen und dem Entwicklungsstand des Kindes zuwiderlaufen.
- Dabei werden die geistigen, seelischen, körperlichen oder sexuellen Grenzen des Kindes missachtet und verletzt.
- Beim Missbrauch ist es unerheblich, ob das Kind nachträglich mit der Interaktion einverstanden ist oder sich aktiv beteiligt. Die anfängliche Initiative ging stets vom Erwachsenen aus.

Karl Haag (2015) unterscheidet zwischen verschiedenen Formen elterlichen Missbrauchs:

1. Das Kind als Partnerersatz
2. Das Kind als Elternersatz (Parentifizierung)
3. Symbiotischer/narzisstischer Missbrauch
4. Übernahme von Lebensaufgaben und Lebenssinn (Delegation)
5. Das Kind als Waffe gegen den Partner
6. Sexueller Missbrauch

In der folgenden Tabelle habe ich alle sechs Formen des Missbrauchs beschrieben. Sie treten häufig gemeinsam und in gemischter Form auf. Jedoch ist es für die Therapie wichtig, die unterschiedlichen Formen und Nuancen des Missbrauchs voneinander zu differenzieren und auch als solche zu benennen. Sonst gerät alles zu einem Einheitsbrei, der »Missbrauch« genannt wird. Wenn es jedoch gelingt, die verschiedenen Missbrauchsformen klar zu benennen, können wir sie sowohl auf ihre Ursachen bei den Eltern zurückführen, als auch ihre Auswirkung auf das (erwachsene) Kind genauer diagnostizieren. Dies macht eine wirksame Therapie und Heilung des verletzten Kindes möglich.

Formen des elterlichen Missbrauchs

Formen des Missbrauchs	Gründe für den Missbrauch durch einen Elternteil	Wie geht der Missbrauch vor sich?	Unmittelbare Folgen des Missbrauchs	Spätfolgen des Missbrauchs	Heilung des Missbrauchs
Das Kind als Partnerersatz	• Fehlender Partner (durch ungewollte Schwangerschaft, Trennung, Tod, Krieg) • Der Elternteil ist mit seinem Leben und mit den Kindern überfordert und erhält keine Unterstützung	• Das Kind wird wie ein erwachsener Partner behandelt • Ihm werden die Aufgaben eines Erwachsenen übertragen (es führt den Haushalt, kümmert sich um die Geschwister etc.) • Es wird als Vertrauter des Elternteils behandelt und erfährt intime Informationen, Geheimnisse und Details aus dem Sexualleben des Elternteils	• Das Kind fühlt sich aufgewertet, gleichzeitig überfordert • Es wird zum Vertrauten, Geheimnisträger und Verbündeten des Elternteils • Es hört auf, Kind zu sein (wirkt älter als es tatsächlich ist, spielt nicht mit Gleichaltrigen)	• Das Kind ist »besetzt«: Es kreist weiter um den Elternteil und kommt im eigenen Leben nicht weiter (in Beruf und Partnerschaft)	• Sich vom Elternteil abgrenzen • Den Elternteil sich selbst (seiner Einsamkeit) überlassen • Sich auf das eigene Leben konzentrieren
Das Kind als Elternersatz (Parentifizierung)	• Der Elternteil wurde von den eigenen Eltern abgelehnt oder früh verlassen • Der Elternteil ist körperlich oder psychisch krank oder behindert	• Der Elternteil sucht beim Kind die Zuwendung, Wärme, Halt und Unterstützung, die er von den eigenen Eltern erwartet hätte	• Das Kind sorgt bereits im Kindesalter wie eine Mutter oder ein Vater für den Elternteil	• Das Kind kümmert sich zeitlebens um den Elternteil. Oft erlernt es einen pflegerischen oder medizinischen Beruf, um dem Elternteil beizustehen • Es verfehlt sein eigenes Leben	• Anerkennen, dass die Eltern trotz ihrer Not immer Eltern bleiben • Sich vom Elternteil abgrenzen • Dem Elternteil die Eigenverantwortung für sein Leben zurückgeben • Sich auf das eigene Leben konzentrieren

Formen des Missbrauchs	Gründe für den Missbrauch durch einen Elternteil	Wie geht der Missbrauch vor sich?	Unmittelbare Folgen des Missbrauchs	Spätfolgen des Missbrauchs	Heilung des Missbrauchs
Symbiotischer und narzisstischer Missbrauch	• Narzisstisches Defizit aufseiten des Elternteils (Scham, Selbstverachtung, Minderwertigkeitsgefühl) • Der Elternteil kann nicht alleine sein, er braucht das Kind ständig um sich	Zwei Varianten: (a) Die eigene Selbstverachtung und Selbsthass werden auf das Kind projiziert. Es wird gedemütigt und zum Sündenbock abgestempelt. Es darf sich aber auch nicht vom Elternteil lösen Oder: (b) Das Kind wird idealisiert und überhöht. Es soll das mangelnde Selbstbewusstsein des Elternteils wettmachen	Zwei Varianten: (a) Das Kind fühlt sich unwert, minderwertig, dumm (b) Das Kind bildet sich ein, großartig und einzigartig zu sein (»Größenwahn«)	Entwicklung eines »falschen Selbst«: (a) Das Kind fühlt sich bei der ersten Variante als Versager, schämt sich seiner selbst (Suizidgefahr, Suchttendenz) (b) In der zweiten Variante zeigt das Kind nach außen eine glänzende Fassade, fühlt sich innen aber hohl und leer, ist voller Scham. Suizidgefahr, Suchttendenz, Burnout	• Sich vom Elternteil abgrenzen • Sich selbst realistisch sehen • Eigenwert und ein positives Selbstbewusstsein entwickeln • Sein »wahres Selbst« (wieder-)entdecken
Übernahme von Lebensaufgaben und -sinn (Delegation)	• Der Elternteil hat seine eigenen Lebensziele und Lebensträume verfehlt, hält aber daran fest und projiziert diese auf das Kind	• Das Kind wird einseitig gefördert. Es soll das erfüllen, was dem Elternteil versagt geblieben ist (in Beruf, Partnerschaft, Familie, Lebensgestaltung) • Die eigenen Wünsche und Bedürfnisse des Kindes werden negiert	• Die Interessen und Bedürfnisse des Kindes werden übergangen. Es wird gezwungen, sein Leben nach Wunsch des Elternteils zu führen	• Das Kind führt ein falsches Leben, verfehlt seine eigenen Lebensziele und seinen Lebenssinn	• Sich vom Elternteil abgrenzen • Die eigenen Interessen und Bedürfnisse wahrnehmen lernen • Den eigenen Lebensweg bestimmen

Das Kind als Waffe gegen den Partner	• Unversöhnlicher Partnerschaftskonflikt • Unfähigkeit, eigene Fehler zuzugeben und auf den Partner zuzugehen	• Dreiecksbildung, Koalition eines Elternteils mit dem Kind gegen den anderen Elternteil (Streit um Unterhalt, Umgangsrecht, etc.) • emotionale Erpressung des Kindes	• Das Kind wird im Loyalitätskonflikt hin- und hergerissen, wird leicht zum »Doppelagenten« oder »Verräter«	• Das Kind neigt zu Manipulationen, Geheimnissen und Verrat	• Sich lösen vom manipulierenden Elternteil • Sich ein eigenes Bild von den Eltern machen
Sexueller Missbrauch	• Der Elternteil ist emotional / sexuell bedürftig • Der Elternteil war selbst emotional oder sexuell an einen Elternteil gebunden oder wurde von diesem sexuell missbraucht	• Alleiniger Besitzanspruch auf das Kind • Alle Stufen sexueller Grenzüberschreitung: – übermäßiges Interesse an/Eifersucht auf die Freunde des Kindes – im selben Bett schlafen – sich schamlos (z. B. nackt oder verführerisch) zeigen – forcierte Sexualaufklärung – (erotische) Liebkosungen und Kosenamen – übermäßige Beschäftigung mit den kindlichen Sexualorganen (Körperpflege, Stimulation), bis hin zu vollzogenem sexuellem Missbrauch	• Das Kind wird früh und übermäßig sexuell stimuliert • Gleichzeitig wird sein normales sexuelles Interesse am anderen Geschlecht unterdrückt	Entweder: • Das Kind entwickelt ein übermäßiges, suchtartiges Interesse an der Sexualität (Promiskuität, häufiger Partnerwechsel, Prostitution, Pornografie) Oder: • Es verweigert sich jeglichem sexuellen Kontakt oder Partnerschaft • Sexuelle Störungen (Impotenz, Ejaculatio praecox, Frigidität, Vaginismus etc.)	• Schutz durch den anderen Elternteil oder Kinderschutzeinrichtungen • Psychotherapie und Traumatherapie • »Nein« sagen lernen • Die eigenen sexuellen Grenzen wahrnehmen und schützen • Liebe und Sexualität voneinander unterscheiden lernen • Achtsame Liebes- und sexuelle Beziehungen pflegen

Wenn der Vater fehlt oder abwesend ist, oder: Warum ist der Vater wichtig?

Eine ergreifende Szene, festgehalten auf einem alten Foto. Es zeigt eine Mutter mit ihrem Sohn beim Einmarsch der amerikanischen Truppen in Mannheim am Ende des Zweiten Weltkriegs. Das Besondere ist: Die Größenverhältnisse haben sich umgedreht. Die Mutter kauert völlig entkräftet am Boden und versteckt ihren Kopf in ihren Händen. Der Sohn jedoch, kaum fünf, steht breitbeinig neben ihr und hat seinen Arm tröstend um sie gelegt. In seiner anderen Hand hält er einen Stock, aufgerichtet wie ein Gewehr. Er blickt finster, ja hasserfüllt auf die einmarschierenden Feinde.

Ein kleiner Junge – sein Vater ist gefallen oder befindet sich tausende von Kilometern entfernt in Kriegsgefangenschaft – steht hier bereit, seine Mutter gegen die Eindringlinge zu verteidigen. Eine absurd anmutende Szene. Und doch so kennzeichnend für die Abwesenheit des Vaters, die Verlassenheit der Mutter und den absurd erscheinenden Willen des Sohnes, an die Stelle des Vaters zu treten, seinen »Mann« zu stehen und die Mutter zu beschützen.

Das Foto wirft ein Schlaglicht auf die Generation der Kriegskinder, deren Väter in den Krieg gezogen waren und die alleine gelassen wurden, um auf Mutter und Geschwister aufzupassen. Die beiden Weltkriege des zwanzigsten Jahrhunderts haben Millionen alleingelassener Mütter und vaterloser Kinder hinterlassen. Sie haben die traditionelle Familie grundlegend zerstört. Die Auswirkungen dieser gigantischen Umwälzung sehen wir heute in den veränderten familiären Strukturen[1].

Einige dieser Veränderungen sind begrüßenswert, etwa der Abbau männlich-patriarchalischer Privilegien, die Emanzipation der

Frau aus der Abhängigkeit vom Mann und die Emanzipation der Kinder aus der vormals autoritären Familienstruktur. Andere Veränderungen bringen erhebliche Belastungen mit sich, zum Beispiel die steigende Zahl von Scheidungen und die sich daraus ergebenden Ein-Eltern-Familien und Patchwork-Familien. Darunter leiden vor allem die Kinder. Wir können heute feststellen: Nicht nur damals im Krieg, auch in den heutigen Friedenszeiten bröckelt es an der väterlichen Fassade und der väterlichen Präsenz. Dies hat gravierende Auswirkungen auf das Mutter-Kind-Verhältnis, besonders auf die Söhne.

Wozu brauchen wir aber Väter? Genauer: Wozu brauchen Söhne einen Vater? Sie brauchen ihn:

- Als Liebespartner und Erziehungspartner für die Mutter
- Als männlicher Schutz, besonders während der Schwangerschaft der Mutter, bei der Geburt und in der Nachgeburtsphase (»Gorilla-Funktion«, siehe auch das gleichnamige Kapitel »Die Gorilla-Funktion« auf S. 105 ff.)
- Zur Triangulierung beim Großziehen des Kindes
- Für die Loslösung des Kindes aus der Mutter-Kind-Symbiose
- Als Gegenpart zur Mutter
- Als Autorität, Reibungspunkt, »Sparringspartner« während der Pubertät
- Als männliches Vorbild (in der Sexualität, der Partnerschaft und im Beruf)
- Als Vorbild dafür, wie man als Erwachsener Verantwortung übernimmt und wie man in Würde das Älterwerden annimmt
- Als Rückhalt und als Stütze in allen Lebenslagen
- Als Ratgeber und Mentor

Der Vater als Liebespartner der Mutter

Söhne brauchen ihren Vater als Partner der Mutter. Dieser Satz klingt erst einmal banal, da selbstverständlich. Kinder gäbe es nicht, wenn nicht Vater und Mutter als Paar zusammengekommen wären. Die meisten Kinder werden in einer Liebesbeziehung gezeugt, sehen wir von den Fällen ab, in denen die Zeugung durch eine zufällige oder unfreiwillige Begegnung geschehen ist.

Die Beziehung der Mutter zum Vater des Kindes hat eine nicht unerhebliche Auswirkung auf ihr Verhältnis zum Kind. Die Beziehung der Mutter zum Kindesvater spiegelt sich in ihrer Beziehung zum Kind, besonders wenn es ein Junge ist. Es erinnert sie an seinen Vater. Wenn sie das Kind anschaut, erinnert sie sich an die sexuelle Begegnung, aus der es entstanden ist, an die damaligen Umstände und die damalige Stimmung.

Im Kind sieht die Mutter dessen Vater »verkörpert«. Es ist eine leibhaftige Erinnerung an ihn. Hat sie ihn geliebt, wird es ein Leichtes sein, ihre Liebe ans Kind weiterzugeben. Hat sie ihn aber abgelehnt oder gehasst, überträgt sich ihre Abneigung leicht auf das Kind, wobei dies oft unbewusst geschieht. In den Augen der Mutter ist das Kind ein lebenslanges Souvenir, ein Erinnerungsstück an seinen Vater. Auf es überträgt sie all ihre Gefühle, die sie für ihn hegt – ihre Liebe, ihre Ambivalenz, ihre Ablehnung.

Deshalb ist es für eine Mutter nicht immer leicht, das Kind als eigenständige Person unabhängig von ihrer Beziehung zu dessen Vater wahrzunehmen, vor allem wenn sie den Vater ablehnt. Obwohl das Kind eine eigenständige Person ist, trägt es die Gene seines Vaters (wie die seiner Mutter) in sich. Es sieht womöglich seinem Vater ähnlich, hat vielleicht die gleichen Augen oder die gleiche Haarfarbe. Aber es kann nichts dafür. Es bedarf viel Selbstüberwindung vonseiten der Mutter, das Kind unabhängig von ihrer Beziehung zu dessen Vater zu behandeln.

Auf der anderen Seite identifiziert sich ein Kind stets mit seinen

Eltern, selbst wenn es diese nicht kennt oder keinen Kontakt zu ihnen hat. Es gibt so etwas wie eine unsichtbare innere Verbindung zu seiner Herkunft, die jedes Kind in sich trägt. Es ist so, als wüsste die Frucht, von welchem Baum sie stammt. Das Kind hat ein inneres, intuitives Wissen um seinen Vater und seine Mutter, selbst wenn niemand ihm je irgendetwas von ihnen erzählt hat. In ihm gibt es eine unsichtbare Spur, die zu seinen Eltern und Vorfahren führt. Egal, ob diese in seinen Träumen oder Tagträumen auftauchen, sie existieren. Daher ist es ein vergebliches Unterfangen, ein Kind gänzlich aus seiner angestammten Kultur herauszunehmen und ihm eine andere Identität zu überstülpen. Über kurz oder lang werden sich seine Wurzeln zeigen. Aus diesem Grund ist es wichtig, die Herkunft eines Kindes zu respektieren und diese nicht, vor allem nicht vor ihm schlechtzumachen.

Wenn die Mutter beispielsweise den Vater ihres Sohnes ablehnt und diesem den Kontakt zum Vater verbietet oder unterbindet, wird die innere Verbindung des Kindes zum Vater weiter fortbestehen, wenn auch im Verborgenen. Ja, paradoxerweise könnte sie durch die Negierung ihrer Existenz noch stärker werden, so dass der Sohn im Erwachsenenleben seinem Vater immer ähnlicher wird und dessen Lebenslauf wiederholt. Wir können etwas, das wir nicht mögen, nicht einfach ausblenden. Erst wenn wir uns bewusst mit ihm auseinandersetzen, haben wir eine Chance, es zu überwinden.

Ein Sohn, der von seiner Mutter geliebt wird, aber gleichzeitig hört, wie sie immer über den Vater schimpft, wird sich schämen. Er schämt sich nicht nur seines Vaters, sondern auch seiner selbst. Denn er fühlt, dass er ein Teil des Vaters ist und der Vater ein Teil von ihm. Dies ist nicht nur Zeichen seiner Loyalität gegenüber dem Vater. Seine Identität ist mit dem Vater auf das Innigste verwoben.

Für die Tochter ist der Vater die erste männliche Bezugsperson, das prägende Vorbild für ihre späteren Männerbeziehungen. Für den Sohn ist er das Vorbild schlechthin. Er hat vom Vater nicht nur seine Gene geerbt. Er ahmt den Vater auch in vielem nach. Vor allem ist der Vater vom gleichen Geschlecht. Ein Sohn kann, anders als eine Tochter, nie so werden wie die Mutter, wie groß seine Liebe für diese auch sein mag. Er gehört einem anderen Geschlecht an. Selbst wenn wir uns in den heutigen liberalen Zeiten in viele Richtungen entwickeln können, unsere sexuelle Ausstattung, von den Sexualhormonen angefangen bis zu den primären und sekundären Geschlechtsmerkmalen, sind bei den meisten Menschen vom Zeitpunkt der Zeugung an männlich oder weiblich angelegt. Wir können dies nur mühsam und nur unvollständig rückgängig machen oder umkehren. Selbst wenn wir uns einer Geschlechtsumwandlung unterziehen, tragen wir immer noch die ursprünglichen männlichen oder weiblichen Chromosomen in uns.

Dies gilt ebenfalls für Kinder, die nicht mit ihrem Vater aufgewachsen sind, sogar für diejenigen, die ihren Vater niemals kennengelernt haben. Egal, ob sie von einer alleinerziehenden Mutter, einem lesbischen Paar oder in einer Patchworkfamilie großgezogen werden, ihr Vater ist immer in ihnen, in all ihren Zellen.

Dies bedeutet für die Mutter-Sohn-Beziehung, dass der Vater stets präsent ist, selbst wenn er physisch nicht anwesend ist, selbst wenn er tot ist, selbst wenn er aus dem Gedächtnis der Mutter getilgt worden ist. Noch mehr: Im Kind ist stets *die Beziehung der Eltern* konserviert. Ob die Eltern sich lieben, ob die Eltern einander hassen und bekämpfen – all dies steckt im Kind, ist Teil seiner Identität.

Daher ist es so wichtig, dass Eltern ihr Verhältnis zueinander bereinigen. Ungeklärte Elternbeziehungen belasten jedes Kind. Um des Kindes willen ist es wichtig, dass sich Eltern mit ihrer partnerschaftlichen Beziehung auseinandersetzen und diese klären. Elternsein bedeutet nicht, alle Energie auf die Kinder zu konzentrieren, dabei aber ihre Partnerschaft außer Acht zu lassen. Kinder fühlen sich entlastet, wenn Eltern ihre eigenen Konflikte angehen und beilegen. Dann können die Kinder sich unbeschwert entwickeln, sie können spielen und herumtollen und einfach Kind sein.

In Paarbeziehungen sprechen wir häufig von der Liebe zwischen den Partnern. Genauso wichtig ist dabei aber auch der Respekt, den sie sich selbst und dem Partner zollen. Man kann nämlich einen Menschen lieben, aber ihn nicht in seiner menschlichen Würde akzeptieren. (So wie man früher mit altgedienten Sklaven oder liebgewonnenen Hausangestellten umgegangen ist. Sie waren den Herrschaften durchaus ans Herz gewachsen. Als Menschen wurden sie jedoch eher geringgeschätzt.) Umgekehrt kann man einen Menschen respektieren, aber nicht lieben. In früheren Zeiten wurden die meisten Ehen vermittelt und arrangiert. Mann und Frau haben sich nicht geliebt, aber sie konnten im Laufe der Ehe lernen, einander zu respektieren. Sie ließen einander in Ruhe und ließen den anderen in seinem Lebensbereich bestimmen. Aber ihre Beziehung blieb höflich distanziert (symbolisiert etwa durch die lange Tafel, an deren Enden früher vornehme Eheleute einander gegenübersaßen). Dies erzeugt im Kind ebenfalls eine innere Distanz zwischen dem mütterlichen und dem väterlichen Anteil in ihm, eine Art emotionaler Kühle.

Warm wird dem Kind erst, wenn die Eltern sich respektieren *und* lieben. Dies stärkt das Kind sowohl in seiner Würde und seinem Selbstrespekt als auch in seiner Liebesfähigkeit und erhöht die Chance, von anderen geliebt zu werden.

Darüber hinaus gibt es noch ein weiteres großes Geheimnis: Die Liebe der Eltern füreinander transformiert ihren Blick auf das gemeinsame Kind. Es ist ein Kind der Liebe, *ihrer* Liebe. Es ist deren Materialisierung und Verkörperung. Gleichzeitig ist das Kind die Fortsetzung ihrer Liebe in die Zukunft. Es ist wie eine Metamorphose: ihre partnerschaftliche Liebe geht in eine mütterliche / väterliche Liebe über. Das so geliebte Kind nimmt die Liebe der Eltern in sich auf und kann mit dieser einzigartigen strahlenden Energie in sein eigenes Leben gehen.

Zudem ist in einer liebenden Partnerschaft die sexuelle Energie beider Eltern aufeinander ausgerichtet und dort gebunden. Sie muss weder an einen anderen Partner (in Form einer Affäre) noch an das Kind (in Form einer ödipalen oder inzestuösen Beziehung) abgeleitet werden. Eine liebende Partnerschaft ist daher ein guter Schutz des Kindes gegen eine erotische Besetzung oder einen sexuellen Missbrauch durch die Eltern.

Schwangerschaft und die Zeit danach

Für viele Frauen, die vorher ihr eigenes Leben selbstverständlich und autonom geführt haben, ist es eine große Überraschung, ja ein Schock, wenn sich mit Beginn der Schwangerschaft nicht nur ihr körperliches Befinden, sondern auch ihre Einstellung vollkommen ändert. Phyllis Chesler, eine glühende Feministin, die mit ihrem Buch *Frauen, das verrückte Geschlecht?* in den 1970er Jahren weltberühmt wurde, bekannte in ihrem Tagebuch *Mutter werden, die Geschichte einer Verwandlung*, wie unvorbereitet sie mit 37 Jahren auf ihre erste Schwangerschaft war und wie diese ihre Beziehung zum eigenen Körper, zum Partner, zur eigenen Mutter, zum Beruf und zur Politik grundlegend veränderte. In ihrem Tagebuch, das sie in Briefform an ihr ungeborenes Kind schrieb, steht:

»Kind, wie gebieterisch du dich ankündigst! Heute Morgen musste ich mich übergeben. Meine Zähne schlagen aufeinander. (…) Ich habe Angst vor dir! Wer bist du, dass ich so zittere? (…) Weißt du, dass ich entsetzliche Angst vor der ungeheuren Verantwortung habe? Was ist, wenn ich mich zwischen meiner Arbeit und dir entscheiden muss – und es nicht kann? Was ist, wenn ich nicht genug Geld verdiene? Sterben alle Frauen bei der Geburt, um als Mütter neu geboren zu werden? Bedeutet dein Kommen meinen Tod? (…) Habe ich diese vielen Jahre lang nur in den Armen deines Vaters verweilt, weil ich auf dich gewartet habe? Kann ich ihn verlassen, jetzt, wo du da bist? (…)

Plötzlich bin ich in meine Kindheit zurückversetzt, in meine Suche nach Mütterlichkeit. Hoffe ich, durch die Schwangerschaft eine Mutter zu finden, und nicht so sehr, Mutter zu werden? (…) Deine Großmutter hat immer vermieden, mit mir allein zu sein. (…) Ich kann mich nicht mehr daran erinnern, wie es war, als ich sie hatte. Ich kann mich nur daran erinnern, wie ich sie verlor.« (Chesler 1996, S. 9f)

Aus diesen Zeilen spricht die heftige Verunsicherung, die eine Frau ergreifen kann, wenn sie zum ersten Mal Mutter wird. Eine Schwangerschaft trifft jede Frau existenziell, buchstäblich ins Zentrum ihres Leibes. Es gibt für sie kein Entrinnen. Sie muss sich mit ihrer ganzen Person damit auseinandersetzen. Ganz anders der werdende Vater. Er ist körperlich überhaupt nicht von der Schwangerschaft betroffen. Daher ist er ungemein freier und unbekümmerter als die werdende Mutter.

Elternschaft ist jedoch etwas, das beide, Mutter und Vater, gleichermaßen zu tragen haben. Da jedoch die Mutter von Natur aus mehr gefordert und belastet wird, ist es notwendig, dass der Vater ihr zur Seite steht. Gemeinsam können sie diese schwerste, gleichzeitig wunderbarste Lebensaufgabe bewältigen. Gemeinsam bewältigt, wird diese Erfahrung sie bereichern wie keine andere. Sie werden verwandelt herauskommen.[2]

Die »Gorilla-Funktion«

»Der Vater als Beschützer für Mutter und Kind« – das klingt altmodisch, ja antiquiert. Heutzutage braucht doch keine Frau mehr den Schutz eines Mannes! Ja, das stimmt, die Frau von heute ist selbständig. Sie bestimmt allein über ihr Leben und verdient ihr eigenes Geld. Jedoch gibt es eine Phase im Leben einer Frau, soweit sie sich Kinder wünscht und Kinder bekommt, in der sie auf die

Anwesenheit, den Beistand und Schutz ihres männlichen Partners angewiesen ist. Das ist die Zeit, in der sie das Kind bekommt: während der Schwangerschaft, bei der Geburt und in der nachgeburtlichen Zeit.

In dieser Zeit ist es wichtig, dass sie sich mit ihrer ganzen Person dem Kind zuwenden kann. Ihre ganze Kraft wird benötigt, um das Kind gut auszutragen, es zur Welt zu bringen und danach für es zu sorgen. Überdies ist es eine äußerst empfindliche und störungsanfällige Phase in der Kindesentwicklung: Wenn es der werdenden Mutter physisch und psychisch gut geht, kann das Kind im Mutterbauch gedeihen. Eine freudige und entspannte Mutter lässt die Geburt leichter geschehen. Und wenn sie sich danach dem Kind liebevoll zuwendet, kann eine sichere Bindung zwischen Mutter und Kind entstehen. Das Kind fühlt sich in den Armen der Mutter sicher und geborgen. Es entwickelt Urvertrauen in sich und in die Welt, kann mit Selbstvertrauen und Zuversicht auf seine Lebensreise gehen.

Dafür muss der Vater da sein. Seine Hauptaufgabe besteht darin, der Mutter Sicherheit, Halt und Geborgenheit zu geben. Seine Anwesenheit und Aufmerksamkeit wirken wie eine unsichtbare Schutzhülle um die Mutter-Kind-Einheit.

Ich nenne diese Aufgabe des Vaters die *Gorilla-Funktion*. Der Begriff entstand in der Zeit, als unsere Kinder noch klein waren. Wir gingen mit den Kindern in den Zoo, weil die Gorillas Nachwuchs bekommen hatten. Die vielen Besucher drängten sich vor der Glasscheibe, die das Gorilla-Gehege vom Publikum trennte. Drinnen stillte die Gorilla-Mutter ihr winziges Baby. Aber davor saß ein riesiges Gorilla-Männchen, ein richtiger Silberrücken. Er versperrte den Zuschauern den Blick auf Mutter und Kind und schaute diese mit einem Blick an, der unmissverständlich signalisierte: »Einen Schritt weiter, und ihr habt es mit mir zu tun!« Die Zuschauer fühlten sich von ihm gestört und versuchten, ihn mit Gesten und Zurufen dazu zu bringen, zur Seite zu treten. Meine

Frau aber schaute sich die Szene genau an, dann wandte sie sich zu mir und sagte: »So hätte ich dich gebraucht!«

Ich war wie vom Donner gerührt und lief rot an. Denn ich verstand sofort, was meine Frau meinte. Als unsere Kinder zur Welt kamen, war ich oft mit anderen Sachen beschäftigt. Ich habe meine Frau nach der Geburt unserer ersten Tochter nicht abgeschirmt, sondern gleich viele Freunde eingeladen, dieses Wunder anzusehen. Sie hätte Ruhe gebraucht, um mit ihrem Kind allein zu sein, um die so wichtige erste Begegnung zu genießen und sich mit dem Kind zu verbinden. (Diese unsere Tochter hat es zum Glück nach der Geburt ihres Kindes ganz anders gemacht. Sie rief uns zwar an und sagte, dass alles gut gegangen sei, ließ uns aber zweieinhalb Wochen warten, bis wir sie besuchen durften. So lange haben ihr Mann und sie sich Zeit genommen, um ungestört mit ihrem Baby zusammen zu sein.)

In der Tat sind Frauen in dieser kostbaren Zeit ihrem Partner unendlich dankbar, wenn dieser sie und das Neugeborene von der Außenwelt mit all ihren Anforderungen abschirmt und ihnen ihre sonstigen Aufgaben abnimmt. Das ist die Zeit, in der eine Frau wirklich Mutter wird, in der die Mutter-Kind-Symbiose entsteht und das Kind eine sichere Bindung entwickelt. Der Vater nimmt natürlich daran teil, als der wesentliche Dritte – in der Mutter-Vater-Kind-Triade entsteht das existenzielle Gefühl der Zusammengehörigkeit als Familie: Wir sind eine neue Einheit. Und doch muss der Vater immer wieder Mutter und Kind in Ruhe lassen, damit sie es stillen, halten und in den Schlaf bringen kann. So kann er über die Mutter-Kind-Dyade wachen.

Dies erfordert jedoch ein hohes Maß an Selbstlosigkeit und Verzichtbereitschaft von ihm. Mit seinen eigenen Bedürfnissen muss sich der Mann und Vater in dieser Zeit zurücknehmen, um so etwas wie ein Hüter für Mutter und Kind zu sein. Keine leichte Aufgabe, wenn er vorher die ganze Liebe und Aufmerksamkeit seiner Partnerin bekommen hat! Außerdem ist der Wechsel von einer

Zweier- zu einer Dreierbeziehung nicht einfach. Er verlangt von beiden Partnern ein neues Ausbalancieren ihrer Interessen und Bedürfnisse. Nicht selten treten Eifersuchts- und Neidgefühle auf, wenn sich der Vater von der Mutter-Kind-Dyade ausgeschlossen fühlt (Stichwort Brustneid). Manche Männer empfinden diese Verschiebung der Aufmerksamkeit – weg von ihnen und hin zum Kind – als Ablehnung oder Affront. Gekränkt wenden sie sich ab, gehen fremd oder trennen sich gar.

Mit dem Kind entsteht zudem ein ganz neues soziales Gebilde: die Familie. Aus einer Zweierbeziehung wird eine Familie. Diese Veränderung bringt eine Umwälzung im Selbstverständnis der werdenden Eltern mit sich. Sie vollziehen *einen Sprung in die nächste Generation.* Ein kinderloses Paar kann sich erlauben, sich alterslos und losgelöst von den Herkunftsfamilien zu fühlen. Die Partner können unabhängig voneinander wirtschaften. Sie müssen auch nicht unbedingt zusammenleben. Sobald sie aber ein Kind bekommen, schließen sie sich automatisch als Elternpaar zusammen. Sie müssen sich fortan gemeinsam ums Kind kümmern, müssen ihr Geld zusammenlegen und eine gemeinsame Wohnung finden. Außerdem rücken sie in der Generationsfolge ihrer Herkunftsfamilien auf einmal in die produktive Reihe auf. Sie sind nun diejenigen, die den Nachwuchs hervorbringen.

Dann kommt das Materielle hinzu: Damit die Mutter sich ganz aufs Kind konzentrieren kann, muss der junge Vater viele der häuslichen und außerhäuslichen Aufgaben übernehmen, die seine Partnerin bis dahin erledigt hat. Wo vorher beide Partner für ihren eigenen Lebensunterhalt gesorgt haben, fällt auf einmal die finanzielle Versorgung der Familie ganz oder zum großen Teil auf ihn.

Diese Zeit der Metamorphose fordert selbst von einem Paar, das sich liebt, eine große innere und äußere Umstellung. Noch schwieriger ist es für Paare, die nicht auf eine Schwangerschaft vorbereitet sind, die sich nicht lieben oder die von ihrer Familiengeschichte her seelisch nicht gut für eine Familiengründung gerüstet sind. Außerdem können ungünstige äußere Umstände wie Armut, politisch unsichere Zeiten, kranke Angehörige oder eine noch unabgeschlossene schulische oder berufliche Ausbildung hinzukommen, die einer Schwangerschaft im Wege stehen. All das kann dazu führen, dass dies eine Zeit der Herausforderung, ja der Krise für das junge Paar wird, in der die Partner sich entfremden, sich trennen, oder sich für einen Schwangerschaftsabbruch entscheiden. Die Scheidungsrate ist am höchsten in der Zeit nach der Geburt eines Kindes und in der Pubertät der Kinder. Da kriselt es am häufigsten.

Kommt es zu einer Trennung oder auch nur zu einer Entfremdung des Paares, wird die werdende oder stillende Mutter sich im Stich gelassen und allein auf sich selbst gestellt fühlen. Sie muss dann die Schwangerschaft, später die Versorgung des Säuglings ganz alleine bewältigen. Wenn dann noch ein materieller Engpass dazu kommt und sie sich gezwungen sieht, für sich und das Kind finanziell zu sorgen, führt sie einen Mehrfrontenkrieg: Sie muss sich emotional mit dem Vater des Kindes auseinandersetzen; sie muss sich um ihren Unterhalt, manchmal auch um eine neue Wohnung kümmern; nicht zuletzt muss sie das Kind sicher durch die Schwangerschaft tragen und danach für es da sein, ohne auf die Mithilfe ihres Partners zählen zu können.

Bei einem solchen Stress kommt die Eigenfürsorge oft zu kurz. In der Schwangerschaft trifft dies nicht nur die Mutter, es trifft auch das Kind ganz unmittelbar. In dieser Phase, in der der Embryo so eng, ja existenziell mit der Mutter verbunden ist, ist Eigenfürsorge der Mutter gleichbedeutend mit Fürsorge für das Kind. Deshalb ist es nicht verwunderlich, dass es in solchen Krisenzeiten leicht zu Fehlgeburten, Frühgeburten oder Mangelgeburten (bei denen das Kind untergewichtig ist oder zu klein gerät) kommt. Auch nach der Geburt kann es zu Entwicklungsstörungen oder -verzögerungen des Kindes kommen. Daran können wir ersehen, wie wichtig die Pflege der Liebesbeziehung zwischen den werdenden beziehungsweise jungen Eltern für das Gedeihen und die Entwicklung des Kindes ist. Daher sollten Geburtsvorbereitungskurse nicht nur Schwangerschaft und Geburt im Fokus haben, sie sollten sich auch der Partnerschaft der werdenden Eltern widmen. Überhaupt brauchen junge Paare mehr psychosoziale Betreuung vor und nach der Geburt ihres Kindes. Die Pflege ihrer Partnerschaft ist genauso wichtig wie die Pflege ihres Kindes.

Triangulierung

Triangel bedeutet Dreieck. In einer jungen Familie findet ein ständiger Wechsel zwischen Zweier- und Dreierbeziehungen statt. Bevor das Kind kam, hat das Paar in einer Zweierbeziehung gelebt. Sobald das Kind sich ankündigt, gibt es einen Dritten im Bunde. Da der Embryo jedoch im Mutterbauch heranwächst, sind Mutter und Kind eine Einheit, wie zwei Wesen in einem Körper. Diese Symbiose setzt sich auch in den ersten Monaten nach der Geburt fort, wenn die Mutter das Kind stillt und bemuttert. Auch wenn der Vater von Anfang an dabei ist und die Pflege des Kindes mit übernimmt, steht er in den meisten Fällen einen Schritt hinter der Mutter. Erst wenn die Stillphase vorbei ist und das Kleinkind sich robbend und krabbelnd (von der Mutter) fortbewegen kann, wächst seine Bedeutung als zweite Bindungsperson.

Wenn ein Vater von Beginn an bei der Pflege des Kindes dabei ist, empfindet das Kind keine Acht-Monats-Angst vor ihm, die es normalerweise gegenüber Fremden entwickelt. Das Kind nimmt dabei durchaus den Unterschied zwischen dem Kontakt mit dem Vater und dem mit der Mutter wahr. Die Stimme des Vaters klingt tiefer und sonorer, sein Griff ist meistens fester, er hat so faszinierende Bartstoppeln im Gesicht. Im Spiel wirft er das Kind hoch in die Luft, um es wieder sicher aufzufangen. Er geht mit ihm hinaus und zeigt ihm Dinge außerhalb des häuslichen Bereichs, die es nicht kennt. Das sind alles Dinge, die eher der Vater mit dem Kind unternimmt.

Tatsächlich ist der Vater derjenige, der das Kind aus der exklusiven Mutter-Kind-Dyade löst und es allmählich in die Welt führt. Unter dem Schutz Vater lernt das Kind, sich gefahrlos aus der mütterlichen Sphäre hinauszubewegen. An seiner Hand fühlt es sich sicher, Fremdes zu entdecken und neue Erfahrungen zu machen.

Durch die Öffnung der Mutter-Kind-Dyade in die Mutter-Vater-Kind-Triade bekommt das Kind Raum, um sich außerhalb der mütterlichen Sphäre zu entfalten. Wenn es sich nach Wärme sehnt, kann es jederzeit in den mütterlichen Hafen zurück. Vater und Mutter zusammen bieten damit dem Kind ein viel weiteres Horizont an, als wenn es sein Leben ausschließlich mit der Mutter teilte.

Dies zeigt sich unter anderem darin, dass Kinder, die ohne Vater aufwachsen, meist stärker an ihre Mutter gebunden sind. Die Mutter-Kind-Symbiose, die in der Anfangsphase so wichtig gewesen ist, erweist sich mit der Zeit zunehmend als Gefängnis für beide: Das Kind kann nicht in sein eigenes Leben gehen, während die Mutter sich ständig an das unselbständige Kind gebunden fühlt. Gleichzeitig fürchtet sie sich aber vor der Einsamkeit, wenn das Kind einmal von ihr fortgeht. Das Kind spürt es. Es fühlt sich verantwortlich für die alleingelassene Mutter und bleibt länger an ihrer Seite, als es von sich aus gewollt hätte. So bleiben Mutter und Kind wie in einem unsichtbaren Netz ineinander versponnen.

In dieser frühen Entwicklungsphase erfüllt der Vater drei wichtige Funktionen: Zum einen ist er derjenige, der dem Kind den *Zugang in die Welt außerhalb des mütterlichen Bereiches* ermöglicht. Er öffnet dem Kind die Tür zu typischen männlichen Betätigungsfeldern, die meist mit Technik, Risikobereitschaft, dem Bestehen von Abenteuern und dem Sich-messen-mit-anderen zu tun haben. Diese Lebensbereiche kennenzulernen ist besonders für Jungen wichtig. Der Vater dient dem Sohn damit als *erstes männliches Vorbild.*

Zum anderen bietet der Vater dem Kind, egal ob es ein Sohn oder eine Tochter ist, *männlichen Schutz* in der außerhäuslichen Welt. So zivilisiert unsere Gesellschaft auch erscheinen mag, so immanent gefährdet sind immer noch Frauen, Kinder und alte Menschen. Es scheint in der archaischen Natur des Menschen zu liegen, dass diese schwächeren Personengruppen immer noch von roher Männergewalt bedroht sind, sobald sie sich zu weit aus dem öffentlich kontrollierten Raum entfernen. Dort scheint immer noch das Gesetz des Dschungels zu herrschen. Unsere zivilisatorischen Errungenschaften sind nur eine hauchdünne Schicht auf der Oberfläche eines Ozeans voller unkontrollierbarer animalischer Triebe. Diese äußern sich sowohl in patriarchalischen Machtstrukturen als auch in männlicher Aggressivität, besonders in sexualisierter Gewalt. Wir können diese bedauerliche Tatsache überall dort feststellen, wo der rechtliche Schutz der Bevölkerung in der Folge von Kriegen oder Naturkatastrophen zusammengebrochen ist. Dann brechen Plünderungen, Überfälle, Morde und Vergewaltigungen aus.

Deshalb ist der männliche Schutz für Mutter und Kinder durch den Vater auch heute wichtig, selbst in unserer freiheitlich-demokratischen Gesellschaft. Alleinerziehende Mütter erzählen, dass ihnen bei der Erziehung ihrer Kinder die männliche Säule an ihrer Seite schmerzlich fehle. Sie fühlen sich häufig unsicherer, müssen sich und ihre Kinder stärker abschirmen. Eine männliche Schulter ist nicht so leicht zu ersetzen.

Geschlechtsidentität

In der ödipalen Phase zwischen dem dritten und dem sechsten Lebensjahr beginnt das Kind, Geschlechtsunterschiede zu erkennen. Dies ist die Zeit der Doktorspiele, in denen Mädchen und Jungen gegenseitig ihre Geschlechtsorgane untersuchen. Sie beginnen sich mit der Mutter und dem Vater zu vergleichen. Da sie nun ein Gefühl für Zeit entwickelt haben, fragen sie sich, wie sie später einmal als Frau oder Mann sein würden. Dass Mädchen in diesem Alter den

Vater und Jungen die Mutter heiraten wollen, zeigt, wie sehr sie ihre Eltern in dieser Entwicklungsphase idealisieren und sich in die Rolle von deren Ehepartnern hineinfantasieren. Es ist eine wesentliche Stufe in der Entwicklung der geschlechtlichen Identität.

Ihr Vorbild für ihre spätere Ehe und Liebesbeziehung finden Kinder in der Art, wie die Eltern im Alltag miteinander leben. Streiten sich die Eltern oder schweigen sie sich an? Können sie sich bei Meinungsverschiedenheiten einigen oder bestimmt ausschließlich einer der Partner?

Auch fragen sich die Kinder: Wie stehen Vater und Mutter zu ihrem eigenen Geschlecht? Finden sie sich gut als Mann beziehungsweise als Frau, und finden sie ihren Ehepartner gut? Oder verachtet die Mutter sich selbst als Frau und macht sich vor dem Vater klein? Sind die Eltern treu oder gehen sie fremd? Solche Fragen haben eine tiefe Wirkung auf Töchter und Söhne und hinterlassen Spuren in deren späteren Liebesbeziehungen.

Um all diese Erfahrungen zu machen, brauchen sie die Anwesenheit des Vaters neben der Mutter. Dies ist eine der wichtigsten Funktionen des Vaters überhaupt: dass seine Kinder mitbekommen, wie ein Mann ist und wie er im Alltag lebt. Er muss sich dabei gar nicht besonders anstrengen, väterlich oder männlich zu sein. Wie er im Alltag ist, prägt sich im Herzen der Kinder ein. Es ist stets das gelebte Vorbild, das am stärksten wirkt, nicht das, was man sagt oder als Ideal hinstellt. Auch muss ein Vater seinem Sohn nicht unbedingt solche Tätigkeiten nahebringen, die als besonders männlich gelten, wie Fußball oder Kampfsport, wenn er sie selber nicht pflegt. Was er tatsächlich tut und was ihn begeistert, wird sich von alleine bei ihnen einprägen.

Es ist also gar nicht so wichtig, *wie* ein Vater ist, sondern *dass* ein Vater anwesend ist, dass er für seine Kinder berührbar und ansprechbar ist. Seine Kinder werden ihm schon sagen, was sie von ihm wollen und brauchen. Er muss ihnen nur seine Aufmerksamkeit schenken.

Die ödipale Phase: Die Mutter als die erste Frau im Leben des Sohnes, der Vater als der erste Mann im Leben der Tochter

Die Mutter ist die erste Frau im Leben eines Mannes. Daher hat sie eine entscheidende, eine Schlüsselrolle in der Ausprägung seiner Männlichkeit und in seinen zukünftigen Beziehungen zu Frauen.

Ebenso ist der Vater der erste Mann im Leben einer Frau. Auch er hat eine Schlüsselrolle in der Ausprägung der Weiblichkeit der Tochter und in ihren zukünftigen Männerbeziehungen.

Der Sohn gehört zwar genetisch zum männlichen Geschlecht. Aber seine Männlichkeit muss erst durch die Begegnung mit der Mutter zum Leben erweckt und bestätigt werden. Dies geschieht in der ödipalen Phase.

In dieser Zeit braucht der Sohn einerseits den Vater als männliches Vorbild. Von ihm lernt er, wie es sich als Mann anfühlt, ob man sich im männlichen Körper wohlfühlt und beheimatet fühlt. Von ihm lernt er männliches Verhalten sowohl in der Familie als auch in der Gesellschaft. Er lernt, wie man sich Frauen gegenüber verhält. Er spürt die sexuelle Energie des Vaters und wohin diese ausgerichtet ist, ob auf die Mutter, auf andere Frauen, oder auf seinen Beruf.

Andererseits braucht der kleine Sohn die Mutter als das erste weibliche Wesen, dem er im Leben begegnet. Er muss ihre Weiblichkeit, ihre weibliche Energie, ihre weibliche sexuelle Ausstrahlung spüren, damit er seine aufwachende männliche erotische Energie auf sie ausrichten kann. Er braucht ein weibliches Gegenüber, eine Empfängerin für seine aufkeimenden sexuellen Gefühle. Und diese ist in dieser frühen Phase die Mutter, die er als die Frau schlechthin wahrnimmt.

Dies bedeutet nicht, dass er irgendeine sexuelle Interaktion, geschweige denn Geschlechtsverkehr mit der Mutter haben möchte. Vielmehr geht es darum, dass er seine erotische Energie *frei und angstfrei* auf sie richten kann. Er darf sie als *»die Große Frau«* lieben, ohne dass sie ihn verschlingt, ohne dass sie ihn überfordert mit *ihren* sexuellen Bedürfnissen, ohne dass sie ihn (als kleinen Mann) ablehnt, missachtet oder verachtet. Genauso wenig braucht er es, von ihr angebetet oder in den Himmel gehoben zu werden.

Ihm tut es in dieser Phase gut, dass sie ihn als einen *zukünftigen* starken, potenten, attraktiven Mann ansieht und liebt. Ihre Liebe darf durchaus eine erotische Komponente beinhalten. Jedoch muss sie die Generationengrenze zwischen ihr, der Mutter, und ihm, dem Sohn respektieren und einhalten. Es geht also um einen Energieaustausch zwischen Mutter und Sohn, ohne dass es tatsächlich zu sexuellen Handlungen kommt. Die Mutter spürt die gegenseitige Freude aneinander. Aber sie hält die (Inzest-)Grenze aufrecht. Sie kann ihre Attraktion zum Sohn und die Faszination, die sie auf ihn ausübt, wahrnehmen, würdigen und auch genießen. Jedoch überschreitet sie die eigene und seine Grenze nicht.

Indem sie den erotischen Energieaustausch zwischen ihr und dem Sohn zulässt und standhält, lässt sie ihn seine männliche Energie, seine aufkeimende Männlichkeit spüren und lässt sie wachsen. Er kann und darf sich als zukünftiger Mann spüren. Und er findet in der Mutter den Prototyp, die Matrix der Weiblichkeit – das weibliche Muster, nach dem er in seinen späteren Frauenbeziehungen suchen wird.

Das Gleiche geschieht, wenn der Vater der Tochter erlaubt, ihn als *»den Großen Mann«* wahrzunehmen und zu spüren. Indem er sich ihr als väterlicher Mann öffnet, mit allen männlichen Eigenschaften und Merkmalen, gibt er ihr die Möglichkeit, die in ihr schlummernde Weiblichkeit zu fühlen und frei zu lassen. Er sieht in ihr die *zukünftige* schöne, attraktive und strahlende Frau, wie sie dereinst sein wird. Gleichzeitig ist er ihr ein liebevoller und zärtlicher Vater. In seinen starken Armen kann sie sich sicher und geborgen fühlen. Er lässt sich von ihr lieben, ohne dass die Generationengrenze und die Inzestgrenze überschritten werden. Unter der väterlich-männlichen Sonne kann die Tochter voll zur Frau erblühen, die sich später einmal aufmachen und einen würdigen männlichen Partner für sich finden wird.

Voraussetzung für einen solchen gegengeschlechtlichen Austausch zwischen Eltern und Kindern ist die Liebe der Eltern füreinander. Sie bilden damit das Vorbild für die späteren Liebesbeziehungen ihrer Kinder. Wenn die Eltern sich nicht lieben, könnten sie eifersüchtig auf die innige Liebe ihres Partners zum gegengeschlechtlichen Kind werden. Dann lebt die Tochter das Schneewittchen-Schicksal, in dem sie von einer neidischen Mutter verfolgt wird, und der Sohn findet sich im Ödipus-Konflikt verwickelt, in dem er vom Vater als männlichen Rivalen bekämpft wird.

Pubertät

In der Pubertät kommt zu der Geschlechtsidentität noch die erwachende Sexualität dazu. Heutzutage werden Kinder bereits in der Schule (oder auch in ihren Cliquen oder im Internet) aufgeklärt. Eltern sind nicht mehr gefragt. Dabei machen Pubertierende gerne den Eindruck, mehr zu wissen und alles in der Hand zu haben. Wichtig ist deshalb, dass Eltern ihre Kinder nicht allein lassen und auf Anzeichen von Problemen achten. Selbst wenn bei heranwachsenden Jungen die körperlichen Veränderungen in der Pubertät nicht so offensichtlich sind wie bei Mädchen, ist es gut, wenn Väter die Veränderungen bei ihren Söhnen positiv wahrnehmen und ihnen Empfehlungen in Bezug auf Rasur, Körperpflege und Verhütung geben. Wichtig ist dabei, auf das jugendliche Schamgefühl zu achten und diskret und respektvoll vorzugehen. Selbst wenn Söhne sich bei solchen Unterhaltungen vordergründig unwillig oder uninteressiert zeigen, sind die meisten jungen Männer doch dankbar für diesen oder jenen väterlichen Hinweis. Solche Begegnungen von Mann zu Mann kann keine Mutter ersetzen.

Zur gleichen Zeit muss die Mutter sich allmählich zurückziehen mit ihren körperlichen Zuwendungen gegenüber ihrem Sohn. Sie sollte nicht mehr an seinem Kragen zupfen oder ihm die Haare zurecht streichen. Solche intimen pflegerischen Handlungen, die früher einmal so selbstverständlich gewesen sind, empfindet der Heranwachsende leicht als Übergriff in seine Intimsphäre. Außerdem ist eine solche Geste peinlich vor seinen Peers. Abfällige Bemerkungen etwa in Bezug auf seine Wäsche und Kleidung sind in diesem Alter ebenfalls unangebracht. Sie sollte achtsam sein im Hinblick auf seine erwachende männliche Sexualität, ohne darauf zu verzichten, ihm zu zeigen, wie stolz sie auf ihn als junger Mann ist.

In der Pubertät ist ein Vater noch aus einem anderen Grund wichtig: Er wird als »Reibungswiderstand« gebraucht. Der Heranwachsende sucht nach seinem eigenen Standpunkt in der Welt. Dazu muss er die väterliche Autorität hinterfragen. Wo dieser vorher als »der beste Vater der Welt« idealisiert worden ist, wird er nun hart auf die Probe gestellt. Wie steht er mit seinen Wertvorstellungen und Überzeugungen? Folgen seinen Worten auch Taten? Der stärker werdende Jugendliche fordert den Vater heraus. Er will seine geistigen und seine körperlichen Kräfte mit ihm messen. Er will den Vater nicht besiegen, aber er möchte auch nicht unterliegen. Letztlich sucht er die väterliche Anerkennung: »Ich finde dich gut, so wie du bist – du musst nicht so sein wie ich, du kannst ruhig anders sein als ich.« Und: »Wie stark du geworden bist! Du kannst mich ruhig übertreffen! Ich bin so stolz auf dich!« (Wie anders klingt das gegenüber dem Mythos des Ödipus, der von seinem Vater gefürchtet wird und am Ende den Vater in einem unseligen Kampf tötet!) In der gegenseitigen Anerkennung und dem Respekt zwischen Vater und Sohn liegt das Ziel des männlichen Zweikampfes und der männlichen Rivalität überhaupt. Der Sohn fordert seinen Vater heraus, nicht um ihn zu besiegen, sondern um von ihm anerkannt zu werden, so wie er ist. Dann wächst in ihm ein gesundes männliches Selbstbewusstsein heran, und mit diesem kommt Frieden in die männliche Seele. Mit dem Segen des Vaters kann der Sohn getrost und gestärkt in die Welt ziehen.

Fehlt dagegen der Vater, bleibt dem Sohn nur noch die Mutter als Gegnerin. Aber wie soll er gegen eine Frau kämpfen? Selbst wenn er sie besiegte, sagt dies überhaupt nichts über seine eigene Männlichkeit aus!

Der Vater als stützender Hintergrund in allen Lebenslagen

Selbst nachdem der Sohn erwachsen geworden ist und sein eigenes Leben lebt, kann er den Vater im Hintergrund gut gebrauchen: als Rückendeckung bei Auseinandersetzungen in der Arbeit und im Privatleben, als Ratgeber in allen Lebenslagen, als finanzielle Unterstützung in Notzeiten. Der väterliche Rückhalt wird häufig anders erlebt als der mütterliche: Bei dieser kann der Sohn sich erholen und Wärme tanken, beim Vater erfährt er männlichen Zuspruch und väterliche Ermutigung. Selbst wenn die Eltern älter und gebrechlicher werden, können sie immer noch ein gutes Vorbild dafür sein, wie man mit dem Älterwerden und dem Sterben gut umgeht.

Wenn wir all diese Funktionen eines Vaters überblicken, wird es klar, dass keine Mutter die väterlichen Aufgaben übernehmen kann. *Dabei geht es nicht nur um die separaten Aufgaben und Funktionen von Mutter und Vater. Es ist vor allem das Zusammenspiel, die Synthese, die Zusammenarbeit von Mutter und Vater, die Kindern das unersetzliche Gefühl der Geborgenheit, Sicherheit und Identität gibt.*

Die frühkindliche symbiotische Bindung an die Mutter

Wir Menschen sind unglaublich flexible Wesen. Auf Grund dieser hohen Anpassungsfähigkeit haben wir uns derart stark auf der Erde verbreiten können.

Woher kommt diese Flexibilität? Es liegt an unserer langen Kindheit und Jugendzeit. Im Gegensatz zu den meisten Tieren, die viel früher flügge sind, benötigen wir 20 und mehr Jahre, bis wir erwachsen sind. In dieser Zeit werden wir von unserer Umgebung geprägt, von der wir lernen, wie wir später unser Leben zu führen haben.

Am stärksten sind wir zu Beginn unseres Lebens prägbar. Das hat einerseits mit unserer Hilflosigkeit als Embryo, Säugling und Kleinkind zu tun. In dieser Zeit sind wir völlig abhängig von der Fürsorge unserer unmittelbaren Umgebung, damit wir überhaupt überleben können. In der frühen Phase der Schwangerschaft kann die Mutter entscheiden, ob sie das Kind austragen will oder nicht. Wenn die Mutter giftige Substanzen wie Alkohol oder Nikotin zu sich nimmt, kann der Fötus ernsthafte Schäden erleiden. Auch nach der Geburt ist der Säugling auf die Pflege und Fürsorge der Bezugspersonen total angewiesen. Sein Überleben hängt buchstäblich davon ab.

Auf der anderen Seite finden wir, wie als Ergänzung zur Hilflosigkeit des Kindes, ein tiefes, ja fast schon instinktives Bedürfnis der Mutter und anderer Bezugspersonen, dieses winzige zarte Wesen in den Arm zu nehmen und alles dafür zu tun, damit es ihm gutgeht. Wir sprechen hier ja vom »Mutterinstinkt«. Die Hilfsbedürftigkeit des Kindes und der unbedingte Willen der Mutter, es zu beschützen, passen im Idealfall zusammen wie Schlüssel und Schloss. Ein Schlüssel ohne Schloss ist nutzlos, und eine Tür ohne

Schlüssel bleibt verschlossen. Passen aber Schlüssel und Schloss zueinander, dann öffnet sich die Tür zu einem Raum, in der Liebe und Intimität möglich werden.

Darin besteht die große Chance einer gelungenen Bemutterung: Dass zwischen Mutter und Kind ein symbiotisches Band entsteht, die Grundlage des Ur-Vertrauens, also die Sicherheit, dass es, so lange es lebt, in der Welt geborgen und gehalten ist. Es lernt zu lieben. Es kann intime Nähe zulassen und diese aktiv gestalten. Mit dem Rückhalt seines elterlichen Heimathafens kann es mutig und zuversichtlich in die Welt aufbrechen. Ohne übermäßige Angst kann es den Forderungen des Lebens begegnen. Die Liebe und der Segen seiner Eltern wirken wie ein unsichtbarer Schutzmantel, der es umgibt. Das ist das, was wir heute *Resilienz* nennen: seelische Widerstandsfähigkeit gegenüber Herausforderungen jeglicher Art.

Umgekehrt vermittelt die symbiotische Bindung zum Kind der Mutter eine ungeheure, fast übermenschliche Stärke: Sie wird alles geben, um das Kind vor jeglicher Unbill zu schützen. Eine liebende Mutter ist imstande, ohne Zögern ihr Leben hinzugeben, um ihr Kind zu retten. Diese bedingungslose Hingabe an das Kind lässt die Mutter zu einer neuen Stufe ihrer Weiblichkeit heranreifen. Selbst wenn sie vordem eine ängstliche Frau gewesen ist, kann sie als Mutter zur Löwin werden, um ihre Brut zu beschützen.

Die mütterliche Liebe ist die stärkste, bedingungsloseste Form der Liebe, die wir kennen. Sie ist wohl der Ursprung jeglicher Art der Hin- und Zuwendung einem anderen Wesen gegenüber: Das geliebte Kind nimmt die mütterliche Liebe in sich auf – der Kinderarzt und Psychoanalytiker Donald Winnicott sprach vom *»Strahlen aus den Augen der Mutter«*, das das Kind in den Armen der Mutter wie die Muttermilch in sich aufnimmt. Wie aus einem Spiegel nimmt das Kind die mütterliche Liebe in sich auf. Diese wird zur Grundlage seiner *Selbstliebe.* Mit der Liebe seiner Mutter und seiner Selbstliebe ist es fortan fähig, anderen Wesen, seien es Menschen,

Tiere oder Pflanzen, gleichermaßen Liebe zu schenken. Auf diese Weise breitet sich Mutterliebe aus: von der Mutter zum Kind, von diesem in die Welt.[1]

Mutter zu werden lässt Frauen gleichzeitig auf eine neue Stufe sowohl der Menschlichkeit also auch der Weiblichkeit steigen. Mit dem Mutterwerden und Muttersein macht eine Frau existenzielle Erfahrungen, die sie durch ein Meer von Emotionen führen: Freude und Trauer, Angst und Zorn, Verantwortung und Ohnmacht, Stolz und Scham, Verzweiflung und Zuversicht, Mut und Mutlosigkeit und vieles mehr. Diese Erfahrungen lassen sie an menschlicher Tiefe gewinnen. Sie wird demütiger und mutiger, gleichzeitig verständnisvoller und mitfühlender.

Dafür braucht die Mutter jedoch sehr viel Standhaftigkeit und innere Sicherheit. Diese Sicherheit hat ihre Wurzeln in der Vergangenheit, sie wächst in der Gegenwart und strebt in die Zukunft. Ist die junge Mutter selbst gut bemuttert worden und in einer verlässlichen und sicheren Umgebung aufgewachsen, dann hat sie gute Voraussetzungen, um ihrem eigenen Kind alles zu geben, was es braucht. Wenn sie während der Schwangerschaft, der Geburt und der nachgeburtlichen Zeit von ihrer unmittelbaren Umgebung liebevolle Aufmerksamkeit erfährt, kann sie sich gelassen in ihrem Muttersein niederlassen und ganz fürs Kind da sein. Blickt sie dann auch noch in eine hoffnungsvolle Zukunft, dann kann sie dem Kind die Zuversicht und den Optimismus mitgeben, den es für sein zukünftiges Leben braucht.

Eine gute Bemutterung besteht jedoch nicht nur darin, dass die Mutter sich freudig der *Symbiose* mit ihrem Kind hingibt, sondern auch, dass sie dem Kind erlaubt, sich zu entwickeln und langsam in sein eigenes Leben hineinzuwachsen. Dies bedeutet also, dass sie ihm erlaubt, sich von ihr zu entfernen und seinen eigenen Weg in die *Autonomie* zu gehen. Erst die Verzahnung von Symbiose und Autonomie gibt dem aufwachsenden Kind die Kombination von Sicherheit und Selbständigkeit, die es zum Leben braucht. Um ein

Kind in die Autonomie zu entlassen, muss die Mutter dem Kind erlauben, seine eigene Persönlichkeit zu entwickeln. Sie muss spüren, wann das Kind etwas anderes braucht als mütterliche Wärme. Und sie muss großmütig und selbstlos genug sein, um das geliebte Kind loszulassen, wenn es erwachsen wird. Dafür muss sie mit beiden Füßen in ihrem eigenen Leben stehen und wissen, wie sie nach den Jahren des Mutterseins ihr eigenes Leben in die Hand nehmen und noch einmal neu durchstarten kann.

Wenn wir all dies bedenken, nimmt es nicht wunder, dass manche Mütter auf dieser beschwerlichen Reise versagen oder gar aufgeben. Wenn die Mutter selbst keine sichere Kindheit erlebt hat, wenn sie keine Liebe erfahren hat, wenn sie im Krieg, auf der Flucht oder in der Fremde aufgewachsen ist, wenn sie Opfer von Gewalt oder Missbrauch gewesen ist, kann es überaus schwer sein, sich vertrauensvoll auf die Mutterschaft einzulassen und sich dem eigenen Kind zuzuwenden. Wie liebt man ein Kind?, wird sie sich fragen. Wie tröstet man ein weinendes Kind? Wie bringt man ein schreiendes Kind zur Ruhe? Was braucht ein Kind überhaupt? Wenn sie es nicht selbst erfahren hat, wird sie hilflos vor dem schreienden Kind stehen. Unwillkürlich wird sie als Mutter einiges wiederholen, was ihr selbst in der Kindheit widerfahren ist. Womöglich rastet sie irgendwann aus und schlägt oder schüttelt das Kind. Oder sie läuft davon und hofft, dass alles bloß ein böser Traum sei.

Wenn sie umgekehrt allein in der Welt steht und sonst niemanden außer ihrem Kind hat, könnte ihr das Kind wie ein rettender Anker erscheinen, an dem sie sich festhalten kann. Dann lässt sie das Kind, *ihr* Kind nie mehr los. So wächst sich die natürliche Symbiose, die üblicherweise nur die ersten Lebensjahre des Kindes andauert, zu einer lebenslangen unlösbaren Zweisamkeit aus, für die Mutter ein Segen, für das Kind ein Gefängnis.

Muttersein ist also alles andere als leicht. Es verlangt von einer Frau Geduld, Mut, Zuversicht und Stehvermögen. Unterstützung von außen ist ebenfalls notwendig. Die Mutter braucht den Vater des Kindes neben sich, mit dem sie die elterlichen Aufgaben teilt, sowie andere Menschen um sich, die ihr beim Großziehen der Kinder beistehen. Die Familie ist zwar die Keimzelle der Gesellschaft. Sie braucht aber genauso Aufmerksamkeit und Zuwendung von der Gesellschaft, um gedeihen und wachsen zu können. Sonst vertrocknet sie, geht ein und stirbt.

Daher wäre es zu kurzsichtig, die Verantwortung für ein Misslingen der Symbiose und Autonomie einzig auf die Mutter zu schieben. Wir sind alle verantwortlich, wenn eine Mutter nicht fähig oder bereit ist, sich ihrem Kind zuzuwenden und ihm zu geben, was es braucht.

Im nächsten Kapitel werden wir sehen, wie ungünstige gesellschaftliche Bedingungen zu einer gestörten Mutter-Sohn-Beziehung führen können.

Die narzisstische Besetzung des Sohnes durch die Mutter

Wenn wir über das Verhältnis einer Mutter zu ihrem Sohn sprechen, müssen wir erst einmal *ihre Sozialisation als Mädchen* anschauen. Wie wird sie als Tochter behandelt? Wie nimmt sie ihre Mutter und ihren Vater sowie deren Beziehung wahr? Welches Frauen- und Männerbild werden ihr dabei vorgelebt? Wie wird sie in die Sexualität eingeführt? Wie sieht sie ihre Zukunft? Was kann sie vom Leben erwarten? Wie sieht sie ihrer künftigen Partnerschaft entgegen, wie einer möglichen Mutterschaft? Möchte sie überhaupt Mutter werden und Kinder haben? Hat sie hier überhaupt eine Wahl? Wie wird ihr Leben aussehen, wenn ihre Kinder erwachsen sind?

Wenn wir die familiären und gesellschaftlichen Verhältnisse anschauen, unter denen eine zukünftige Mutter aufwächst, stellt sich heraus, dass besonders ein patriarchalisches Gesellschaftssystem das Selbstbewusstsein und das Selbstwertgefühl der Frau unterminiert und herabsetzt. Es beschneidet sie in ihrer Würde. Dies hat tiefgreifende Auswirkungen auf ihr Verhältnis sowohl zu ihrem Partner als auch zu ihren Töchtern und Söhnen.

Im ersten Teil dieses Buches habe ich über meine persönliche Mutter-Sohn-Beziehung geschrieben. Daraus wird ersichtlich, welch schwerwiegende Folgen es hat, wenn eine Mutter sich als Frau minderwertig fühlt und sich selbst abwertet. Wenn sie dann auf einen Partner trifft, der sich als Mann ebenfalls als ungenügend und mangelhaft fühlt, können schwere Partnerschaftskonflikte aus dem beidseitigen *narzisstischen Defizit* entstehen. Wenn in einer solchen Familienkonstellation ein Kind geboren wird, wird es unweigerlich in den Partnerschaftskonflikt hineingezogen. Das Kind wird leicht zum Spielball im Kampf zwischen Mutter und Vater. Es gerät in Loyalitätskonflikte zwischen beiden Eltern, muss sich entscheiden für die eine Seite und gegen die andere. Damit gerät es in seelische Not. Es tut alles in seinen Möglichkeiten Stehende, um den Streit zwischen den Eltern zu schlichten, spürt dabei aber umso stärker seine Ohnmacht. Es fühlt sich für etwas verantwortlich, wofür es nichts kann. Dadurch geht sein Selbstwertgefühl ebenfalls verloren. Es besteht dann das Risiko, dass sich die unglückliche Familiengeschichte in die nächste Generation fortsetzt, wenn das Kind mit seinen unverarbeiteten Kindheitserfahrungen erwachsen wird und eine eigene Familie gründet.

Lassen Sie uns die Stationen solcher gestörten Familienkonstellationen näher anschauen. Dabei möchte ich insbesondere den Unterschied zwischen einer patriarchalisch geprägten Familie und einer Familie, in der Gleichberechtigung herrscht, herausstellen. Dazu dienen die folgenden Tabellen.

Die Familie und das Verhältnis zwischen den Geschlechtern in einem gleichberechtigten Gesellschaftssystem im Vergleich zu einem patriarchalischen Gesellschaftssystem

Die Familie in einem gleichberechtigten Gesellschaftssystem	Die Familie in einem patriarchalischen Gesellschaftssystem
Männer und Frauen haben die gleichen Rechte und die gleiche Macht, über sich, über die Partnerschaft und die gemeinsamen Kinder zu bestimmen.	Männer werden höher bewertet als Frauen. Sie besitzen und nehmen sich mehr Rechte heraus als Frauen. Frauen fühlen sich minderwertiger und nehmen eine dienende Rolle ein. Erst die Heirat mit einem angesehenen Mann verleiht ihnen Status und Prestige.
Der biologische Unterschied zwischen den Geschlechtern wird anerkannt und respektiert. Daraus ergeben sich weder Privilegien noch Nachteile für die eine oder die andere Seite.	Der biologische Unterschied zwischen den Geschlechtern wird dazu benutzt, Männer zu privilegieren und Frauen zu benachteiligen. Mannsein und Frausein werden zu einem Werturteil.
Partnerschaften werden vornehmlich aus Liebe geschlossen. Mann und Frau sind emotional eng aneinander gebunden.	Weniger Liebesheirat als arrangierte Ehen. Mann und Frau fühlen sich in ihrer Beziehung eher distanziert.

Die Familie in einem gleichberechtigten Gesellschaftssystem	Die Familie in einem patriarchalischen Gesellschaftssystem
Während der Schwangerschaft, Geburt und Nachgeburtszeit befinden sich Mutter und Kind in einer natürlichen Symbiose zu zweit (Dyade). Dabei steht der Vater der Mutter zur Seite und sorgt für das Wohl von Mutter und Kind. Er hat während dieser Zeit eine unterstützende Funktion. Als Vater ist er von Anfang an genauso für das Kind verantwortlich wie die Mutter und ist fähig, das Kind (mit Ausnahme des Stillens) und den Haushalt zu versorgen.	Schwangerschaft, Geburt und Kindererziehung sowie der Haushalt sind Frauensache. Der Vater/Mann spielt dabei nur eine untergeordnete Rolle. Mit der Pflege und Erziehung der Kinder und dem Haushalt kennt er sich nicht aus. Er ist vorwiegend für den finanziellen Unterhalt und die Repräsentation nach außen verantwortlich. Gleichwohl ist er der Herr im Haus, der Patriarch, dem alles unterzuordnen ist.
Flexible Arbeitsteilung: Beide Eltern sorgen für den Broterwerb und für Familie/Haushalt/Kinder/Alte.	Rigide Arbeitsteilung: Männer sind zuständig für den außerhäuslichen Broterwerb, Frauen für Familie, Haushalt, Kinderkriegen und Erziehung sowie Altenpflege.
Söhne und Töchter werden gleichermaßen willkommen geheißen, gleichermaßen geliebt und gefördert, sowohl im Haushalt, in der Pflege von Familienangehörigen als auch in der Schule und im Beruf.	Söhne sind die Stammhalter. Sie bringen der Familie ein höheres Prestige, werden aufgewertet und schulisch/beruflich gefördert. Ihnen wird fehlerhaftes Verhalten eher nachgesehen. Mädchen werden als Last angesehen, die später sowieso in eine andere Familie wegheiraten. Sie werden in der Pflege und im Haushalt eingesetzt.
Gleiche Machtverteilung zwischen Mann und Frau in der Familie. Beide bestimmen, was in der Familie geschieht, und stimmen darüber miteinander ab.	Ungleiche Machtverteilung in der Familie: Der Mann besitzt das Gewalt-Monopol in Form von physischer und finanzieller Macht. Die Frau hält das Gefühls-Monopol in Form von emotionaler Zuwendung, Liebesentzug, emotionaler Erpressung und ähnlichem.
Mann und Frau sind gemeinsam verantwortlich für Schwangerschaft und Familie. Der Mann ist sich seiner Verantwortung im Fall der Schwängerung einer Frau bewusst und wird dazu auch gesetzlich zur Verantwortung gezogen.	Die Frau trägt die Last der Schwangerschaft allein, während der Mann nach der Zeugung Frau und Kind verlassen kann. In vielen patriarchalischen Systemen herrscht Polygamie: Männer dürfen mehrere Frauen haben.

Das Verhältnis zwischen den Familienmitgliedern in einem gleichberechtigten Familiensystem im Vergleich zu einem patriarchalischen Familiensystem

Mutter, Vater und Sohn in einem gleichberechtigten Familiensystem	Mutter, Vater und Sohn in einem patriarchalischen Familiensystem
Partnerschaften werden aus Liebe geschlossen, weniger um den eigenen Status oder das eigene Selbstwertgefühl zu stützen.	*Narzisstische Partnerwahl:* Die in ihrem Selbstwertgefühl erniedrigte Frau sucht sich einen Mann, der höher steht. Aufgrund der unbewussten Entsprechung entpuppt sich der Partner als ähnlich fragil in seinem Selbstbewusstsein.
Kinder, egal welchen Geschlechts, sind eine Freude für die Eltern. Da die Frau bzw. die Mutter berufstätig ist, findet sie nicht nur materielle Sicherheit, sondern auch soziale Bestätigung außerhalb der Familie.	Durch Töchter fühlt sich die Mutter bestätigt in ihrer niederen gesellschaftlichen Stellung. Sie hat das Gefühl, versagt zu haben in ihrer Aufgabe, dem Mann und der Familie einen Stammhalter zu schenken. Dagegen fühlt sich eine Mutter durch einen Sohn gesellschaftlich aufgewertet. Über ihn kann sie indirekt Macht ausüben – solange er in ihrer Machtsphäre bleibt. Es kommt zu einer narzisstischen Verschmelzung von Mutter und Sohn.
Mutter und Vater teilen ihre Aufgaben als Eltern, dadurch fühlen sie sich miteinander in Solidarität verbunden. Beide lieben ihre Kinder und kümmern sich um sie.	Durch die Kinder, besonders durch einen Sohn, distanziert sich die Mutter noch zusätzlich von ihrem Mann. Ihr Sohn ist wie ein männlicher Teil ihrer selbst und sie braucht ihren Mann nicht mehr so stark, um ihre gesellschaftliche Stellung und ihr Selbstbewusstsein zu stützen.
Nach der anfänglichen natürlichen Symbiose von Mutter und Kind (frühkindliche Dyade) tritt der Vater als männliche Bindungsperson hinzu. Er wird von der Mutter willkommen geheißen. Aus der Dyade wird eine Triade. Es entsteht ein gleichgewichtiges Bindungsdreieck, in dem jede/r jede/n liebt (Triangulierung).	Die Entfremdung zwischen den Eltern festigt die narzisstische Bindung zwischen Mutter und Sohn. Dieser wird zum Partnerersatz. Dadurch entsteht ein ödipaler Konflikt, in dem Vater und Sohn als Rivalen um die Gunst der Mutter kämpfen (ödipales Dreieck). Die anfängliche Dyade zwischen Mutter und Sohn, aus der der Vater ausgeschlossen ist, bleibt dabei bestehen. Dies begünstigt eine Trennung der Eltern, wodurch sich Mutter und Sohn noch enger zusammenschließen.

Mutter, Vater und Sohn in einem gleichberechtigten Familiensystem	Mutter, Vater und Sohn in einem patriarchalischen Familiensystem
Das Kind fühlt sich von beiden Eltern geliebt. Es kann sich beiden vertrauensvoll zuwenden. Wenn die Eltern unterschiedlicher Meinung sind, respektieren sie sich gegenseitig in ihrer Unterschiedlichkeit, auch in Fragen der Erziehung. Das Kind kann sich eine eigene Meinung bilden und braucht nicht zwischen beiden Eltern zu entscheiden. Auseinandersetzungen zwischen den Eltern tragen diese unter sich aus und ziehen das Kind nicht hinein.	Die Eltern rivalisieren um das Kind. Sie tragen ihre Konflikte in seiner Gegenwart aus und ziehen es mit hinein. Dabei wird ihm die Rolle des Vertrauten, Verbündeten, Geheimnisträgers, Botengängers oder Schiedsrichters angetragen. Dadurch gerät das Kind in Loyalitätskonflikte. Es fühlt sich zwischen beiden Eltern zerrissen und hin- und hergezogen. In der Familie herrscht eine vergiftete Atmosphäre des gegenseitigen Misstrauens (wie ein »kalter Krieg«) mit unsichtbaren Grenzen und Bündnissen, Heimlichkeiten, Geheimnissen, Verschwörung und Verrat.
Durch die sichere Mutterbindung gestärkt, kann der Sohn sich aus dem mütterlichen Hafen begeben und an der Hand des Vaters in die Welt gehen. Mit diesem lernt er, auf eigenen Füßen zu stehen (Autonomie) und erlebt Abenteuer und Lebensfreude (Progression). Er kann sich sicher in der Welt draußen bewegen.	Die Mutter betrachtet den Sohn als einzigen Lebensinhalt. Dieser bleibt in der mütterlichen Sphäre hängen und wagt sich nicht in die Welt hinaus (Abhängigkeit). In ihm entsteht eine ängstliche, depressive Stimmung (Regression).
Mit dem Vater entwickelt er eine klare männliche Identität: Er steht seinen Mann und ist stolz darauf, ohne eingebildet zu sein.	Ohne die Nähe des Vaters entwickelt sich beim Sohn keine klare männliche Identität. Er ist auf die verwirrende Zuschreibung seiner Mutter angewiesen: Einerseits ist sie stolz auf ihn als ihr männlicher »Beschützer«, andererseits soll/darf er nicht so werden wie der Vater. Dadurch wird er äußerlich zwar überheblich und eingebildet. Tief in sich schämt er sich seines Mannseins und ist sich seiner Identität unsicher. Da er außer seiner Mutter keine nahen Bezugspersonen hat, fühlt er sich einsam und unverstanden.

Mutter, Vater und Sohn in einem gleichberechtigten Familiensystem	Mutter, Vater und Sohn in einem patriarchalischen Familiensystem
Mit der Pubertät beginnt der Sohn, sich von der Autorität der Eltern abzugrenzen. Er entfernt sich zusehends vom Elternhaus und findet zu seiner eigenen Bestimmung in Freundschaft, Sexualität, Partnerschaft und Beruf. Seinen Eltern ist er dankbar und er weiß, dass sie hinter ihm stehen und immer für ihn da sind.	Die Zunahme der männlichen Hormone und die erwachende Sexualität in der Pubertät verunsichern den Sohn. Als Partnerersatz fühlt er sich immer noch eng mit der Mutter verbunden und ihr verpflichtet. Sie betrachtet seine ersten Mädchenbekanntschaften mit Skepsis. Ihren Maßstäben halten sie nicht stand. Der Sohn wagt es nicht, sich gegen die Mutter zu stellen, aus Angst vor Liebesentzug. So bleibt er im goldenen Käfig gefangen. Seine ersten erotischen und sexuellen Kontakte kommen spät, zaghaft oder gar nicht zustande, oder sie sind beliebig und ausschweifend.
Die Eltern können den Sohn gehen lassen. Nach einem Trauerprozess finden sie zurück zu einer reifen Partnerschaft und entdecken neue Lebensaufgaben. Mit der Familiengründung ihrer Kinder genießen sie es, Großeltern zu sein.	Der Sohn muss sich mit Gewalt von der Mutter losreißen. Um sich vor ihrer erstickenden Nähe zu schützen, baut er einen großen Abstand zwischen sich und ihr auf. Nach Weggang des Sohnes fühlt sich die Mutter im »leeren Nest« alleingelassen und hält den Sohn weiter eng an sich gebunden, selbst wenn er nicht mehr bei ihr lebt. Da sie ihm ihr ganzes Leben gewidmet hat, findet sie keinen anderen Lebenssinn. Sie bleibt einsam und allein. Der Vater ist seine eigenen Wege gegangen, hat eine neue Familie gegründet oder lebt ähnlich allein.
Der Sohn findet einen Beruf, der ihn erfüllt und ihm eine gute finanzielle Basis für sich und seine zukünftige Familie bietet.	Der Sohn hat es schwer, eigene berufliche Ziele zu formulieren, da er gewohnt ist, den Wünschen seiner Mutter zu folgen. Ohne väterliches Vorbild verzagt er leicht (depressiver Modus). Einen passenden Beruf und einen sicheren Lebensunterhalt findet er nur schwer.
Der Sohn findet eine Frau, die er liebt und die zu ihm passt. Mit ihr kann er eine eigene Familie aufbauen. Er steht eindeutig zu ihr, auch gegenüber seiner Herkunftsfamilie.	a) Der Sohn bleibt Single, oder b) er bringt eine Frau nach Hause, die dem Geschmack seiner Mutter entspricht und sich dieser unterordnet, oder c) er ist ein Frauenheld. In seinem jugendlichen Charme fliegen ihm alle Frauenherzen zu, aber er ist ständig untreu und kann bei keiner bleiben. Letztlich ist er mit seiner Mama »verheiratet«.

Mutter, Vater und Sohn in einem gleichberechtigten Familiensystem	Mutter, Vater und Sohn in einem patriarchalischen Familiensystem
Der nun erwachsene Sohn wird selbst Vater. Nach dem Vorbild seiner Eltern kann er seiner Frau beistehen und seinen Kindern ein guter und liebevoller Vater sein.	Falls er Kinder bekommt, kümmert er sich nicht oder wenig. Für sie bleibt er schattenhaft und ungreifbar. Nach dem Vorbild seiner Eltern überlässt er sie deren Mutter und geht seine eigenen Wege.
Da er ein erfülltes Leben lebt, ist er wenig anfällig für Süchte.	Zur Betäubung seiner inneren Leere und Einsamkeit ist er anfällig für Süchte aller Art (Alkohol, Nikotin, Drogen, Spiele, Sex, Arbeit)
Das Alter nimmt er mit Würde an, da er sein Leben als sinnhaft bewertet.	Außer einer diffusen Sehnsucht hat er keine echten Lebensziele vor sich. Das Alter ist für ihn eine einzige Last.
Wenn seine Eltern alt und pflegebedürftig werden, sorgt er gern und ganz selbstverständlich für sie und gibt ihnen die Liebe und Zuwendung zurück, die er als Kind von ihnen erhalten hat.	Der Fürsorge für seine alten und pflegebedürftigen Eltern widmet er sich, wenn überhaupt, nur ungern, denn sein Verhältnis zu ihnen als Kind war entweder zu distanziert (gegenüber dem Vater) oder zu ambivalent (gegenüber der Mutter).

Nehmen wir uns nun die rechte Spalte der Tabelle vor und schauen uns die Entwicklung einer Mutter an, die in einer patriarchalisch geprägten Familie aufgewachsen ist.

Narzisstische Abwertung der Tochter in einer patriarchalischen Gesellschaft

In einer traditionell patriarchalischen Gesellschaft gelten Töchter weniger als Söhne, da diese die männliche Linie fortsetzen. Eine Tochter gehört dagegen nach der Heirat der Familie ihres Ehemanns an. Daher erfährt sie weniger Aufmerksamkeit in ihrer Herkunftsfamilie. Sie hat sich mit einer Basis-Schulausbildung zu begnügen. Wenn sie weitergehende Berufsziele anstrebt, wird sie mit der Bemerkung »Du heiratest ja sowieso!« entmutigt. Zuhause soll sie sich vor allem um den Haushalt und das Wohlergehen der übrigen Familienmitglieder kümmern. So wird sie auf ihre zukünftige Aufgabe als Ehefrau und Mutter vorbereitet.

Eine solche gesellschaftlich definierte Aufgabe wird in den meisten Fällen durch die Einstellung und das Verhalten der Eltern verstärkt und zementiert. Als weibliches Vorbild findet die Tochter in der Regel eine Mutter vor, die ihr diese traditionelle Frauenrolle vorlebt: sich dem Mann, später dem Sohn unterzuordnen, sich schweigend in Geduld zu üben und sich ihrem Schicksal zu ergeben. Nicht selten entmutigt die Mutter die aufwachsende Tochter in ihrem Bestreben nach Selbstbestimmung und Freiheit. Die sogenannten fraulichen Tugenden werden hochgehalten: Bescheidenheit, Gehorsam, Demut, Selbstaufopferung. Laut und aggressiv zu sein wird als unweiblich angesehen und systematisch abtrainiert. Eigene Wünsche zu haben ist tabu. Ihre Sehnsüchte darf eine Frau nur im Geheimen in ihren Träumen hegen.

Sexuell hat die Tochter sich ebenfalls zurückzuhalten. Als Frau wird sie gewählt, muss dafür dankbar sein, von einem angesehenen Mann, einer »guten Partie« auserwählt zu werden. Um seine Gunst zu erlangen, muss sie sich schön machen. Aber zu attraktiv darf sie auch nicht sein, sonst könnte sie den Männern den Kopf verdrehen. Ihre Jungfräulichkeit muss sie wie einen Schatz bis zur Ehe hinüberretten. Dort einmal angekommen, hat sie ihre »ehelichen Pflichten« zu erfüllen, egal ob sie mag oder nicht. Ihre eigenen Bedürfnisse und Vorlieben spielen keine Rolle.

Die Unterwürfigkeit der Mutter findet ihre Entsprechung in der Verachtung vonseiten des Vaters. Dieser ist oft ein autoritärer Patriarch, dem sich die Tochter nur in Demut nähern darf. Für einen Vater, der sich sehnlichst einen männlichen Stammhalter wünscht, stellt die Geburt einer Tochter eine Enttäuschung und einen Gesichtsverlust dar. Sie ist nur jemand, den man durchfüttern muss, für den man auch noch eine teure Mitgift in die Ehe mitgeben muss. Ihr Ehemann wird unter dem Gesichtspunkt ausgewählt, dass die Heirat dem Prestige der Familie dient. Bis dahin darf die Tochter keine anderen Männerkontakte aufnehmen.

Zugegeben, dies ist eine starke Überzeichnung. Solch krasse Verhältnisse kennt man heute in der westlichen Welt kaum mehr. Die patriarchalische Tradition gibt es jedoch bereits seit Jahrtausenden. Demgegenüber existieren Frauenemanzipation und Gleichberechtigung, wie wir sie heute erleben, erst seit einigen Jahrzehnten. Die patriarchale Denkweise und das damit verbundene Frauen- und Männerbild verschwinden nicht so leicht. Sie haben sich tief in unserem Unbewussten eingegraben, so dass wir auch heute ihre Spuren immer noch in unbewussten Einstellungen und Verhaltensweisen wahrnehmen.

Ein Beispiel: Eine junge Mutter erzählte mir kürzlich, dass sie beim Großziehen ihrer Tochter einen Fehler begangen habe: Sie habe ihr verboten, in ihren Auseinandersetzungen mit dem Nachbarjungen zu beißen, zu spucken und zu treten. So habe ihre Tochter verlernt, sich körperlich gegen Jungen zu wehren.

Der gesellschaftliche Druck auf Frauen, ein bestimmtes Erscheinungsbild und Verhalten zu pflegen, ist nach wie vor enorm. Der Inhalt von Frauenmagazinen besteht zum größten Teil aus Mode, Kosmetik, Diäten und Beziehungsfragen. In der Regenbogenpresse kommen noch seitenweise Berichte aus dem Privatleben von Prominenten hinzu. Politische, wirtschaftliche oder gesellschaftskritische Themen tauchen kaum auf. Solche Zeitschriften werden millionenfach gekauft. Dass Frauen so sehr auf ihr Aussehen achten (müssen), dass es kaum eine Frau gibt, die mit ihrer Figur und ihrem Gewicht zufrieden ist, dass die kosmetische Chirurgie boomt und Magersucht und Bulimie auf dem Vormarsch sind – all dies zeigt, wie sehr Frauen unter dem inneren Zwang stehen, ein vermeintliches Schönheitsideal erfüllen zu müssen. Dass wir auf der anderen Seite immer noch über Frauenquoten in Politik und Wirtschaft diskutieren müssen, zeigt, wie fest das Klischee noch immer in den Köpfen von Frauen und Männern sitzt: Frauen sollten vorwiegend schön sein, Intelligenz und Macht aber seien immer noch Männersache. (Dass Männer ebenfalls von klein auf unter einem gewaltigen sozialen Druck stehen, werden wir später sehen.)

Narzisstische Partnerwahl

Kehren wir nun zu den Auswirkungen des beschriebenen patriarchalischen Gesellschaftssystems auf die Frau zurück. Eine in ihrem Selbstwertgefühl und ihrer Würde verletzte Frau empfindet sich selbst als mangelhaft und defizitär. Sie hat das Gefühl, dass sie nichts Gutes verdient. Darum wagt sie nicht, sich das Beste vom Leben zu nehmen, egal ob es sich um einen passenden Partner oder einen befriedigenden Job handelt. Vor allem darf sie sich nicht das gönnen, was sie anspricht. Ihren eigenen Bedürfnissen nachzugehen und auszusuchen, was ihr wirklich gefällt, käme ihr vermessen vor und nicht als etwas, das sie verdient. Dessen fühlt sie sich unwürdig.

Ihr Minderwertigkeitsgefühl lässt sie zu den Männern aufschauen. Besonders Männer mit hohem Ansehen, Prestige und Einkommen beeindrucken sie. Solche Männer findet sie faszinierend. Sie träumt davon, von einem von ihnen erlöst zu werden wie einst im Märchen das Aschenputtel von ihrem Königssohn. Möglicherweise gelingt es ihr sogar, einen solchen Mann einzufangen, sei es einen Arzt, einen Millionär oder einen Adligen. Er verfällt ihrem Charme und ihrer Schönheit. Sie werden ein Paar.

Enttäuschung in der Partnerschaft

Dann aber entpuppt sich der Prinz als Frosch. Denn mancher Mann, der sich mit Reichtum, Ruf und Status schmückt, hat ebenfalls ein narzisstisches Problem. Er braucht die Bewunderung anderer, um seine Schwächen und sein niedriges Selbstwertgefühl zu kompensieren. Daher steht er gerne auf dem Podest und sonnt sich im Scheinwerferlicht. Seine Fans lassen ihn vergessen, dass er sich in Wahrheit wie ein Niemand fühlt. Er hütet seine Geheimnisse: Woher er kommt und welche Härten und Demütigungen er erfahren hat. Übertriebener Narzissmus ist oft eine Verkleidung für tiefe Scham.

Leider stellt sich heraus, dass die Faszination eines in der Öffentlichkeit glänzenden Mannes und das Make-up einer attraktiven Frau nicht in der Intimität des Schlafzimmers aufrechterhalten werden können, zumindest nicht für länger. Wenn die Partner sich ungeschminkt gegenüberstehen, kommt hinter der sorgsam gepflegten Fassade die eigentliche Person zum Vorschein. Der Prinz verwandelt sich zurück zum Frosch, Aschenputtel sitzt wieder in der Asche – für beide eine ernüchternde Desillusionierung.

Solchermaßen enttäuscht, beginnen sie sich gegenseitig Vorwürfe zu machen: Wieso hast du mir was vorgemacht? Du bist ja gar nicht der großartige Ritter, der versprochen hat, mich aus dem Elend zu retten! Und umgekehrt: Du siehst ungeschminkt ja ganz anders aus. Was hast du mir bloß vorgegaukelt!? Beide erkennen nicht, dass sie eigentlich ihren eigenen Projektionen erliegen sind. So wie sie vorher ihr Idealbild in den Partner hineinprojiziert haben, so nehmen sie jetzt die Schäbigkeit nur beim anderen wahr statt bei sich selbst. Die frühere Idealisierung kippt in ihr Gegenteil, in Abwertung und Herabsetzung.[1]

Statt mit dem Finger auf den Partner zu zeigen, müsste jede/r bei sich selbst schauen und die eigenen unrealistischen Erwartungen hinterfragen. Warum bin ich so enttäuscht? Wieso habe ich so viel Hoffnung in die Beziehung gesetzt? Warum habe ich meinerseits mich so verstellt und dem Partner etwas vorgespielt? Erst wenn sie sich selbst als Frosch und Aschenputtel annehmen und dazu stehen, bekommen sie wieder Boden unter den Füßen. Erst dann haben sie eine Chance, einen neuen Anfang miteinander zu versuchen.

Zuzugeben, wer man im Grunde seines Herzens ist, verlangt jedoch viel Mut und Selbstvertrauen. Nicht selten braucht man Hilfe von außen, etwa in Form einer Psychotherapie oder Paarberatung. Hat man beides nicht, die innere Einsicht und die Unterstützung von außen, bleibt es bei den gegenseitigen Vorwürfen und Schuldzuweisungen: Ich habe recht – die Fehler liegen ausschließlich bei dir! So trennt man sich und sucht nach einem »Besseren«, ohne die Lektion wirklich gelernt zu haben.

Die Besetzung des Sohnes als narzisstisches Selbstobjekt

Wenn aber Kinder da sind, trennt es sich nicht so leicht. Der Paarkonflikt wächst sich zu einem Familienkonflikt mit drei und mehr Beteiligten aus. Aus der daraus entstehenden Familiendynamik wollen wir uns nun besonders die Mutter-Sohn-Beziehung anschauen. Viele Mütter nehmen ihre Söhne anders wahr und behandeln sie auch anders als ihre Töchter. Warum?

Die Anfälligkeit von männlichen Säuglingen und Jungen

Der erste Grund könnte darin liegen, dass Jungen körperlich und psychisch anfälliger sind als Mädchen. Die Säuglingssterblichkeit bei Jungen liegt um ein Fünftel bis ein Viertel höher als bei Mädchen.[2] Schon nach der Geburt sind Jungen körperlich und psychisch anfälliger. Als Säuglinge schreien sie mehr als Mädchen. Im Kleinkindalter leiden Jungen häufiger an Allergien und Infektionen. Ihr Nervensystem scheint bei der Geburt weniger ausgereift zu sein als bei Mädchen. Sie sind stressanfälliger: Bei Belastungen steigt ihr Cortisolspiegel stärker an. Sie leiden öfter an Bettnässen, Sprachauffälligkeiten und ADHS (Aufmerksamkeits-Defizit-Hyperaktivitäts-Störung)[3]. Diese höhere Anfälligkeit bei Jungen ist wohl ein Grund dafür, dass Mütter sich mehr Sorgen um ihre Söhne machen und sich mehr um sie kümmern. Dazu kommen gewichtige soziale Faktoren.

Der höhere Stellenwert von Jungen in einer patriarchalischen Gesellschaft

In einer patriarchalischen Gesellschaft werden Jungen höher angesehen als Mädchen. Söhne sind hier die Stammhalter und Garanten der Familientradition. Die Geburt eines Sohnes hebt nicht nur das Ansehen der Familie, sondern auch das der Mutter. Daher erfüllt es eine Mutter mit Stolz, wenn sie einen Sohn zur Welt bringt.

Der Sohn als narzisstisches Selbstobjekt der Mutter

Aber es ist mehr als bloßer Stolz, der sie erfüllt, wenn sie ihren neugeborenen Sohn zum ersten Mal in den Armen hält. Die französische Psychoanalytikerin Christiane Olivier hat dieses Erleben auf unnachahmliche Weise beschrieben: »In ihrem Sohn hat die Mutter die einzigartige Gelegenheit, *sich in männlicher Gestalt zu sehen.*« (Olivier 1989, S. 72; Hervorhebung durch die Autorin)

Eine Frau, die sich in der von Männern dominierten Welt klein und minderwertig fühlt, hält nach der Geburt ein männliches Kind in ihren Armen. Es kommt aus ihr, es ist ein Teil von ihr, und es ist gleichzeitig männlich. Es ist, als würde sie, die sich als Frau zeitlebens als defizitär, mangelhaft und unvollkommen empfunden hat, endlich vollständig werden. Dieser eingeborene Sohn ist in seiner Männlichkeit die vollkommene Ergänzung zu ihrer Weiblichkeit.

Es ist, als würde ihre weibliche Identität ein lange verloren geglaubtes Puzzleteil endlich wiederfinden. Mit dem Sohn fühlt sie sich als *Frau-Mann*, als *Mutter-Sohn*, als *androgyne Einheit* endlich vollständig. Die Mutter nimmt den Sohn als narzisstisches Selbstobjekt in sich auf. Wir können dies in vielen Bildnissen der *Madonna mit Kind* sehen. Es ist, als wären Mutter und Sohn in einer narzisstischen Einheit verschmolzen. Sie stehen wie in einer unsichtbaren Aura eingehüllt, verehrungswürdig in ihrer Vollkommenheit. Stellen wir uns dagegen vor: Die Madonna hielte eine Tochter im Arm – das Ganze würde völlig anders wirken!

Mütterliche Macht und Potenz: Große Frau – kleiner Mann

Die Mutter-Sohn-Konstellation weist noch ein weiteres wesentliches Merkmal auf: Jetzt ist die Frau groß und der Mann klein. Hier offenbart sich eine *Rollenumkehr* und *eine Umkehrung des patriarchalischen Machtverhältnisses*: Die Mutter, die vor der Empfängnis eine »Magd des Herrn« gewesen ist, hat nun einen kleinen Mann, der vollkommen von ihr abhängig und auf sie angewiesen ist. Sie ist groß und mächtig, er winzig und ohnmächtig. Sie ist die bestimmende Person in seinem Leben. Sein Leben, sein Wohl und Wehe hängt von ihr ab. Sie besitzt die Macht und die Mittel, ihn zu befriedigen und glücklich zu machen. Sie bietet ihm die Muttermilch, die leibliche Wärme und die menschliche Nähe, die er zum Wachsen braucht. Sie ist sein Glück, seine Erfüllung.

Diese Rollen- und Machtumkehr wirkt wie eine große Verführung auf die Mutter: Sie hat nun (endlich) einen Mann in der Hand, der vollkommen von ihr abhängig ist und nicht weglaufen kann. Alle Enttäuschungen, alle Erniedrigungen, die sie im Leben von Männern erfahren hat, kann sie in der Beziehung mit ihrem Sohn kompensieren und wettmachen. Hier ist endlich ein Mann, der sie bedingungslos liebt, ja anbetet. Einer, den sie formen kann zu dem Mann, den sie sich schon immer gewünscht hat: sensibel, zärtlich, aufmerksam, ihr vollkommen ergeben, ein Kavalier durch und durch, der Prinz ihrer Träume. Das märchenhafte Idealbild eines Mannes, nach dem sich eine Frau sehnt.

Tatsächlich erlebt sie den Sohn, so klein er auch sein mag, bereits als kleinen Mann. Sie spürt die Zartheit seiner Haut, sie saugt seinen einzigartigen Duft in sich auf. Der Kontakt mit ihm ist Sinnlichkeit pur. Sie spürt beim Stillen, wie seine Lippen sie an der Brust sexuell stimulieren. (Jungen werden durchschnittlich länger gestillt als Mädchen, sowohl was die Dauer der einzelnen Stillvorgänge als auch was die Gesamtdauer der Stillphase betrifft.[4]) Und sie merkt, wie sein Glied bei ihrer Berührung steif wird.[5]

Und er ist noch so zart, so sensibel, so vollkommen offen – ganz anders als erwachsene Männer mit ihren harten Leibern, ihren derben Händen und Küssen und ihrem überheblichen männlichen Gehabe. Männer waren zwar auch einmal kleine zarte Jungen, aber beim Erwachsenwerden mussten sie sich abhärten und abpanzern. In der patriarchalischen Männerwelt existiert keine Sinnlichkeit außer im Sex. Und das männliche Begehren war ja das, was die junge Frau bei ihren Begegnungen mit Männern am meisten erschreckt und abgestoßen hat. Bei ihrem Sohn ist dagegen alles noch so weich und zart. Er überfällt sie nicht. Er reagiert nur auf sie. Sie kann alles bestimmen, und er macht alles mit. Nun kann sie ihre eigenen erotischen Gefühle ungeniert zulassen und mit ihm verschmelzen.

Es sind meistens keine bewussten inzestuösen Wünsche oder Gedanken, die die Mutter in solchen Augenblicken leiten. Eher ist es wie das Eintauchen in eine Sphäre, die sie noch nie gekannt hat und die sich ihr nun so unerwartet öffnet. Traumhafte Momente, die sie mit ihrem Baby erlebt.

Angesichts dieser intensiven Beziehung mit dem kleinen Sohn verlieren junge Mütter nicht selten ihr Interesse an ihrem Partner. Dieser steht dann der Mutter-Sohn-Dyade hilflos gegenüber und entwickelt heftige Neid- und Eifersuchtsgefühle.

Temporäre oder permanente Mutter-Sohn-Symbiose

Lassen Sie uns hier einen Schritt zurücktreten und die normale Entwicklung der Mutter-Kind-Beziehung anschauen. Es ist ganz normal, dass Mutter und Kind sich nach der Geburt intensiv aufeinander beziehen. Die Mutter-Kind-Symbiose ist etwas ganz Natürliches und ist notwendig für die gesunde Entwicklung des Kindes. Denn hier wird der Grundstein für das kindliche Urvertrauen gelegt: »Hier bin ich zuhause. Hier kann mir nichts passieren. Hier ist mein Paradies.«

Aber aus der normalen kindlichen Entwicklung wissen wir, dass es nicht dabei bleiben kann. Der Säugling wächst zum Kleinkind heran. Es dreht sich vom Rücken auf den Bauch, es fängt an zu robben, dann zu krabbeln, endlich steht es auf und geht los – weg von der Mutter in die weite Welt. Die »weite Welt« ist erst einmal die Tür zum Nachbarzimmer. Das Kind schaut sich um, versichert sich, dass die Mama immer noch da ist. Wenn es Angst bekommt, läuft es zur ihr zurück. Hier ist sein sicherer Hafen. Aber das nächste Mal wird es sich noch weiter hinauswagen. Der Prozess der Lösung der Symbiose und der Individuation des Kindes hat begonnen.

Wenn die Mutter in sich ruht und das Kind gehen lassen kann, kann das Kind zu einem sicheren, selbständigen und selbstbewussten Menschen heranwachsen, der sein eigenes Leben in die Hand nimmt und gleichzeitig weiß, die Mutter (und der Vater) ist immer für ihn da, wenn er sie braucht. Man spricht von einer sicheren Bindung des Kindes.

Die Fixierung des Sohnes in der Mutter-Sohn-Symbiose: Entwicklungsstillstand

Wenn die Mutter jedoch unsicher ist, wenn sie auf das Kind angewiesen ist – auf seine Lieblichkeit, seine Aufmerksamkeit, seinen Trost, seine Stärke – und sich ohne das Kind ungeliebt, einsam und unvollständig fühlt, dann streckt sie ihre Arme nach ihm aus, wenn es (ins Nachbarzimmer oder in die weite Welt) verschwinden will. Sie ruft nach ihm, lockt mit Geschenken und lässt ihn mit Worten und Gesten wissen, wie einsam sie sich ohne seine Anwesenheit fühlt. Das Kind kommt zurück, aber es tut dies nicht, weil es sein eigenes Bedürfnis ist, sondern das Bedürfnis der Mutter. Es ist dann unfreiwillig in eine dauerhafte, manchmal lebenslange Symbiose gebunden, die eigentlich zeitlich begrenzt hätte sein sollen.

Dies ist ein sehr wesentlicher Punkt: Selbstverständlich braucht jedes Kind Liebe und Zuwendung von seiner Mutter und seinen Bezugspersonen. Jeder Säugling hat die Fähigkeit, seine Bedürfnisse nach Nahrung, Wärme und Zuwendung zu äußern – durch Schreien, Weinen, Strampeln und andere nonverbale Signale. Es braucht dafür Betreuungspersonen, die *feinfühlig* (das heißt, sensibel für die Äußerungen des Kindes) sind, seine Signale verstehen und ihm geben, was es braucht. Hier ist das Baby der Bedürftige, sein Gegenüber der oder die Behütende und Gebende.

Es ist aber etwas ganz Anderes, wenn die Mutter selbst bedürftig ist, wenn sie Hunger nach Kontakt, Aufmerksamkeit, Zuwendung,

Liebe oder sexueller Befriedigung hat. Wenn sie diesen Hunger nicht anderswo zu stillen weiß, wenn sie in der Vergangenheit Vernachlässigung erfahren hat, und wenn sie aktuell allein im Leben steht und niemanden außer dem Kind hat, dann wendet sie sich ihm zu. Denn das Kind steht ihr jederzeit zur Verfügung, ganz anders als ihre sonstigen Bezugspersonen. Es soll ihr alles ersetzen, was sie bis dahin entbehrt hat.

Das Kind freut sich natürlich erst einmal über die vermehrte mütterliche Zuwendung. Aber es spürt den Unterschied ganz genau, ob sie dies tut, weil es selbst Hunger nach Nahrung oder nach Zuwendung hat, oder ob sie dies tut, weil sie selbst bedürftig ist. Kinder sind unglaublich feinfühlig ihrer Mutter gegenüber. Sie haben ein außerordentlich feines Sensorium für die mütterliche Stimmungslage. Und sie sind bereit, alles für die Mutter zu tun, damit sie glücklich ist, selbst wenn diese das Kind aus dem Schlaf reißt, wenn sie es länger an der Brust behält als erforderlich, oder wenn sie dauernd seine Aufmerksamkeit beansprucht.

Hier kehrt sich die Mutter-Kind-Beziehung um. Das Kind wird zum Gebenden, die Mutter zur Empfangenden. Wir sprechen in solchen Fällen von *Parentifizierung*: Das Kind wird zum Elternersatz für die Mutter.

Es ersetzt dabei meistens nicht nur eine einzelne Person, die der Mutter fehlt. Einer einsamen, alleingelassenen, zu kurz gekommenen Mutter ersetzt das Kind möglicherweise:

- Ihre eigenen Eltern
- Ihre verlorengegangenen Bezugspersonen (Geschwister, Freunde, einen Verlobten oder Expartner)
- Ihren Liebespartner (zum Beispiel den Vater des Kindes)
- Ihren Freundeskreis

Das Kind wird somit für die Mutter zum:

- Tröster, Fürsorger und Beschützer
- Gesellschafter und Unterhalter

- Vertrauten, Freund / Freundin
- Ratgeber, Berater oder Therapeut
- Dolmetscher oder Lehrer (vor allem bei kranken oder behinderten Eltern oder bei Eltern mit Migrationshintergrund)
- Erotischen oder sexuellen Partner

Dies ist tatsächlich eine lange Liste. Wir ahnen, welche Belastung hier einem Kind zugemutet wird, ohne dass es etwas dafürkann. Äußerlich sehen wir nur ein strahlendes Baby mit einer ebenso strahlenden Mutter. Innerlich kann das Kind so schwer belastet sein, dass es irgendwann davon körperlich oder psychisch krank wird. Es hat nur noch Augen für die Mutter, weil es sich für deren Wohlergehen verantwortlich fühlt. Ein dermaßen auf die Mutter ausgerichtetes Kind wird oft fälschlicherweise als »pflegeleicht« beschrieben. Man vernimmt tatsächlich wenig Unmutsäußerungen vom Kind, denn es hat sich abgewöhnt, seine eigenen Bedürfnisse anzumelden. Diese werden entweder nicht erhört oder falsch interpretiert (wenn es zum Beispiel die Flasche statt Trost bekommt). Es hat keine Zeit zum Spielen und Herumtoben. Es fühlt sich nicht frei, um die Welt zu erkunden. Es wird stattdessen daheim gebraucht, um eine unglückliche oder depressive Mutter zu trösten, um ihr zur Hand zu gehen oder um einfach da zu sein als ihr »Sonnenschein«. Seine bloße Anwesenheit lässt sie ihr Unglücklichsein vergessen.

Ein dermaßen beanspruchtes Kind bleibt in der Sphäre der Mutter gebunden, in der Kindheit, wo es ungern aus dem Haus geht und wenig mit anderen Kindern spielt, im Erwachsenenalter, wo es ein relativ eindimensionales Leben führt, ohne viele Freunde und Liebespartner, ohne besondere Interessen. Manchmal verbleibt es lebenslang unter einer unsichtbaren mütterlichen Glocke. Selbst wenn das Kind es schafft, erfolgreich im Beruf zu sein und eine eigene Familie zu gründen, kreist sein (bewusstes und unbewusstes) Denken immer um die Mutter.

Das ist der Anfang der »Stillen Söhne«, wie sie der amerikanische Soziologe Robert Ackermann in seinem Buch *Silent Sons* (1993) genannt hat, in dem er die Entwicklung von Jungen beschreibt, die in dysfunktionalen Familien großgeworden sind. Sie wachsen auf zu Männern, die zwar im Beruf erfolgreich sind, die hart arbeiten und anderen immer helfend zur Hand gehen, aber sie kennen ihre eigenen Gefühle nicht und können diese nicht ausdrücken. Das sind Männer, die still und schweigsam sind, besonders wenn es um ihr eigenes Befinden geht. Ihr Innerstes behalten sie für sich. Dies wirkt sich besonders auf ihre intimen Beziehungen aus: Die Partnerin versucht verzweifelt herauszubekommen, was ihr Mann wirklich fühlt und denkt, aber sie kommt einfach nicht an ihn heran. Die Kinder kennen ihren Vater nur als Arbeitstier und bekommen ihn kaum zu Gesicht. Nähe ist etwas, das er instinktiv meidet, ja meiden muss.

Denn Intimität erinnert ihn an die allererste intime Beziehung seines Lebens, die mit seiner Mutter. Da sie ihn so sehr mit ihrer Fürsorge, ihrer Aufmerksamkeit und ihren Monologen überschüttet hat, schützt er sich durch Schweigen. Er stellt sich ihr zwar zur Verfügung und ist immer für sie da, aber seine Zunge ist versiegelt. Von sich gibt er nichts Wesentliches preis. Er hat erfahren müssen, dass die Mutter sich nicht dafür interessiert. Oder sie interpretiert seine Aussagen aus ihrer Sicht. Womöglich hat sie in Konfliktsituationen etwas, das er irgendwann einmal gesagt hatte, gegen ihn oder jemanden, der ihm etwas bedeutet, verwendet. Also bleibt er lieber still. So hat er seine Kindheit und Jugend überlebt, durch Schweigen und durch Aushalten. Er zieht sich in eine innere Welt zurück, zu der die Mutter keinen Zugang hat.

Obwohl sie so tief in seine Person eingedrungen ist, hat er sich doch einige heimliche Rückzugsorte bewahrt, die nur ihm und ihm ganz allein gehören. Diese Bereiche bestehen meist aus Dingen oder Tätigkeiten, die ihn trösten und ihm, wenn auch nur für kurze Zeit, das Gefühl von Sättigung und Zufriedenheit geben. Hier hat er sein eigenes, kleines Reich. Diese kleinen Fluchten werden ihm mit der

Zeit zur Gewohnheit, dann zur Sucht. Der Inhalt ist beliebig – es braucht nur etwas zu sein, das ihn befriedigt und ihn für kurze Zeit sein mühsames Leben vergessen lässt. Das können Alkohol, Nikotin, Drogen, Internet, Pornos, Spiele, Wetten, Sex, Extremsport oder eine Sekte sein. Sie sind eigentlich nur Ersatzbefriedigungen, Ersatz für etwas Nebulöses, für das er keinen Namen hat. Aber sie verschaffen ihm Momente des Vergessens, des Rausches, des ganz und gar bei sich Seins. Hier ist er endlich *frei*.

Solche Süchte beherrschen ihn später auch in seiner Partnerschaft und Familie. Diese pflegt er, wie schon bei der Mutter, im Geheimen: Er arbeitet exzessiv, verschwindet im Internet oder im Hobbykeller, geht fremd, trinkt, raucht. Für ihn bedeuten solche kleinen Fluchten *Freiheit*. Aber diese Abwehr- und Überlebensmechanismen, die einst gegen die alles dominierende Mutter hilfreich gewesen sind, erweisen sich in seiner jetzigen Partnerschaft als kontraproduktiv, ja destruktiv. Sein Schweigen verwirrt seine Partnerin. Sein Rückzug frustriert sie und macht sie wütend. Er verhält sich ihr gegenüber genauso verschlossen wie einst gegenüber seiner Mutter: Er ist physisch anwesend. Aber an der Tür zu seinem Innersten hängt das Schild »Eintritt verboten«, egal wie sehr sie daran auch rütteln mag.

Eigentlich bleibt die Tür zu seinem Inneren auch ihm selbst verschlossen. Da er schon so früh eine Funktion für seine Mutter zu erfüllen hatte, war seine Aufmerksamkeit ausschließlich auf sie ausgerichtet. Er hat die Verbindung zu seinen eigenen Empfindungen und Gefühlen verloren. Daher wundert er sich, dass seine Frau unzufrieden und ärgerlich ist und seine Kinder ihm aus dem Weg gehen.

Solche Konflikte lassen sich meist nicht einfach lösen, etwa indem er seiner Frau oder sich verspricht, sich zu bessern. Denn die Wurzeln für sein unverständliches Verhalten liegen tief in seiner Kindheit vergraben. Diese lassen sich meistens nur durch eine Therapie aufdecken und bearbeiten.

Der Extremfall: Die Verschmelzung von Mutter und Kind zu *einem* Wesen

Dies ist, im Gegensatz zur natürlichen Symbiose von Mutter und Kind in der ersten Lebensphase des Kindes, ein hochpathologischer Prozess.

Hier trennt sich die Mutter nicht vom Kind. Es bleibt *ihr* Kind, und zwar lebenslang. Sie sieht im Kind nicht ein von ihr getrenntes Individuum, sondern *einen dauerhaften Teil ihres Selbst.* Die Tatsache, dass das Kind während der Schwangerschaft *in ihr* war, gibt ihr das allmächtige Gefühl, es sei ein untrennbarer Teil von ihr selbst – selbst nach seiner Geburt.

Das Kind verkörpert dann so etwas wie einen »abgeschnürten« Teil der Mutter. Es gibt Pflanzen wie beispielsweise die Erdbeere, die sich, zusätzlich zu ihren Blüten, auf diese Weise vermehren. Die Mutterpflanze bildet Fortsätze um sich, die bei Bodenkontakt sich verwurzeln und eine Tochterpflanze bilden. Sobald diese sich ausreichend verwurzelt hat, kann die Verbindung, ähnlich wie eine Nabelschnur, abgeschnitten werden. Dann entsteht ein neues, selbständiges Individuum. In der Pflanzenwelt nennt man ein solches Tochtergewächs einen *Ableger.*

Bei einer Mutter, die nicht bereit ist, ihr Kind loszulassen, kann es dazu kommen, dass sie sich weigert anzuerkennen, dass die Nabelschnur durchschnitten ist. Sie besteht darauf, dass das Kind weiterhin ein Teil von ihr selbst *bleibt.* Das Kind darf sich nicht von ihr entfernen. Es darf nicht irgendwo anders eine neue Heimat finden und sich neu verwurzeln. Es darf sich nicht mit anderen Menschen verbinden. Die Mutter besteht darauf, dass sie die einzige oder zumindest die Hauptwurzel des Kindes bleibt. Selbst wenn das Kind sich woanders aufhält, betrachtet sie es als eine Fortsetzung von sich selbst, *wie einen Roboter*, der von ihr gesteuert wird. Die zwei sind nun nicht mehr durch eine reale Nabelschnur verbunden, sondern unsichtbar, telepathisch durch eine seelische Nabelschnur.

Es gibt den Begriff des *Avatars.* In Computerspielen erschafft zum Beispiel der Nutzer einen graphischen Stellvertreter für sich, eine Art künstliche Person, die im virtuellen Raum des Computerspiels an seiner Stelle agiert. Der Erfinder kann seinen Avatar nach Belieben designen. Er kann ihn beispielsweise hinsichtlich Körpergröße und Kleidung ausstatten, wie er mag. Dieses zweite Ich kann er dann in der virtuellen Welt agieren lassen, wie er will. *Mit dem Avatar kann er sich quasi neu erfinden.*[6]

Der Avatar ist somit *eine narzisstische Fortsetzung der Person seines Erfinders.* Dieser sieht in seinem erschaffenen Wesen eine glanzvollere, vollkommenere Neuerfindung seines Selbst. Alles, was dieser tut, wirft sein Licht auf seinen Schöpfer zurück und nährt dessen Selbstbewusstsein. *Er ist dessen idealisiertes Selbst.*

Der Avatar kann aber ebenfalls das Gegenteil bedeuten: Er kann die dunkle Seite, den *Schatten* seines Schöpfers repräsentieren – alles, was dieser verdrängt oder abspaltet; alles, wofür er sich schämt; alle Gefühle, Wünsche und Bedürfnisse, die er sich nicht zugesteht; schließlich alles, was sozial unerwünscht oder verpönt ist. In der Gestalt des Avatars darf er seine aggressiven, ausschweifenden oder perversen Gelüste ungeniert ausleben. *Frankensteins Monster* könnte als Beispiel für ein solches Geschöpf betrachtet werden. Ironischerweise kehrt sich im Roman von Mary Shelley das Monster gegen seinen Erfinder, so dass dieser elend zugrunde geht.

Kommen wir nun zu der Mutter zurück, die ihr Kind wie eine narzisstische Fortsetzung ihres Selbst ansieht. Es fällt leicht, das Kind, das sie im eigenen Bauch trägt, als ihr Eigentum anzusehen, entsteht es doch in ihrem Leib. Dort wächst es neun Monate lang heran, bis sie es zur Welt bringt. So ist es für sie naheliegend, zu denken, dass das Kind ihr gehört. Demgegenüber erscheint der Beitrag des Vaters zur Entstehung und Werdung des Kindes lächerlich gering. Er hat dazu nur die Samen beigetragen. Deshalb nimmt es nicht wunder, dass es für eine Frau ein Leichtes ist, das Kind als ihr persönliches Geschöpf und Eigentum anzusehen. Vor allem wenn das Kind aus einer kurzen Begegnung oder einer unglücklichen Beziehung entstanden ist.

Hier ein Beispiel: Eine Frau lernt einige Jahre nach dem Tod ihres Ehemannes einen netten Mann kennen. Er ist Kunde in dem Geschäft, in dem sie gearbeitet hat. Sie sind sich auf Anhieb sympathisch. Ihr gefällt, dass er ihr gegenüber zurückhaltend und rücksichtsvoll ist und nicht wie andere Männer nur »das Eine« will. Er macht ihr den Hof und schenkt ihr regelmäßig Blumen. So kommen sie sich langsam näher. Sie ist froh, dass sie nun endlich wieder einen Mann an ihrer Seite hat, mit dem sie ausgehen kann. Wenn sie jedoch den Wunsch äußert, mit ihm eine Fernreise zu machen, weicht er aus. Zuerst heißt es, er fliege nicht gern. Dann meint er, es sei ihm zu teuer. Schließlich gibt er zu, dass er bei seiner alten Mutter bleiben müsse. Er könne sie nicht so lange allein lassen. Seit dem frühen Tod seines Vaters lebt er mit der Mutter im selben Haus. Geheiratet hat er nie. Nun fällt der Frau auf, dass sie sich immer nur bei ihr treffen, nie aber bei ihm, als vermeide er, dass seine Mutter sie kennenlernt. Weihnachten und Silvester muss sie ebenfalls allein verbringen, da er diese Feste mit seiner Mutter feiert. Sie beginnt sich zu fragen, ob er tatsächlich Angst vor längeren Reisen hat. Könnte es sein, dass seine Mutter nicht so lange alleingelassen werden möchte? Könnte es sein, dass es weniger die Flugangst ist, die ihn an Fernreisen hindert, sondern die Tatsache, dass er eine längere Trennung von seiner Mutter fürchtet?

Als seine Mutter krank wird, sieht sie ihn immer weniger. Er wacht Tag und Nacht bei der Mutter und sorgt hingebungsvoll für sie. Schließlich stirbt sie. Nun hofft die Frau, dass er endlich frei ist und mehr Zeit für sie hat. Stattdessen zieht er sich mehr und mehr zurück und verlässt sein Haus nur noch selten. Sie treffen sich kaum noch. Am Telefon bleibt er einsilbig, fast abweisend. Ein Jahr nach dem Tod seiner Mutter bringt er sich um. Sie ist nicht überrascht.

Der Ausschluss des Vaters: Wenn eine Triangulierung nicht stattfindet

In dem Moment, in dem die Mutter den Sohn als narzisstische Fortsetzung von sich selbst ansieht, wird er zu einem Teil ihres Selbst. Nicht nur, dass er fortan kein Eigenleben haben darf, die Mutter hütet ihn wie ihren eigenen Augapfel und grenzt ihn vom Vater ab. Er gehört ihr, ihr ganz allein. Bewusst oder unbewusst verwehrt die Mutter dem Vater den Zugang zum Kind. Sie wird eifersüchtig, wenn er das Kind auch nur auf den Arm nimmt. Sie schreibt ihm vor, wie er mit dem Kind umzugehen hat. Sie wisse am allerbesten, was das Kind braucht. Auf diese Weise entfremden sich Vater und Sohn immer mehr. Der Vater darf höchstens noch Zuschauer sein, aber kein aktiv Beteiligter beim Großziehen des Sohnes. Die Triangulierung, bei der der Vater als Dritter im Bund der Mutter-Kind-Symbiose beitritt, findet nicht statt.

In einer solchen Konstellation hat der Vater kaum eine Chance, eine zweite und alternative Bindungs- und Bezugsperson für das Kind zu sein, die diesem eine andere, vor allem eine männliche Sichtweise der Welt zeigt. Das Kind bleibt bei der Mutter kleben. Der Vater schaut aus der Ferne zu, so wie Josef auf den meisten Abbildungen der Heiligen Familie abseits steht. Im schlimmsten Fall wird der Vater aus der Familie entfernt. Da die Mutter von Anfang an die primäre Bezugsperson des Kindes war, ist sie im Fall einer Trennung oder Scheidung meistens diejenige, bei der das Kind lebt. Der Vater behält zwar heutzutage das gemeinsame Sorgerecht und ein Besuchsrecht. Aber im Wort »Besuchsrecht« ist sein Status schon zementiert: Er ist fortan nur noch Besucher, nicht mehr integraler Teil der Familie.

Ein Kind bekommt aber den Vater und die Mutter nur *ganz* zu spüren (das heißt als ganze Personen), wenn es mit ihnen zusammenlebt und den Alltag teilt. Selbst dann, wenn das Kind abwechselnd beim Vater und bei der Mutter wohnt, fehlt ihm die

Erfahrung, wie Vater und Mutter *zusammenleben*, wie sie die Familienangelegenheiten und die Erziehungsaufgaben unter sich aufteilen, wie sie sich streiten und wieder einigen, wie sie das Kind *gemeinsam* großziehen. Es findet kein ausgewogenes Verhältnis zwischen den väterlichen und mütterlichen Anteilen in sich selbst. Sein inneres Familienbild ist fraktioniert.

In einer Patchworkfamilie kann ein Kind seine innere Vollständigkeit auch nicht erfahren, selbst wenn die Stiefmutter oder der Stiefvater es liebt. Diese werden heute fast schamhaft »Bonusvater« oder »Bonusmutter« genannt. Tatsächlich können sie nur ein Bonus, das heißt etwas Zusätzliches sein. Der leibliche Vater, die leibliche Mutter können nie ersetzt werden. Sie müssen vom Kind *erlebt und erfahren* werden, damit es sich innerlich vollständig fühlt.

Die Benachteiligung der Töchter

So sehr die Mutter in einer patriarchalisch strukturierten Familie den Sohn bevorzugt, so sehr wertet sie ihre Töchter ab. Eigentlich ist dieses Verhalten widersinnig, sieht sie diese doch als ihresgleichen. Doch angesichts ihrer eigenen Minderwertigkeitsgefühle gibt sie ihre Selbstverachtung direkt an die Töchter weiter, gerade weil diese vom gleichen Geschlecht sind. Sie bevorzugt den Sohn bei kleinen und großen Dingen. Beim Essen bekommt er nach dem Vater das größere Stück Fleisch. Er muss nicht oder nicht so viel abwaschen oder im Haushalt helfen wie seine Schwester. Wenn er etwas falsch macht, tadelt sie ihn milder als jene.

Die Kinder spüren natürlich diese unterschiedliche Behandlung. Es gibt unter Kindern einen untrügerischen Sinn für Gerechtigkeit. Die Tochter wird leicht eifersüchtig und zahlt es ihrem Bruder heimlich heim. Der Sohn ist einerseits froh, dass er besser behandelt wird als seine Schwester, aber er hat auch ein schlechtes Gewissen ihr gegenüber. In ihm regen sich früh Selbstzweifel, ob er die bessere Behandlung denn wirklich verdiene. Er fühlt sich von der Mutter in eine Position gedrängt, die er eigentlich nicht will. Gleichzeitig ist er erleichtert, dass ihn die mütterliche Missgunst nicht trifft.

Ein Beispiel für eine solche ungleiche Behandlung von Söhnen und Töchtern finden wir in der Autobiographie von Norman Schwarzkopf.

H. Norman Schwarzkopf Jr. war ein hochdekorierter US-General, der die Operation *Desert Storm* im Zweiten Golfkrieg 1991 kommandierte. Es ging damals um die Befreiung Kuwaits von den dort einmarschierten irakischen Truppen Saddam Husseins. Die von General Schwarzkopf geplante Offensive war äußerst erfolgreich. Er ging in die Geschichtsbücher ein.

1992 veröffentlichte er, mittlerweile pensioniert, seine Autobiographie *It Doesn't Take A Hero*, in der er sehr offen seinen Werdegang beschreibt: Sein Vater, der aus Deutschland stammte, war ebenfalls ein hochdekorierter US-Generalmajor, der im Zweiten Weltkrieg im Iran diente. Seine Mutter arbeitete vor der Ehe als Krankenschwester. Er hatte zwei ältere Schwestern. Sein Vater stammte aus einer hochangesehenen Familie, während die Mutter aus einem Alkoholiker-Haushalt kam. Die Mutter bewunderte den hochdekorierten Vater und war in allen Dingen von ihm abhängig.

Schwarzkopf schildert, wie er als Sohn von seiner Mutter bevorzugt wurde. Dafür wurde er von seinen älteren Schwestern als »Stupid« (Dummkopf) gehänselt und gedemütigt. Solange sein Vater und seine Mutter zusammen waren, führten sie ein harmonisches Familienleben. Als der Vater jedoch 1942 in den Krieg abkommandiert wurde, begann die Familie auseinander zu bröckeln. In der Nacht, bevor sein Vater wegging, ging dieser mit dem 7-jährigen Sohn in den Garten. Er holte seinen Säbel, den er beim Abschluss seiner militärischen Ausbildung in West Point (der berühmtesten Offiziersakademie der USA) erhalten hatte, und übergab ihn dem Sohn mit den Worten: »Ich übergebe dir dieses Schwert, bis ich zurückkehre. Ab heute verlasse ich mich auf dich, mein Sohn. Die Verantwortung (für deine Mutter und deine Schwestern) ist deine.« (Schwarzkopf 1992, S. 1)

Nach der Abreise des Vaters merkte der Sohn, dass seine Mutter trank. Es fanden schreckliche Szenen im Elternhaus statt. Er wurde von der Mutter verschont, seine Schwestern wurden jedoch von der Mutter verbal niedergemacht, wenn sie betrunken war. Er schreibt:

»Mom hatte eine Jekyll-and-Hyde-Persönlichkeit.[7] *Wenn sie nüchtern war, war sie die süßeste, empfindsamste, liebevollste und intelligenteste Person, der man je begegnet. Aber wenn sie betrunken war, war sie ein fürchterliches Scheusal.*

Mom pflegte zu trinken vor dem Abendessen. Manchmal nahm sie ein großes Glas, füllte es dreiviertelvoll mit Bourbon und schluckte es als Ganzes. Dann würden wir uns an den Tisch setzen und anfangen. Wenn Mom betrunken war, kam eine furchtbare gemeine Seite aus ihr heraus, die sich meist in der Gestalt von persönlichen Angriffen gegen meine Schwestern zeigte. Sie schaute zum Beispiel auf Sally und sagte: ›Setz Dich gerade hin! Warum sitzt du immer so zusammengesackt? Warum sitzt du nicht gerade am Tisch?‹ Dann würde sie fortfahren: ›Schau dich nur an. Du siehst fürchterlich aus. Schau dir nur deine Haare an.‹ Die kleinen Sticheleien gingen weiter, bis sie irgendwas fand, was meine Schwester besonders empfindlich traf, dann würde sie sich hineinbohren, bis meine Schwester in Tränen ausbrach. Manchmal ging es um einen Freund, die Schule oder ihr Gewicht; was auch immer es war, meine Mutter fand es heraus.« (Schwarzkopf 1992, S. 21 f.)

General Schwarzkopf hat diese Geschichte lange für sich behalten. Solche gut behüteten Familiengeheimnisse zeigen, wie sich Hell und Dunkel, Liebe und Hass abwechseln können, wenn persönliche und familiäre Konflikte nicht angesprochen und gelöst werden.

Im vorliegenden Fall wurde der Sohn Jahre vom Vater verlassen, als dieser in den Krieg zog. Überdies bekam er vom Vater den Auftrag, als »Mann der Familie« für Mutter und Schwestern zu sorgen – einen Auftrag, der ihn als jüngstes Kind maßlos überforderte. Hier wurde er schon als »Mann« überhöht und mit einer unlösbaren Aufgabe beladen. Die Mutter kam selbst aus einer Alkoholiker-Familie. Ihr Vater trank, ihre Eltern trennten sich, sie wurde zwischen beiden hin- und hergerissen, bis sie sich schließlich in die Ehe mit dem viel älteren, idealisierten Mann rettete. Als dieser jedoch in den Krieg zog, war sie mit den drei Kindern, ihrem Riesenhaus und dem mageren Gehalt ihres Mannes völlig überfordert. Sie begann zu trinken. Den Sohn verschonte sie, aber ihre beiden Töchter belegte sie mit Beschimpfungen und Beleidigungen, die sie wohl früher selber im Elternhaus mitbekommen hatte und nun auf ihre Töchter projizierte.

Wie musste sich der Sohn fühlen angesichts der Tatsache, dass er die Demütigungen seiner Schwestern mitansehen musste, selbst aber verschont blieb? Was löste der Anblick seiner betrunkenen Mutter und deren verbalen Entgleisungen in ihm aus? Wie kam er seinem Auftrag nach, an Stelle seines Vaters auf Mutter und Schwestern aufzupassen? (Manchmal, so erzählt Schwarzkopf, habe er heimlich die Flaschen, die er fand, zerbrochen oder deren Inhalt ausgegossen. Dafür sei er von der Mutter nicht bestraft worden.) Warum berichtete er seinem Vater nie über den Terror, der zuhause herrschte? Wollte er den Vater schonen? Fühlte er sich an das Familiengeheimnis gebunden (auch der Vater hatte immer geschwiegen, obwohl ihm während seiner Heimurlaube der Zustand seiner Frau doch aufgefallen sein müsste)? Erst viele Jahre später, nach dem Tod der Eltern, habe seine älteste Schwester eine der schrecklichen Szenen in einer Kurzgeschichte veröffentlicht (Schwarzkopf 1992, S. 21 f.).

General Schwarzkopf hat später in einem Interview bekannt, dass es ihm am schwersten gefallen sei, diese Passage in seiner

Autobiographie niederzuschreiben. Aber er habe seinem Vater versprochen, immer die Wahrheit zu sagen. Seine Scheu, über dieses grausame Kapitel in seiner Kindheit zu berichten, zeigt, wie sehr nicht nur seine gedemütigten Schwestern, sondern auch er als bevorzugter Sohn von der *Familienscham* belegt war, die die ganze Familie erfüllte. Hier der hochdekorierte Vater und der international berühmte Sohn, dort die alkoholkranke Mutter und die misshandelten Töchter. Ein furchtbares Missverhältnis zwischen den emporgehobenen Männern und den erniedrigten Frauen.

Das Bedürfnis der Tochter nach väterlicher Bestätigung

Im vorigen Kapitel habe ich die Überbewertung der Söhne und die Abwertung der Töchter im patriarchalischen System dargestellt. Unter der gesellschaftlichen Ebene existiert noch eine zweite, persönliche Schicht: das Bedürfnis der Töchter nach Bestätigung durch den Vater.

Es gibt in Kindern ein sehr früh angelegtes Bedürfnis, in ihrem Geschlecht bestätigt zu werden. Zwischen dem zweiten und dritten Lebensjahr merken Jungen und Mädchen zum ersten Mal, dass sie anders sind. In den »Doktorspielen« untersuchen sie sich selbst und Kinder des anderen Geschlechts, um zu sehen, wie sie sich voneinander unterscheiden. Neben ihren gleichaltrigen Spielgenossinnen und -genossen brauchen sie erwachsene Vorbilder, die ihnen einerseits zeigen, wie Frauen und Männer sind, die ihnen andererseits die Bestätigung geben, dass sie als Jungen und Mädchen »richtig« und »gut«– also »richtig gut« – sind.

In der Regel sind Mutter und Vater ihre Rollenvorbilder. Ein Mädchen braucht also seine Mutter als weibliches Vorbild, das ihm zeigt, was eine Frau ausmacht und was es bedeutet, Frau zu sein. Gleichzeitig soll die Mutter ihm bestätigen, dass es als Mädchen in Ordnung ist. Das Gleiche braucht es von seinem Vater.

In einer patriarchalisch orientierten Familie haben Mädchen meistens eine enge und vertrauliche Beziehung zu ihren Müttern. Von diesen lernen sie, wie eine Frau »zu sein hat«. Da die Mutter jedoch dem Vater nachsteht, wiegt ihre Meinung nicht so schwer wie die des Vaters. Denn als Familienoberhaupt steht er an erster Stelle in der Familie. Er genießt die größte Aufmerksamkeit und Achtung. Von seinem Urteil und seiner Wertung hängt die Position der Tochter ab. Er hat die *Definitionsmacht* inne, wer sie ist und wer sie zu sein hat.

Gleichzeitig ist der Vater in der traditionellen Familie die meiste Zeit nicht anwesend, weil er außerhäuslich beschäftigt ist. Er glänzt quasi durch Abwesenheit. Dies macht sein Urteil noch bedeutender. Ein einziger geringschätziger Blick von ihm oder eine für andere kaum wahrnehmbare Schärfe in seiner Stimme genügt, um der Tochter zu signalisieren, wie sehr sie ihn nervt und wie wenig er von ihr hält. Das genügt, um bei ihr die Tränen in die Augen und die Schamesröte ins Gesicht zu treiben, so dass sie sich tagelange zurückzieht und darüber grübelt, was an ihrem Verhalten ihm Anlass zur Missbilligung gegeben haben könnte und wie sie seine Gunst zurückgewinnen könnte.

Warum aber hängt sie so an seinen Lippen, wieso hungert sie derart nach einem Zeichen der Aufmerksamkeit von ihm wie nach einem winzigen Stück Brosamen? Weil der Vater der allererste Mann im Leben einer Frau ist – egal, ob sie in einer patriarchalisch ausgerichteten oder einer egalitären Familie aufwächst. Er ist der erste Mann, dem sie nach der Geburt begegnet. In ihren Augen ist er der »Große Mann« schlechthin – so wie die Mutter die allererste und damit die »Große Frau« für den Sohn ist.

Wir gehören zwar vom Zeitpunkt unserer Zeugung an dem männlichen oder weiblichen Geschlecht an. Jedoch tragen wir das Urbild (nach C. G. Jung könnte man sagen: den Archetyp) des Gegengeschlechts in uns. Erst durch die Begegnung mit dem anderen Geschlecht können wir unser eigenes Geschlecht voll verwirklichen. Als Mann brauche ich die Begegnung mit einer Frau, um mein Mannsein voll zu leben und zu erleben. Ebenso braucht eine Frau die Begegnung mit einem Mann, um ihr Frausein voll zur Entfaltung zu bringen.[1]

Als der erste Mann im Leben seiner Tochter hat der Vater daher einen gewaltigen Einfluss auf deren Selbstgefühl und Selbstwertgefühl als Mädchen und als Frau. So wie der Sohn von der Mutter die Bestätigung braucht, dass er zu einem starken Mann heranwachsen wird, braucht die Tochter die Bestätigung vom Vater, dass sie einmal zu einer schönen Frau erblühen wird. Die Attribute »männliche Stärke« und »weibliche Schönheit« gehören zu den archetypischen Urbildern des Männlichen und Weiblichen. Sie liegen tief im kollektiven Unbewussten der Menschheit verborgen und wirken selbst in unserer postmodernen Zeit in jedem Mann und jeder Frau. Nicht umsonst sind wir so fasziniert vom Märchen *Eisenhans*, in dem der verkannte Königssohn sich im Kampf bewähren muss, oder vom *Aschenputtel*, wo eine in Ungnade gefallene und in Schmutz und Asche verbannte Tochter durch den Geist ihrer verstorbenen Mutter Kleider in Gold und Silber bekommt, die sie in eine wunderbare Schönheit verwandeln.

Wir sprechen hier nicht von der erwachsenen Frau, sondern von der magischen Welt eines kleinen zweijährigen Mädchens, das in den Stöckelschuhen ihrer Mutter herumstolziert, oder von der Welt des fünfjährigen Mädchens, das seinen Papa unbedingt heiraten will. In diesem märchenhaften Alter probiert die Tochter das Frausein aus. Wenn sie vom Vater in ihrer Weiblichkeit bestätigt wird, fühlt sie sich stimmig in ihrer Haut und kann zu einer stolzen Frau heranwachsen, die selbstbewusst ihr Leben als Frau führt. Egal ob sie eine emanzipierte oder traditionelle Frauenrolle einnimmt, mit einem positiven Vaterbild im Herzen kann sie ihre Frau im Leben stehen.

Bei einer guten Bevaterung für die Tochter geht es vor allem darum,

- dass er die Tochter bedingungslos liebt.
- dass er der Tochter männlichen Halt und Rückhalt bietet: Er stellt sich vor die Tochter, wenn sie Schutz braucht. Er bietet ihr seine starke Schulter an, wenn sie Anlehnung und Trost braucht. Er nimmt ihre Hand in seine, wenn sie Angst hat.
- dass er sie an die Hand nimmt und ihr die Welt zeigt.
- dass er die Tochter als Frau bestätigt.

Wie im Märchen *Schneewittchen* existiert in jeder Frau das Bedürfnis, vom *Spieglein, Spieglein an der Wand* bestätigt zu bekommen, *die Schönste im ganzen Land* zu sein. Im Leben eines Mädchens ist der Vater das allererste »Spieglein an der Wand«. Die Tochter schaut in die Augen des Vaters und fragt: Wie siehst du mich? Ein liebender Vater würde, in der Sprache des Märchens, auf diese Frage der Tochter antworten: »Du bist in meinen Augen die Schönste im ganzen Land – außer Deiner Mutter natürlich!« Mit dieser Aussage bestätigt er drei Dinge: dass die Tochter in seinen Augen eine schöne und ganz besondere Frau ist, dass er sie *nicht* als Frau begehrt, weil er seine Frau liebt, und dass sie dem Vorbild der Mutter folgen kann und darf, damit sie später einen ebenso liebevollen Mann findet.

Der Vater dient also der Tochter als Spiegel, durch den sie sich selbst als zukünftige Frau wahrnimmt. Bei ihm findet sie die wichtigste Bestätigung oder Ablehnung ihrer Weiblichkeit. Dabei sollten wir vor Augen halten, dass es hier nicht um äußere Attraktivität geht, sondern um *innere Schönheit.* Äußere Schönheiten verblassen und vergehen mit dem Älterwerden, während die innere Schönheit wie ein Strahlen vom Inneren eines Menschen ausgeht und Zeit und Alter überdauert.

Wir können nun erahnen, wie katastrophal es für eine Tochter sein muss, von ihrem Vater abgelehnt zu werden. Nicht nur fehlt ihr der väterliche Schutz und Rückhalt, sie fühlt sich auch als Frau gänzlich abgewertet, ja unwert. Sein abschätziger Blick trifft sie direkt ins Herz.

Dermaßen getroffen, kann sie gar nicht verstehen, dass es aller Wahrscheinlichkeit nach gar nicht an ihr liegt, wenn der Vater sie ablehnt. Seine Abweisung hat fast immer ausschließlich mit ihm und seiner Geschichte zu tun: Es könnte sein, dass er selbst ein ungeliebtes Kind gewesen ist, das von seiner Mutter misshandelt oder von seiner Schwester gegängelt worden ist. Es könnte sein, dass er von einer früheren Liebe tief enttäuscht worden ist. Es könnte sein, dass er lieber einen Sohn oder vielleicht gar keine Kinder gewollt hat. Es könnte sein, dass er im ehelichen Clinch liegt und die Tochter auf der Seite der Mutter sieht. *Was auch immer der eigentliche Grund seiner Ablehnung sein mag, es hat mehr mit seiner Person zu tun als mit der Person der Tochter.*

Das weiß aber die kleine Tochter nicht. Für sie gilt sein Urteil, und zwar absolut. Als Vater ist er die letzte und höchste Instanz. Es ist keine Berufung möglich. Seine Bewertung stempelt sie als Mangelwesen ab. Lebenslang. Basta. Das ist ein furchtbares Urteil.

Je nach Persönlichkeit und Temperament reagieren Töchter unterschiedlich darauf. Die einen ergeben sich ihrem Schicksal und führen fortan ein freudloses Leben. Es ist, als wäre ihr inneres Feuer schon erloschen, noch bevor es richtig aufflammen konnte. Sie begnügen sich mit männlichen Partnern, die sie ähnlich herablassend behandeln wie einst ihr Vater. Ihre Sehnsucht nach einem besseren Los ertränken sie in Alkohol, oder sie stopfen sich mit Essen und Süßigkeiten voll, um die innere Leere zu füllen.

Andere geben nicht auf. Sie suchen ihr Leben lang nach männlicher Bestätigung, zuerst bei ihrem Vater, später bei ihren Liebespartnern. Sie passen sich ihnen bedingungslos an und erfüllen ihnen jeden Wunsch. Aber je mehr sie um Liebe betteln, desto angewiderter wenden sich die Männer ab. Frauen liefern sich Schönheitschirurgen aus, in der Hoffnung, endlich von ihrem Angebeteten begehrt zu werden. Aber weder die schönste Figur noch der teuerste Schmuck vermag ihr Gefühl zu kaschieren, nicht zu genügen. Nicht selten werden sie sexuell oder materiell ausgenutzt und dann fallengelassen. Tragisch wird es für die Mütter, wenn der eigene Sohn die Missachtung übernimmt, die sie bereits von ihrem Vater und ihren Partnern erfahren haben, und sich ebenfalls von der Mutter distanziert, wenn er erwachsen wird.

Die Stolzesten unter den abgelehnten Töchtern drehen dagegen den Spieß um. Was nutzt es, den Männern nachzulaufen, nach ihnen zu schmachten und doch immer nur eine Abfuhr zu erhalten? Wenn die Männer sie nicht wollen, brauchen sie die Männer auch nicht! Als unabhängige Frau fährt es sich gar nicht so schlecht. Sie könnten sich sexuell ebenso gut Frauen zuwenden. Oder sie rächen sich, indem sie Männer anlocken und sie am ausgestreckten Arm verhungern lassen. Ihre Sehnsucht nach dem Vater und seiner Bestätigung, ihren Schmerz und ihre Enttäuschung darüber, dass sie von ihm nie gesehen und geliebt worden sind, verdrängen sie unter einem massiven Panzer von Wut und Hass. Hass ist heiß. Hass macht aktiv. Endlich lodert wieder das innere Feuer auf, diesmal auf destruktive Weise.

Den Hass und die darunter liegende Sehnsucht tragen sie dann in ihre Ehe und in ihre Mutterschaft. Unbewusst suchen sie sich Partner, die ähnlich abwesend oder abweisend sind wie einst ihr Vater. Ihre Enttäuschung stülpen sie ihrem Partner über und geben ihm schließlich den Laufpass: »Ich brauche dich nicht! Scher dich zum Teufel!« Alleinerziehend übernehmen sie den männlichen Part in der Familie. Sie versuchen, für ihre Kinder Mutter und Vater zugleich zu sein und übernehmen sich dabei grenzenlos. Ihr Überfordertsein befeuert ihre Bitterkeit und ihren Hass auf »die Männer«, so dass sie in einem endlosen Grabenkrieg mit dem Vater ihrer Kinder landen.

In ihrem Bedürfnis, ja ihrer Bedürftigkeit nach männlicher Unterstützung greift die Mutter schließlich nach ihrem Sohn. Dieser soll den Vater ersetzen und ihr zur Seite stehen. Der Sohn bekommt die widersprüchliche Botschaft, dass er anders sein soll als der Vater, ohne dass ihm gesagt oder gezeigt wird, wie. Damit beginnen die narzisstische Besetzung und der Missbrauch des Sohnes, wie im letzten Kapitel beschrieben worden ist.

Die Söhne stecken dann in der Falle. Sie können nicht erwachsen und unabhängig werden, sondern fühlen sich lebenslang an die Mutter gebunden, in einer Gemengelager von Ekel und Überdruss auf der einen und dem Gefühl von Verpflichtet- und Gefangensein auf der anderen Seite. In ihrer Identifikation mit der Mutter verdrängen sie ebenfalls ihre Sehnsucht nach dem Vater und übernehmen die Verachtung und den Hass auf das männliche Geschlecht, was schließlich in Selbsthass und Selbstabwertung mündet. In ihre ambivalente Bindung an die Mutter verstrickt, laufen solche Söhne im erwachsenen Leben von ihren Frauen und ihren Kindern weg. Damit beginnt ein neuer Zyklus von abwesenden Vätern und alleinerziehenden Müttern.

Es gibt noch eine weitere Variante: Ein ödipal an seine Mutter gebundener Mann bleibt zwar in seiner Beziehung zu seiner Frau distanziert, weil der wichtigste Platz in seinem Herzen bereits von der Mutter okkupiert ist. Wenn er jedoch eine Tochter bekommt, könnte er versucht sein, diese an sich binden, ähnlich wie er einst selbst an seine Mutter ödipal gebunden war. Statt seiner Frau nimmt er die Tochter an seine Seite und behandelt sie wie seine Partnerin – so wie der König im Märchen *Allerleirauh* seine Tochter begehrt. Die Tochter fühlt sich zwar aufgewertet, gleichzeitig fühlt sie sich jedoch zunehmend unwohl, weil sie in der väterlichen Bindung auch eine begehrliche Komponente spürt – schamerfüllt hüllt sich Allerleirauh in einen pelzigen Mantel ein und flüchtet vom Vater. Derart an den Vater gebunden, bleibt sie entweder ihr ganzes Leben Single, oder sie geht eine wenig verbindliche Beziehung ein, in der sie ihren Partner geringschätzt, dafür sich aber umso mehr um ihren Sohn kümmert. Auf diese Weise setzen sich ödipale Eltern-Kind-Beziehungen von einer Generation zur nächsten fort: Auf eine ödipale Mutter-Sohn-Beziehung folgt eine ödipale Vater-Tochter-Beziehung.

Wie kann solch ein unheilvoller Kreislauf durchbrochen werden? Wie kann die narzisstische Wunde einer von ihrem Vater abgelehnten Tochter geheilt werden?

Der erste Schritt ist der Schwierigste, weil am schmerzlichsten: Die Tochter muss ihren Schmerz über die Ablehnung des Vaters zulassen und spüren. Dieser liegt jedoch unter einem dicken Panzer von Wut und Hass verborgen. Um dorthin zurück zu gelangen, bedarf es großen Muts und großer Entschlossenheit. Es erfordert sehr viel innere Kraft, den Schmerz des Abgewiesenseins durch den Vater auszuhalten. Dafür ist in den meisten Fällen eine therapeutische Begleitung notwendig, in der die Frau von ihrem therapeutischen Gegenüber endlich ungeteilte Aufmerksamkeit erfährt. Diese gibt ihr den nötigen inneren Halt, damit sie sich ihren verdrängten Gefühlen öffnen und sie spüren kann: ihre Sehnsucht nach dem Vater; ihr Bedürfnis, von ihm gesehen, geliebt und gehalten zu werden; ihren Schmerz und ihre bittere Enttäuschung angesichts seiner Missachtung. Mit Hilfe des Therapeuten beziehungsweise der Therapeutin kann sie erkennen, dass die Ablehnung des Vaters in Wahrheit gar nicht ihrer Person galt, sondern vielmehr mit seiner Person und seiner persönlichen Geschichte zu tun hat. Mit einer solchen Einsicht kann sie sich aus dem Bann seiner komplizierten Innenwelt lösen und sich endlich als eine vom Vater unabhängige, eigenständige Person wahrnehmen. Sie kann erkennen, dass sie einst als Kind seine Liebe gebraucht hat, aber dass sie als Erwachsene positive Zuwendung auch von anderen Menschen bekommen kann und auch tatsächlich bekommt. Dies lässt ihr Selbstwertgefühl steigen, bis sie fähig ist, sich selbst wertzuschätzen und zu lieben: in ihrem inneren Kind und ihrem Wesenskern. In der Wahrnehmung ihrer inneren Bedürfnisse kann sie endlich ihr Leben eigenständig gestalten und Beziehungen auswählen, die ihr guttun. Im Zuge dieser gewonnenen Autonomie kann sie auch ihren Sohn loslassen und ihn in *sein* Leben entlassen.

Wie dieser sich aus der narzisstischen Bindung an die Mutter lösen kann, sehen wir im nächsten Kapitel.

Ödipus Revisited: Die Befreiung aus der narzisstischen Bindung an die Mutter

Bei einer narzisstischen Besetzung bleibt der Sohn nicht selten innerlich in der kindlichen Abhängigkeit von der Mutter stecken, obwohl er äußerlich schon längst erwachsen ist und selbständig lebt. Er denkt und fühlt immer noch, wie er es mit zwei, drei Jahren getan hat – dass seine Mutter ihn über alles liebe, dass die Mutter ihn existenziell brauche und dass er sie folglich nie verlassen oder auch nur enttäuschen dürfe: »Meine Mutter und ich, wir sind und bleiben lebenslang eins.«

Damit darf er zugleich nicht selbständig werden, auf eigenen Füßen stehen und über sein eigenes Leben bestimmen. Vor allem darf eine andere Frau für ihn niemals wichtiger werden als seine Mutter. Wohl darf er Frauenbekanntschaften machen und sogar ein Casanova und Frauenheld sein, der Frauen verführt und sich sexuell austobt. Seine Affären sind jedoch nur Ausflüge aus dem mütterlichen Heimathafen. »Junge, komm' bald wieder!« – diesen Ruf der Mutter hat er stets im Ohr, selbst wenn er in den Armen einer Geliebten liegt, selbst wenn ihn Meere und Kontinente von der Mutter trennen. Würde er sich jedoch tatsächlich eine Frau nehmen und sein Leben mit ihr teilen, wäre dies ein unverzeihlicher Verrat an der Mutter. Die Mutter soll, ja sie muss zeitlebens wie ein Zentralgestirn im Mittelpunkt seines Lebens stehen, von ihm umkreist, von ihm verehrt.

Solche ödipalen Bindungen sind leidvoll für alle Beteiligten: für den Sohn, für die Frauen, die er liebt und die ihn lieben, und auch für die Mutter. Denn sie alle stecken in einer Sackgasse. Ein Sohn, der mit seiner Mutter in blinder Treue verbunden ist, kann sich keine Frau wirklich nehmen. Er kann und darf keine Frau aus ganzem Herzen lieben und mit ihr in eine gemeinsame Zukunft gehen. Umgekehrt kann keine Frau, die in sein Leben tritt und ihn liebt, sich seiner je sicher sein. Je länger sie ihn kennt, desto stärker wird sie spüren, dass er trotz seiner Liebesschwüre nie ganz bei ihr ist. Da ist eine Andere, eine Unsichtbare, die sein Leben dominiert: die Erste in seinem Leben.

Wie sieht es mit der Mutter aus? Ist sie denn nun zufrieden, dass der Sohn sie nie im Stich lassen und immer bei ihr bleiben wird? Zwar ist die Mutter sich der Liebe des Sohnes sicher, sie sieht in ihm aber immer noch den kleinen Buben, für den sie verantwortlich ist, über den sie ständig wachen muss. Gleichzeitig wird sie selbst alt. Sie weiß, dass sie ihn einmal für immer verlassen muss, und er ist doch so hilflos! Nirgendwo sieht sie eine würdige Nachfolgerin, die sich ähnlich um ihn kümmern könnte wie sie. Im Grunde ihres Herzens macht sich die Mutter Sorgen um den erwachsenen Sohn. Ihr wird bange, wenn sie an seine Zukunft denkt. Wenn sie ehrlich ist, weiß sie, dass sie ihn nie losgelassen hat. Sie sind derart miteinander verschmolzen, dass er mit ihr untergehen wird.

Es gibt keine Zukunft. Das Leben fließt nicht weiter. Selbst wenn der Sohn die Frau seiner Träume findet, spürt er, dass er von der Mutter nicht loskommt. Irgendwann beginnt er, sich selbst zu verachten und die Mutter zu hassen: »Warum komme ich nicht von meiner Mutter los? Warum bin ich bloß so abhängig von ihr? Was bin ich doch für ein Muttersöhnchen! – Sie ist an allem schuld! Sie lässt mich nicht los! Ich wünschte, sie wäre tot!« Das Tragische ist nur: Selbst wenn die Mutter gestorben ist, fühlt er sich weiterhin mit ihr verbunden, wie über eine unsichtbare Nabelschnur.

Dies mag eine besonders drastische Schilderung der Seelenlage von muttergebundenen Söhnen sein. Bei vielen zeigt sich die Störung in deren Frauenbeziehungen milder, etwa dass die Mutter dem Sohn die Ehe mit einer Frau erlaubt, weil sie weiß, dass diese ihr unterlegen ist und ihr nicht gefährlich werden kann. In einer solchen Schwiegertochter findet sie womöglich sogar eine Verbündete, die ihre Anweisungen befolgt und die stille Herrschaft für ihren Sohn fortsetzt. Eine echte Rivalin hingegen könnte ihre Position hinterfragen oder gar untergraben. Solch eine Verbindung würde sie mit allen Mitteln zu verhindern wissen.

Eine andere Kompromisslösung könnte darin bestehen, dass die Mutter duldet, dass der Sohn wechselnde Beziehungen eingeht, jedoch nicht bei einer Partnerin bleibt. Er mag rege Frauenbekanntschaften und -beziehungen unterhalten, er mag von Frauen umschwärmt sein. Keiner merkt dabei, dass er im Grunde kaum beziehungsfähig ist. Sobald es mit einer Frau schwierig wird, beendet er die Beziehung und fängt woanders neu an. (Dieses Beziehungsmodell wird heute gerne als »Lebensabschnittspartnerschaft« oder »serielle Monogamie« bezeichnet: Man bleibt bei einem Partner nur solange, wie es einem gefällt. Dass eine Liebesbeziehung nicht bloß ewiges Glück bedeutet, sondern auch Arbeit an der Beziehung und an sich selbst mit sich bringt, erscheint vielen schon zu anstrengend.)

Gelegentlich kann sich der muttergebundene Mann auch lebenslang an eine Frau binden. Sobald es jedoch ernsthaft darum geht, zu seiner Partnerschaft zu stehen (etwa dann, wenn sie Kinder bekommen und er sich seiner Verantwortung als Mann und Vater stellen muss), entzieht er sich und verschwindet in seine Arbeit oder sein Hobby und lässt seine Frau allein. Er ist zwar körperlich, aber nicht geistig anwesend. Den Klagen und Vorwürfen seiner Partnerin begegnet er mit dem Argument, er bringe doch das Geld nach Hause, er habe ihr und den Kindern doch ein gemütliches Heim geschaffen, er gehe nicht einmal fremd. Was will sie denn eigentlich!? Irgendwann resigniert die Frau und geht ihre eigenen Wege, oder sie trennt sich. Zurück bleibt ein Gefühl der Leere.

Schwierig wird es für müttergebundene Söhne, wenn es zu einem Konflikt zwischen seiner Frau und seiner Mutter kommt, etwa wenn die Ehefrau sich drastisch von der Schwiegermutter abgrenzt, weil diese sich zu sehr in das junge Familienleben einmischt, wenn die Mutter Einfluss auf die Erziehung der Kinder nehmen will oder wenn sie darauf besteht, dass man Weihnachten bei ihr feiert. Dann sitzt der Sohn zwischen zwei Stühlen. Er steckt in einem echten Loyalitätskonflikt. Zu wem hält er? Kann er es sich leisten, sich mit seiner Frau gegen seine Mutter zu verbünden? Wenn er es aber nicht tut, wird seine Frau dann böse auf ihn sein? Ihm ist, als stünde er zwischen zwei weiblichen Autoritäten, zwischen denen er zermalmt wird.

Die Liebesfähigkeit eines muttergebundenen Mannes

Die Liebe eines muttergebundenen Mannes ist zerfleddert. Nach außen erscheint er als der feurige Liebhaber, der große Frauenkenner und -versteher, nach innen ist er aber hohl.

Wie kommt das? Liegt es an seinem schlechten Charakter? Ist er ein bloßer Schwindler? Die Verhältnisse liegen komplizierter.

Wir haben gesehen, dass der muttergebundene Mann eigentlich ein missbrauchter Sohn ist. Seine Mutter hat ihn nicht *seinetwegen* geliebt. *Er war nie als er selbst gemeint.* Die Mutter hat ihn so hochgejubelt, weil sie ihn gebraucht hat. Sie hat in ihm eigentlich nur sich selbst gesehen. Er war nur ihr Objekt. Nie Subjekt. Er war nie als eine eigenständige Person gemeint.

Erinnert uns das nicht an das Schicksal schöner Frauen, die ihres Aussehens willen von Männern so heiß begehrt sind, als das Objekt ihrer Begierde, der Traum ihrer schlaflosen Nächte? Auch sie sind nicht als sie selbst gemeint, wenn Männer sie anhimmeln. Für diese sind sie bloß eine schöne Projektionsfläche, auf die sie ihre Männerphantasien werfen können (Theweleit 1977/78). So landet manch eine attraktive Frau als Model, Covergirl, Filmsternchen, Pornostar oder endet, wenn sie Pech hat, als Prostituierte. Die amerikanische Feministin Gloria Steinem beschreibt in ihrem Buch *Outrageous Acts and Everyday Rebellions* (2019) fünf solche Frauen, die von der sexistischen Männerwelt ausgebeutet wurden, unter anderem Marilyn Monroe und Linda Lovelace (den Pornostar von *Deep Throat*). Alle wurden als Objekte männlicher Begierde und männlicher Träume missbraucht, ja verbraucht. Für ihre eigentliche Person hat sich kaum jemand interessiert.

Auch der muttergebundene Mann ist eigentlich das Opfer der Projektionen und Träume seiner Mutter gewesen. Seit seiner Kindheit ist er den Bedürfnissen und Wünschen seiner Mutter ausgeliefert gewesen und hatte einem Wunschbild von ihr zu entsprechen, ohne je als er selbst erkannt zu werden. Frauen kann er so gut verstehen, weil er sich ähnlich ausgebeutet und verkannt fühlt. Dazu kommt, dass er aus nächster Nähe mitbekommen hat, was für ein Schicksal seine Mutter gehabt hat. Auch sie ist eigentlich selbst ein Opfer männlicher Abwertung gewesen. Daher ist er so ein guter Frauenversteher worden.

Der entscheidende Unterschied zu den ausgebeuteten Frauen besteht jedoch darin, dass er ein Mann ist. Als solcher muss er in einer von Männern geprägten Gesellschaft eine Männerrolle spielen. Männer sind aber im patriarchalischen System niemals Opfer, sie dürfen nur Täter sein. Daher wechselt der muttergebundene Mann auf die andere Seite und wird Täter an den Frauen. Statt weiterhin Opfer der erotischen Wünsche von Frauen (genauer: seiner Mutter) zu sein, dreht er den Spieß um. Er richtet sein Begehren auf Frauen und macht sie zu seinen Opfern. Da er Frauen in- und auswendig kennt, fällt es ihm leicht, sie um den Finger zu wickeln, zu manipulieren und zu verführen. An ihnen rächt er sich stellvertretend für die Demütigung, die ihm seine Mutter zugefügt hat. Und wenn er mal einem Mann die Frau ausspannt, hat er das triumphierende Gefühl, seinen eigenen Vater ausgestochen zu haben. Als Täter fühlt er sich endlich mächtig und meint, er habe seine Opferrolle endlich abgelegt.

Dies ist mitnichten der Fall. Im Grunde hat er sich in einen suchtartigen, endlosen Teufelskreis von Opfer-Täter-Sein verstrickt.

Er hat in Wahrheit seine eigene Seele verkauft. Niemand kann seine Liebe beliebig in alle Richtungen verstreuen, ohne Schaden an seiner Seele zu nehmen. Es gibt eine Figur aus der Literatur, die diese Tragik darstellt: In dem Briefroman *Gefährliche Liebschaften* von Choderlos de Laclos schließen zwei skrupellose Menschen, Marquise de Merteuil und Vicomte de Valmont, eine Wette, ob Letzterer, ein Frauenheld par excellence, es schaffen würde, eine Jungfrau und eine für ihre Tugend bekannte verheiratete Frau zu verführen. Valmont gelingt tatsächlich beides. Nachdem er jedoch die tugendhafte Madame de Tourvel endlich erobert hat und diese, wie vorher schon mit seiner Komplizin verabredet, wieder von sich verstoßen hat, packt ihn die Reue. Bevor er in einem Duell stirbt, schreibt er seinem Kontrahenten: »... Hinzufügen will ich noch, dass es mir um Frau de Tourvel leidtut. Die Trennung von ihr bringt mich zur Verzweiflung. Denn ich würde die Hälfte meines Lebens geben für das Glück, ihr die andere weihen zu dürfen. Ach, glauben Sie mir: glücklich ist man nur durch Liebe!« (de Laclos 1972)

Solche Menschen sind suchtartig in einem Teufelskreis gefangen. Heute spricht man von *Sexsucht* (Roth 2007). Die Betroffenen (Männer und Frauen) jagen dem Sex nach, in Affären, One-Night-Stands, Online-Dating, Pornographie und Prostitution, ohne je wahre Befriedigung zu finden. Sie sind ihren Leidenschaften ausgeliefert, ohne je zu wissen, wonach sie eigentlich suchen. In dem Wort *Sucht* steckt das Wort *Suche*. Wonach suchen denn Sexsüchtige?

Sie suchen nach sich selbst, und sie suchen nach Liebe.

Ihre Liebe ist durch den frühen Missbrauch in alle Winde zerstreut worden. Die Liebe eines muttergebundenen Mannes ist ganz früh von seiner Mutter aus ihm herausgesogen worden. Er kann seine Liebe nicht zusammenhalten. Sie diffundiert aus ihm und verstreut sich hierhin und dorthin. Er liebt zwar viele, aber er liebt beliebig, in alle Richtungen. Überall meint er, die Richtige getroffen zu haben, und doch decken die betreffenden Frauen immer nur einen Teilaspekt seines Verlangens ab.

Eigentlich ist das, was er Liebe nennt, bloße *Faszination*. Er lässt sich leicht ablenken, verführen und begeistern. Faszination ist wie ein Feuerwerk. Ein Feuerwerk lenkt die Aufmerksamkeit des Betrachters voll auf sich. Es nimmt ihm den Atem. Aber jedes Feuerwerk ist binnen kürzester Zeit abgebrannt.

Faszination ist nicht Liebe, Potenz nicht Hingabe. Liebe hingegen ist etwas Beständiges, Wärmendes, Beglückendes.

Um glücklich zu sein, muss der muttergebundene Mann sein zersprengtes Ich, seine verstreute Liebe, seine verloren gegangene Mitte wiederfinden. Er muss sich eingrenzen und sich zurücknehmen von all den Reizen, die ihn bisher fasziniert haben. Sich selbst einsammeln. Meditieren. Erst wenn er sein Zentrum, seinen Wesenskern wiedergefunden hat, wird er spüren, was er wirklich braucht, wonach er wirklich sucht und vor allem: wer er wirklich ist.

Auf dem Weg dorthin wird er vielen traumatischen Erfahrungen aus seiner Kindheit begegnen. Er wird durch Einsamkeit, Schmerz, Angst, Wut und Verzweiflung durchgehen müssen.

Vom bindungsunfähigen Sohn zum beziehungsfähigen Mann

Kann es für einen narzisstisch an die Mutter gebundenen Mann eine Befreiung aus dieser starken Bindung geben? Ja! Aber es kann nur gelingen, wenn er es wirklich will und wenn er bereit ist, dafür den Preis zu zahlen.

Dieser besteht darin, auf vieles zu verzichten: die Bestätigung durch seine Mutter und die Privilegien, die er aus ihrer Bevorzugung genießt. Diese können emotionaler Art sein (Liebe und Bewunderung). Sie können auch materieller (Vermögen, Immobilien, ein reiches Erbe) oder gesellschaftlicher Art sein (Ansehen und Status, eine »Fangemeinde«). Für einen narzisstisch disponierten Menschen liegen zahllose Verlockungen und Verführungen auf seinem Weg, wenn er durchs Leben geht. Darauf zu verzichten wird ihm ungemein schwerfallen. Denn er ist es von Kindesbeinen an gewöhnt, bedient zu werden. Er hat sich nie anstrengen müssen, um etwas zu erreichen. Alles scheint ihm automatisch zuzufallen. Ausgestattet mit dem Vorsprung, den er dank seiner Mutter genießt, wähnt er sich nicht nur seinen Geschwistern, sondern auch Gleichaltrigen weit überlegen.

Mit dem Älterwerden schmilzt jedoch dieser vermeintliche Vorsprung. Denn verwöhnt wie er ist, hat er nie gelernt, um etwas zu kämpfen. Erwachsen wird man aber erst, wenn man Hindernisse zu überwinden hat. Dann entwickelt man seine Kräfte. Dann lernt man die eigenen Stärken und Schwächen kennen. Erst dann kommt man zu sich selbst.

Es ist wie die Geschichte vom verlorenen Sohn: Dieser ist vom Vater bevorzugt worden und zieht mit viel Geld in die Fremde. Hier findet er viele vermeintliche Freunde. Er führt ein ausgelassenes und sorgloses Leben. Als ihm jedoch das Geld ausgeht, wird er von allen verlassen. Er hungert und sieht, dass er ganz allein im Leben steht.

Hunger und Einsamkeit, dies sind für einen narzisstischen Menschen tatsächlich die beiden Antriebskräfte, um sich zu besinnen und umzukehren. Manchmal ist es nicht der körperliche, sondern der seelische Hunger, der ihn erkennen lässt, wie hohl sein bisheriges Leben gewesen ist, wie leer und einsam er dasteht, wenn er auf die Bewunderung anderer verzichtet.

Es ist wie ein Sterben. In der Tat muss die selbstverliebte Fassade, die Hülle, das *falsche Selbst* Schiffbruch erleiden und einen Tod sterben, damit das *wahre Selbst*, der Wesenskern des betreffenden Menschen zum Vorschein kommt.

Als Erstes muss ein von der Mutter besetzter Mann sich abgrenzen von seiner Mutter. Dies ist der härteste Schritt, nicht nur für ihn, sondern auch für die Mutter. Der Sohn muss nein sagen zu ihren Angeboten und Verlockungen. Er muss auf die Bequemlichkeiten, die sie ihm bietet, verzichten. Er muss ihre Klagen und Anschuldigungen ertragen (»Nun verlässt auch du mich, wie schon dein Vater es getan hat!«). Als emotionale Erpressungen bekommen diese nun einen drohenden Unterton (»Siehst du nicht, wie ich leide? Ich werde alt, bin krank und völlig allein! Du bist der Einzige, der mir hier heraushelfen kann!«). Zu guter Letzt muss er gegen seine eigenen Schuldgefühle kämpfen, wenn er seine Mutter so im Stich lässt. Er fühlt sich wie ein selbstsüchtiger, undankbarer Sohn. Er muss im Extremfall damit rechnen, dass die Mutter sich etwas antut, dass ihr ein Unglück passiert oder dass sie ernsthaft krank wird. (Der Psychotherapeut Klaus Haag beschreibt die Behandlung einer Patientin, die zum ersten Mal beschloss, allein ohne die Mutter in Urlaub zu fahren. Die Mutter drohte, sich umzubringen. Die Tochter fuhr trotzdem weg, und die Mutter beging tatsächlich Selbstmord. Daraufhin fiel die Tochter in eine tiefe Depression [Haag 2015, S. 9].)

Nach der Abgrenzung von der Mutter muss der muttergebundene Mann seinen Vater suchen, entweder real, wenn der Vater noch lebt, oder in sich selbst, wenn dieser nicht mehr erreichbar ist. Egal, ob dieser wiedergefundene Vater liebevoll oder abweisend ist, der Sohn bekommt endlich ein persönliches Bild seines Vaters, eine leibhaftige Erfahrung mit dem Mann, von dem er stammt. Dies stärkt und bestätigt ihn in seiner eigenen Männlichkeit. (Ich habe schon manchem erwachsenen Sohn geholfen, in einer Familienaufstellung seinem verstorbenen oder verschwundenen Vater zu begegnen. In meinem Buch *Vaterliebe* habe ich berichtet, wie ich selbst die Liebe meines Vaters in einer Familienaufstellung wiederfand.)

Die Abgrenzung von der Mutter und die Wiederentdeckung des Vaters hilft dem Sohn, endlich sich selbst zu spüren: als eine eigenständige Person. Er muss nicht auf die Liebe seiner Eltern verzichten. Aber er muss lernen, sie von der überbordenden, grenzüberschreitenden und übergriffigen Zuwendung seiner Mutter zu unterscheiden. Auf diese Überfürsorge zu verzichten wird ihm zwar anfangs schwerfallen. Mit der Zeit wird er aber merken, wie erleichternd es ist.

Zusammen mit der übermäßigen Mutterliebe wird er sich auch von der Fangemeinde seiner Bewunderer verabschieden können. Deren Bewunderung gilt ja nicht seiner realen Person, sondern nur einem Aspekt von ihm. Sie stammt zum großen Teil aus ihren Phantasien und Projektionen. Seine Bewunderer brauchen es *für sich*, wenn sie ihn idealisieren und bewundern. Ihre Idealisierung kann jedoch rasch ins Gegenteil, in Abwertung und Verachtung umschlagen, wenn er sie enttäuscht. Er merkt nun, wie suchtartig er nach ihrer Bewunderung gegiert hat; wieviel Energie er bisher aufgewendet hat, ja aufwenden musste, um sie »bei der Stange zu halten«. Es ist aber keine echte Zuwendung, die er von ihnen bekommt, eher Glanz und Faszination. Sobald die Scheinwerfer abgeschaltet sind, fällt der Glanz von ihm ab.

So lernt er allmählich, echte Liebe von Bewunderung zu unterscheiden. Nun, da sein wahres Selbst, sein Wesenskern allmählich zum Vorschein kommt, bekommt er endlich Resonanz von Menschen, die ihn erkennen und annehmen, so wie er im Grunde seiner Seele ist. Liebe und echte Freundschaft sind etwas, das von Wesenskern zu Wesenskern fließt. Echte Begegnungen und Herzensbeziehungen bringen das Beste aus Menschen hervor, so dass sie fähig werden, *selbstlos zu lieben*, anstatt suchtartig und parasitär von anderen zu nehmen. Dann wird Geben und Nehmen zu ein und demselben.

Wenn ein vorher narzisstisch eingestellter Mensch seinen Wesenskern findet, wird es ein Leichtes sein, den eigenen *Sinn* im Leben zu finden. Er hat nun einen Kompass in sich selbst gefunden, der ihm den weiteren Lebensweg zeigt. Zugegeben, es ist ein langer Weg. Aber er lohnt sich.

Es wäre also zu einfach, einen muttergebundenen Mann als »bindungsunfähig« oder »beziehungsunfähig« zu bezeichnen und ihm die alleinige Schuld für das Scheitern seiner Beziehungen zu geben. Solche unglücklichen Beziehungen haben oft ihre Wurzeln in der tiefliegenden Treue der Kinder zu den Eltern und zur Familiengeschichte (etwa, wenn nicht nur die eigenen Eltern, sondern auch die Vorfahren unglückliche Beziehungen gelebt haben). Daher müssen wir tiefer schauen und uns die Mühe machen, den familiären Verwicklungen und Verstrickungen nachzugehen. Dann zeigen sich ungelöste Konflikte oder Brüche in den früheren Generationen. Diese müssen erst aufgearbeitet und aufgelöst werden, damit die heute Lebenden ein freies Leben führen können.

In meinem Fall haben familiäre, soziale und politische Konflikte zusammengewirkt, so dass es zu der übermäßigen Bindung zwischen meiner Mutter und mir einerseits und dem Ausschluss meines Vaters aus der Familie andererseits gekommen ist: Auf der Seite meiner Mutter war es die unglückliche, von den Familien arrangierte traditionelle Ehe ihrer Eltern, der frühe Tod ihrer Mutter, die Ablehnung durch ihren Vater, die Flucht aus China und die damit verbundene Entwurzelung, schließlich die Isolation in der Fremde. Auf der Seite meines Vaters finden wir den Tod meines Urgroßvaters, der meinem Großvater als Vater zeitlebens gefehlt hat. Dieser vernachlässigte wiederum meinen Vater mit der Folge, dass mein Vater sich in die Arbeit stürzte, um sich seinem Vater zu beweisen. Deshalb war er mehr mit seiner Arbeit verheiratet als mit seiner Frau.

Alle diese Faktoren haben zusammengewirkt, so dass sich meine Mutter auf mich fixierte und mich an sich band. All dies musste ich später im Erwachsenenalter in meinen eigenen Therapien bearbeiten, verstehen, betrauern und loslassen. Es ging nur schrittweise vorwärts. Manchmal machte ich einen Schritt vor und zwei zurück. Ich kam an ähnliche Krisenpunkte in meinen eigenen Beziehungen, meiner Partnerschaft und meiner Beziehung zu meinen Kindern, wie ich sie einst bei meinen Eltern erlebt habe. Nicht nur einmal drohte das Scheitern. Zeiten des Stillstands, des Rückfalls, des Zweifels und der Resignation wechselten sich mit hart errungenen Erfolgen und Glücksmomenten ab. Alle in der Familie haben sich bemüht: meine Eltern, meine Geschwister, meine Frau, meine Kinder, meine Enkel. Zum Glück hat keine/r aufgegeben. Schritt für Schritt kamen (und kommen) wir voran. Das Zusammengehörigkeitsgefühl und die Liebe füreinander halten uns zusammen.

Als ich meine Frau kennenlernte, wusste ich, sie ist es. Ich wusste auch, es würde nicht einfach für meine Mutter werden, eine Frau neben mir zu akzeptieren. Mir war klar: Ab jetzt stehe ich zu meiner Frau. Wenn meine Mutter etwas gegen sie sagen oder sich ihr gegenüber ablehnend verhalten sollte, würde ich mit ihr brechen. Ich brauchte diesen Entschluss nicht auszusprechen. Meine Mutter hat meine Frau akzeptiert. Sie hat sich ihr gegenüber immer respektvoll, wenn auch leicht distanziert verhalten. Am Ende ihres Lebens war sie ihrer Schwiegertochter sogar dankbar für alles, was diese für sie getan hat. Und ich bin meiner Frau dankbar, dass sie zu mir hielt, obwohl sie immer gespürt hat, wie wichtig mir meine Mutter war. Ich bin froh, dass sie meiner Mutter stets mit Respekt, Wohlwollen und Fürsorge begegnet ist. Gleichzeitig hat sie zu sich gestanden, wenn es nötig war, und hat meiner Mutter Grenzen gesetzt, wenn diese unsere Kinder zu stark in Beschlag nahm. Und sie hat mich in meinem Mannsein und meiner männlichen Verantwortung herausgefordert. Sie hat mich nicht geschont, sondern auf einer Beziehung auf Augenhöhe bestanden.

Es gibt manche Filme, die mir wie in einem Spiegel gezeigt haben, wie schwer es für einen muttergebundenen Mann ist, sich eine Frau zu nehmen, sich zu ihr zu bekennen und sich von der Mutter abzugrenzen. Einer dieser Filme ist *Vier Hochzeiten und ein Todesfall*, der von einem gutaussehenden Briten aus gutbürgerlichem Haus namens Charles handelt (dargestellt von Hugh Grant). Er verliebt sich unsterblich in eine Frau, eine Amerikanerin namens Carrie (dargestellt von Andi MacDowell). Aber er windet sich vor Verlegenheit, als es gilt, ihr eine eindeutige Liebeserklärung zu machen, geschweige denn einen Heiratsantrag. Selbst als sie (die ihn ebenfalls liebt) ihm eröffnet, sie werde einen anderen heiraten, bleibt er stumm. Er gibt schließlich auf und macht einer Frau, die er nicht liebt, die ihm aber schon immer nachgejagt ist, einen Heiratsantrag. Kurz vor der Heiratszeremonie erscheint seine Angebetete und erzählt ihm, sie sei inzwischen geschieden. Er ist verzweifelt. Als der Priester ihn fragt, ob er seine Verlobte zur Frau nehmen wolle, stottert er (mit tatkräftiger Unterstützung seines jüngeren Bruders): Nein, er liebe eine andere. Alle sind entsetzt. Er erntet ein blaues Auge von seiner Verlobten.

Stunden später sitzt er deprimiert mit seinen Freunden zuhause. Es klingelt. Draußen steht Carrie im strömenden Regen. Sie sagt, sie wolle nur nachsehen, ob es ihm gut gehe und ob er sich nicht umgebracht hätte. Dann dreht sie sich um und geht. Er läuft ihr nach, hält sie auf und stottert: *»Es ist mit Sicherheit herausgekommen, dass die Ehe und ich offensichtlich nicht füreinander bestimmt sind. Und noch etwas anderes ist herausgekommen: Ich stand in der Kirche und zum ersten Mal in meinem Leben wurde mir ganz klar: Nur einen einzigen Menschen liebe ich wirklich. Es war nicht die Person neben mir mit dem Schleier. Es war die Person, die mir jetzt gegenübersteht, im Regen … Du gehst doch jetzt nicht weg?«* Sie verneint dies mit dem Hinweis, dass sie ertrinken würde, würde sie nun fortgehen. Er ergreift die Initiative und fordert sie auf, mit ihm hinein ins Trockene zu gehen. Nach einigen Schritten hält er jedoch an: *»Vorher lass mich dich etwas fragen: Könntest du dir vorstellen, nachdem wir uns abgetrocknet und viel Zeit miteinander verbracht haben, dass du einverstanden sein könntest, nicht die Ehe mit mir einzugehen? Denkst du, nicht mit mir verheiratet zu sein wäre möglicherweise etwas, was für dich für den Rest deines Lebens gelten könnte? Geht das?«* Sie bejaht, woraufhin sich die beiden küssen. Damit endet der Film. Im Nachspann werden beide als glückliches Paar mit einer kleinen Tochter gezeigt. Der Film wurde ein Riesenerfolg.

Im Film tauchte weder der Vater noch die Mutter von Charles auf. Aber ich bin sicher, dass er ein muttergebundener Sohn war. Seine Mutterbindung war (neben der Konvention, die von ihm eine standesmäßige Heirat forderte) ein Grund, weshalb er die Frau seines Herzens nicht heiraten konnte. Seine umwundene Liebeserklärung und sein »Heiratsantrag«, der darin bestand, sich gegenseitig zu versprechen, *nicht* zu heiraten und für den Rest ihres Lebens zusammenzubleiben (eine konventionelle Ehe hätte möglicherweise ihre Liebe zerstört), zeigt, wie schwer, ja fast unmöglich es für einen »Muttersohn« ist, die Frau, die er liebt, zur Partnerin zu nehmen.

Sexueller Missbrauch durch die Mutter

Ein Baby ist ein äußerst sensibles, gleichzeitig äußerst sinnliches Wesen. Sein ganzer Körper ist ein hoch empfindsames *Fühlfeld*, auf dem jede kleinste Berührung registriert und als angenehm oder lustvoll, erregend oder schmerzhaft empfunden wird. Über seine Haut nimmt das Baby Kontakt mit seiner Umwelt auf. Es spürt Wärme und Kälte, Weichheit und Härte, Zärtlichkeit und Grobheit, Angenommen- und Abgelehnt-Werden über die Haut. Genauso empfindsam sind seine Lippen und sein Mund. Jeden Gegenstand, der es interessiert, nimmt es gleich in den Mund. Dabei nimmt es das Objekt nicht nur über die Berührung an Lippen und Mundschleimhaut wahr, sondern auch über dessen Geruch und Geschmack. (Nicht umsonst nannte Freud die erste Entwicklungsstufe des Kindes die orale Phase.) Auch sein Gehör ist außerordentlich fein ausgelegt. Es lernt, die Stimmen seiner Bezugspersonen ebenso schnell zu unterscheiden wie deren Klangfarbe, seien sie leise oder laut, zärtlich oder hart.

Da das Baby durch und durch ein körperliches Wesen ist und der Sprache noch nicht mächtig ist, fordert es seine Betreuungspersonen förmlich dazu auf, ebenfalls auf der körperlichen Ebene mit ihm in Kontakt zu treten. Die Kommunikation mit einem kleinen Kind geschieht fast ausschließlich auf der körperlichen Ebene. Erst später wird diese nach und nach durch die Sprache ersetzt, die eine eher distanzierte, körperferne zwischenmenschliche Brücke darstellt.

Die Kommunikation zwischen dem Kind und seiner Bezugsperson ist, da sie so stark über den unmittelbaren körperlichen Kontakt stattfindet, eine sehr intime Form der Kommunikation. *Der Kontakt mit einem Baby ist immer intim – hier wird die Grundlage seiner Intimität gelegt.* Fühlend, schmeckend, riechend, horchend und schauend erfährt es, wie es ist, in der Welt zu sein. Wie es ist, mit einem anderen Menschen zusammen zu sein.

Wenn die Mutter nun körperlich Kontakt mit ihrem Kind aufnimmt, taucht sie selbst in ihre eigenen Körperempfindungen ein. Man kann nicht körperlich Kontakt mit jemandem aufnehmen, ohne sich selbst in der eigenen Körperlichkeit wahrzunehmen. Erinnerungen, wie die Mutter früher von *ihrer* Mutter in den Arm genommen und berührt worden ist, tauchen automatisch bei der Pflege des Kindes auf, ebenso das eigene Bedürfnis nach Liebe, Liebkosung und Zuwendung. Hat sie selbst als Kind Liebe und Wärme erfahren, kann sie diese Erfahrung wie selbstverständlich an das Kind weitergeben. Ist sie aber grob angefasst worden, oder ist sie als Baby alleine in der Kälte liegen gelassen worden, dann überträgt sich diese Körpererinnerung leicht an das eigene Kind, selbst wenn sie es anders machen möchte. Es kommt zu einer Wiederholung dessen, was die Mutter selbst einst als Kind erfahren und erlitten hat.

Wenn eine Mutter in ihrer Kindheit wenig geliebt und genährt worden ist, taucht ihre eigene Bedürftigkeit, ihr Hunger nach Nähe und Zuwendung, der jahrzehntelang tief in ihr begraben war, beim Anblick ihres eigenen Kindes auf. Hier ist jemand, der ihr in den Schoß gefallen ist und ihr ganz und gar zur Verfügung steht. Jemand, der sich so weich anfühlt und so gut riecht. Jemand, der sich nicht wehren kann. Sie nimmt das Kind in den Arm, nicht weil dieses es gerade braucht, sondern weil sie es selbst so nötig hat, Wärme und Angenommen-Werden zu spüren. Sie verwechselt ihr Bedürfnis mit seinem Bedürfnis und gibt ihm, was sie einst selbst gebraucht hätte und was sie vielleicht heute immer noch braucht. Dann überschreitet sie leicht die Grenze zwischen sich und dem Kind. Sie beginnt, es für sich zu gebrauchen, ja zu missbrauchen. Missbrauch wird definiert als eine Aktion, die vom Missbrauchenden ausgeht und die dazu dient, die eigenen Bedürfnisse und nicht die Bedürfnisse des Missbrauchten zu befriedigen.

Für das Kind stellt dies eine verwirrende Erfahrung dar. Einerseits bekommt es Aufmerksamkeit und Zuwendung. Dies ist jedoch mehr und anders, als das, was es selbst möchte. Es reagiert darauf, indem es sich abwendet oder sich steif macht. Da die Mutter in diesen Momenten aber mehr bei sich selbst und ihren eigenen Bedürfnissen ist, bemerkt sie seine diskreten Zeichen von Unwillen und Abwehr nicht oder wischt diese beiseite. Sie fährt fort, es zu liebkosen und zu bedrängen. Das Kind hat nur wenig Möglichkeit, sich zu entziehen. Außerdem braucht es ja die Nähe der Mutter, nur nicht jetzt und nicht auf diese Weise. Wenn es willensstark ist, beginnt es sich stärker zu wehren. Es weint, schreit und drückt die Mutter weg. Wenn es aber keinen besonders starken Willen hat, wenn es merkt, wie bedürftig die Mutter ist, wie sehr sie nach Nähe und Liebe sucht, gibt es irgendwann seine Abwehr auf und lässt alles über sich ergehen. Damit es sich nicht so ausgeliefert fühlt, erstarrt es innerlich, sein Geist verlässt den Körper und verkriecht sich irgendwo tiefer in sich, wo die Mutter es nicht erreicht.

Wie ähnlich mutet diese Szene zwischen Mutter und Kind der einer sexuellen Überwältigung oder Vergewaltigung an. Die Parallele ist nicht zufällig. Die Grenze der Selbstbestimmung des Kindes wird hier vom Erwachsenen überschritten. Sein körperlich ausgedrücktes »Nein« wird nicht ernstgenommen und beiseitegeschoben. Tatsächlich wird das Kind hier emotional und körperlich missbraucht.

Sexueller Missbrauch kann viele verschiedene Formen annehmen. Im familiären Rahmen findet Missbrauch meist nicht in der kalten, brutalen Weise wie unter Fremden statt. Er geschieht eher subtil und verdeckt, etwa in Form von Liebkosungen, die mehr oder wenig erotisch getönt sind. Sie kommen wie liebevolle Küsse, Umarmungen und Berührungen daher, verweilen aber ein wenig zu lange, fühlen sich ein wenig zu intim an und hinterlassen eine bedeutungsschwangere Spur. Das Kind oder der/die Jugendliche wird in Zonen eingeladen, die eigentlich Intimpartnern vorbehalten sind: der Couch, das Bad, das Schlafzimmer, das Bett. Dort kommt es zu persönlichen Vertraulichkeiten, Entblößungen, Berührungen und Intimitäten, die nicht dem Eltern-Kind-Verhältnis angemessen sind. Die Mutter weiht das Kind in intime Einzelheiten aus ihrem eigenen Vorleben oder ihrer ehelichen Beziehung ein, die nicht für kindliche Ohren bestimmt sind. Damit wird die *Generationsgrenze*, die die Lebenssphäre der Erwachsenen von der der Kinder trennt, *überschritten.*

Mütterliche Grenzüberschreitungen geschehen manchmal auch versteckt, verborgen hinter übermäßigen körperpflegerischen Maßnahmen wie der Inspektion und Reinigung der Geschlechtsorgane des Kindes oder dem übermäßig starken Interesse an der sexuellen Entwicklung des Heranwachsenden und an dessen Kontakten mit dem anderen Geschlecht. Das Kind wird nicht in seiner Privat- und Intimsphäre respektiert: Die Mutter richtet ihm die Garderobe selbst im fortgeschrittenen Alter und zupft in der Öffentlichkeit an seiner Kleidung. Sie geht ohne anzuklopfen ins Badezimmer, wenn es darin ist und verbietet ihm, die Tür zuzuschließen. Sie legt sich ungebeten zu ihm ins Bett und kuschelt mit ihm. Sie durchstöbert seine Schränke und Schubladen und liest in seinen Tagebüchern und Briefen. Überhaupt verhält sie sich so, als sei es ihr natürliches, angeborenes Recht, alles über *ihr* Kind zu wissen und über es zu bestimmen. Nicht nur okkupiert sie damit große Bereiche in seinem Leben. Sie vermittelt ihm auch das Gefühl, dass sein Leben, besonders sein Intimleben innigst mit *ihrem* eigenen Leben und Intimleben verquickt ist, dass also alles, was das Kind tut, sie in ihrem Befinden beeinflusst.

Hier überlagert sich die sexuelle Besetzung des Kindes mit der fortdauernden Mutter-Kind-Symbiose. Die Mutter hält das Privateste, was das Kind hat, seinen Körper und seine Sexualität, für ihr

Eigentum. Dieser Zustand lebenslanger Hörigkeit erinnert an Sklaverei oder Leibeigentum. Er ist eigentlich noch unauflösbarer, denn es gibt keine innigere und abhängigere Verbindung zwischen zwei Menschen als die zwischen Mutter und Kind.

Reaktionen des Kindes auf den sexuellen Missbrauch

Was geschieht in einem dermaßen in Besitz genommenen Kind?

Es wehrt sich zuerst. Indem es sich abwendet, die Mutter zurückstößt und nein sagt. Es versucht, auf diese Weise seine Grenze zu ziehen. Wenn dies alles nichts nutzt, dann lässt es alles über sich geschehen. Es lässt seine Grenzen überrennen und zieht sich möglichst unmerklich hinter seine Verteidigungslinien zurück. Äußerlich macht es scheinbar alles mit, innerlich baut es jedoch eine unsichtbare Festung um sich herum. Dort igelt es sich in sich selbst ein und versucht zu überwintern, bis der Sturm vorbei ist.

Wir kennen solches Verhalten auch von Untertanen totalitärer Regime. Sie machen äußerlich alles mit, behalten aber ihre Gefühle und Gedanken für sich, die sie nur mit ganz Vertrauten teilen. Ihr Leben spaltet sich damit in ein äußeres und ein inneres, nach dem Motto: »Die Gedanken sind frei.«

Was die Sexualität angeht, spaltet diese sich ebenfalls. Ähnliches kennen wir aus den Berichten von Prostituierten (die häufig selbst Missbrauchserfahrungen haben). Den Freiern überlassen sie geschäftsmäßig ihr Geschlecht, indem sie sich dort empfindungslos machen, behalten dafür aber andere Körperzonen, etwa ihre Lippen oder ihre Hände, als Intimbereiche, die nur ein wirklicher Liebespartner berühren darf.

Normalerweise besitzen Menschen eine organismische, das heißt von der Natur eingebaute körperliche Barriere gegen alles, was für sie unbekömmlich oder schädlich ist. Diese Barriere ist das *Ekel*. Dies betrifft vor allem die Nahrungsaufnahme (den oralen Bereich) und den sexuellen Kontakt. Wir fühlen Wohlbehagen, wenn wir etwas aufnehmen, was uns gut schmeckt und uns guttut. Dagegen überkommt uns Ekel, wenn wir etwas Widerwärtiges riechen, schmecken oder berühren. Sexualität hat vor allem mit diesen drei Nahsinnen zu tun: Riechen, Schmecken, Berühren. Kommt ein Mensch uns körperlich und sexuell zu nahe, der uns zuwider ist, spüren wir automatisch Ekel. Wir wenden uns angewidert ab und stoßen das Gegenüber weg. Es wird uns übel bis zum Erbrechen. Diese instinktive Reaktion ist jedoch einem missbrauchten Menschen verwehrt. Ein Kind, dem eine widerwärtige Nähe aufgezwungen wird, eine Nähe, der es nicht entfliehen kann, obwohl alles in ihm sich dagegen sträubt, ist gezwungen, sein Ekel abzustellen und zu betäuben. Es muss sich de-sensibilisieren, sich also empfindungslos machen. Das führt dazu, dass es seinen Geruchs- und Geschmackssinn und seine Berührungsempfindungen gänzlich abstellt. Es lernt, seine inneren Ekel-Barrieren auszublenden und zu ignorieren. Irgendwann spürt es diese gar nicht mehr.

Die zweite organismische, im Menschen eingebaute Barriere ist die *Scham*. Scham schützt uns vor dem ungebetenen Blick oder dem Zutritt in unsere Intimität. Sie ist wie der Vorhang vor dem Fenster unserer Wohnung, damit kein Fremder hereinschauen kann, oder wie das Schloss an der Badezimmertür, damit wir ungestört unsere Toilette machen können. Wenn jemand sich dennoch gewaltsam Einlass verschafft, veranlasst unser Schamgefühl, uns zu schützen, indem wir aufschreien und die Tür zuwerfen. Wo dies misslingt, versuchen wir, uns zumindest zu verhüllen und uns in eine sichere Ecke zurückziehen. Bei einer gewaltsamen Überschreitung unserer Intimgrenzen bricht jedoch jede Gegenwehr zusammen. Dann versagt neben dem Ekel auch die Scham darin, uns vor dem Angriff zu schützen.

Damit nicht genug. Gleichzeitig mit dem Zusammenbruch der Scham- und Ekelbarrieren wird ein von der Mutter sexuell missbrauchtes Kind gegen seinen Willen sexuell überstimuliert. Auf der einen Seite geht ihm das natürliche Scham- und Ekelempfinden verloren, auf der anderen Seite steigt seine sexuelle Erregung. Es ist seiner sexuellen Erregung ausgeliefert und kann diese überhaupt nicht mehr kontrollieren. Somit erlebt es seine sexuellen Empfindungen nicht als etwas, das ihm und nur ihm gehört. Sie wurden von Anfang an von der Mutter manipuliert und fremdgesteuert. Daher erlebt das Kind seine sexuellen Empfindungen als etwas Aufgezwungenes, als etwas, das es über sich ergehen lassen muss. Es fühlt die sexuelle Erregung im eigenen Körper, kann sie aber nicht selbst steuern. Es ist ihr hilflos ausgeliefert.

Dazu kommt, dass *seine Sexualität auf diese perverse Form der Sexualität konditioniert und fixiert wird.* Sie verengt sich auf sexuelle Praktiken, die übergriffig, beschämend oder demütigend sind. In einem missbrauchten Menschen ist alles, was mit Erotik oder Sexualität zu tun hat, mit »verschmutzten« Phantasien und Impulsen verbunden. Jedes Mal, wenn er in sich eine sexuelle Erregung spürt, werden solche Gedankenbilder unwillkürlich in ihm wachgerufen. Wenn ein missbrauchter Mann eine Frau attraktiv findet, tauchen automatisch die konditionierten, in seinem Unbewussten gespeicherten Phantasien und Wünsche auf. Er ist ihnen willenlos ausgeliefert. Es ist wie ein Wiederholungszwang. Diese Ohnmacht über seine eigene Sexualität ist eine der schwersten Folgen des sexuellen Missbrauchs. Sie befällt den betroffenen Menschen auch im Erwachsenenleben. Er ist seinen konditionierten sexuellen Impulsen ausgeliefert. Jedes Mal, wenn er sich sexuell erregt fühlt, sieht er sich gezwungen, diesem Impuls nachzugehen, selbst wenn er es nicht will. Er ist wie von einem ihm eingepflanzten Befehlsgeber fremdgesteuert. So kommt es, dass *ein sexuell missbrauchtes Opfer selbst zum Täter wird,* der sich an anderen Menschen vergeht.

Dabei übersehen wir leicht, dass der sexuell Missbrauchende nicht nur die Grenzen seines Opfers verletzt. Er verletzt und zerstört gleichzeitig seine eigenen Intimgrenzen. Ein Täter tut nicht nur seinem Opfer Schlimmes an, sondern ebenfalls sich selbst. In ihm geht etwas Humanes zugrunde.

Sexuelle Gewalt kann erheblichen Schaden anrichten. Denn sexuelle Energie ist, zusammen mit der Aggression, die stärkste Antriebskraft im Menschen. Sexualität dient der biologischen Fortpflanzung, Aggression dem Selbsterhaltungstrieb. Sie sind überdies eng miteinander verbunden. Zum einen kennen wir aus der Natur, dass männliche Tiere bis aufs Blut um ein Weibchen rivalisieren. Bei kultivierten Menschen ist es nicht viel anders: In Homers *Illias*, einem der ersten Zeugnisse abendländischer Dichtung, geht es im Trojanischen Krieg um den Kampf um eine einzige Frau, einem Krieg, dem zehntausende Menschen zum Opfer fallen.

Zum anderen können sexuelle und aggressive Erregung sich bis zum Rausch steigern, so dass die davon ergriffenen Menschen Handlungen begehen, die ihnen bei klarem Bewusstsein nie einfallen würden. Wir kennen den Blutrausch. Wir kennen den sexuellen Rausch. Wenn sie zusammentreffen und ineinander verschmelzen, entsteht sexualisierte Gewalt. So kommt es vor, dass ein Mann, der eine Frau überwältigt und sich zunächst »nur« an ihr befriedigen will, sie nach der Vergewaltigung wie im Rausch tötet. Dieses Phänomen tritt auch im Krieg auf: Soldaten können, wenn sie nicht durch einen Ehrenkodex zurückgehalten werden, nach der Eroberung eines feindlichen Gebietes über die dortigen Frauen herfallen, sie vergewaltigen und danach umbringen. (So geschehen im Vietnamkrieg in My Lai, wo amerikanische Soldaten ein Dorf überfielen, Frauen vergewaltigten und über 500 Zivilisten, darunter zahlreiche Kinder, Frauen und Greise umbrachten. Danach setzten sie sich hin und vesperten.)

Kommen wir nun zurück zu den Auswirkungen von sexuellem Missbrauch eines Kindes durch die Mutter.

Neben dem Verlust an sexueller Selbstbestimmung finden wir bei missbrauchten Menschen vor allem einen *Verlust an Vertrauen*, vielleicht sogar Urvertrauen. Normalerweise bietet die Mutter ihrem Kind die Basis dafür, sich in der Welt sicher und behütet zu fühlen. Wenn das Kind sich wehgetan hat oder von fremder Seite gekränkt worden ist, läuft es zur Mutter und lässt sich trösten. Wenn aber die Mutter selbst zu einer Quelle der Bedrohung geworden ist, kann das Kind nirgendwohin flüchten. Der Vater ist meistens abwesend oder fühlt sich nicht für das Kind zuständig. Gelegentlich gibt es noch eine Großmutter, die ihm zuhört und es tröstet, aber sie ist nur selten da und darf nicht eingreifen. Manchmal sind Geschwister da, mit denen man das Leid teilen kann. Diese sind jedoch kaum imstande, einem Geschwisterkind den notwendigen Schutz vor den eigenen Eltern zu bieten. Wenn das Kind Glück hat, begegnet es einer Kindergärtnerin oder Lehrerin, die sich seiner annimmt. Oder es findet Unterschlupf bei den Eltern eines Freundes oder einer Freundin, die es unter ihre Fittiche nehmen.

Aber in den meisten Fällen müssen missbrauchte Kinder ausharren in der Hoffnung, es werde irgendwann besser, wenn sie einmal erwachsen sind. Der Verlust an Vertrauen und sexueller Selbstbestimmung macht es ihnen jedoch auch im Erwachsenenalter schwer, in der Welt draußen Fuß zu fassen und gute Beziehungen aufzubauen. Sie fallen oft in das gleiche Muster, das sie vom Elternhaus her kennen und müssen sich mühsam aus den zwischenmenschlichen Fallstricken herausarbeiten.

Es ist besonders für *männliche Opfer sexuellen Missbrauchs* schwer, überhaupt zu erkennen, dass sie missbraucht worden sind. Denn dies widerspricht der landläufigen Meinung und dem Vorurteil, dass Männer auf dem sexuellen Gebiet die Aktiven und Frauen die Passiven seien, dass Männer die Täter und Frauen die Opfer seien. Beim sexuellen Missbrauch durch die Mutter ist das Verhältnis aber genau umgedreht: Hier die große bestimmende Frau, da der kleine ausgelieferte Mann. Angesichts der herkömmlichen Rollenerwartung ist es für einen Mann unerträglich, sich selbst als ein Opfer zu definieren. Dies würde ihn mit Scham erfüllen. Er fühlte sich nicht mehr als »ganzer« Mann.

Dazu kommt, dass der Sohn bei dem sexuellen Übergriff manchmal selbst erregt wird. Wenn er dabei sexuelle Erregung spürt, so meint er, könne er doch nicht ganz unbeteiligt und schuldlos gewesen sein. »Es hat dir doch auch Spaß gemacht!«, behaupten viele Täter und machen damit das Opfer zum Komplizen. Tatsache ist jedoch, dass das Lustempfinden des Missbrauchsopfers nur eine körperliche Reaktion ist, eine Reaktion auf die Grenzverletzung, die ihm vom Täter oder von der Täterin zugefügt worden ist. Von sich aus hätte es diese Art der Lust nicht gesucht.

Eine zusätzliche Verwirrung stiftet die Tatsache, dass der Missbrauch von der Mutter kommt. Eine Mutter gilt im Allgemeinen als die beste Betreuungsperson für ein Kind. Mütter genießen nicht nur in traditionellen Kreisen die allergrößte Hochachtung und Verehrung. Daher stoßen Klagen über mütterlichen Missbrauch und mütterliche Misshandlungen zunächst auf taube, dann auf ungläubige Ohren. Vätern traut man so etwas Ungeheuerliches viel eher zu. Einer Mutter solche Taten vorzuwerfen, erscheint fast wie ein Sakrileg. Die Mutter muss eine Heilige bleiben, während man die (schmutzige) Sexualität auf Dirnen projiziert. Dadurch entsteht die klassische Spaltung des Frauenbildes in »die Mutter und die Hure«. [1]

Selbst wenn ein Mann irgendwann erkennen sollte, dass er von seiner Mutter misshandelt oder missbraucht worden ist, ist es nicht einfach für ihn, einen Therapeuten oder eine Therapeutin zu finden, der oder die ihm Glauben schenkt. Viel eher begegnet er Anzweiflungen und Beschwichtigungen: »Na, es wird nicht so schlimm gewesen sein. Vielleicht hat sie es ein bisschen übertrieben. Ich denke, es war kein Missbrauch, bestenfalls eine kleine Grenzübertretung …«

Aus all diesen Gründen bleibt der missbrauchte Mann oft allein in seiner Not. Er fühlt sich verwirrt in Bezug auf seine Sexualität und schämt sich. Seine Liebesbeziehungen kann er nicht lange halten. Intimität macht ihm Angst. Seine sexuellen Impulse hat er auch nicht im Griff: Er ist entweder sexuell viel zu aufgeladen, oder er muss seine Sexualität gänzlich unterdrücken. Unter beidem leidet er. Insofern leidet auch ein Don Juan unter seiner Triebhaftigkeit. Sein Drang kommt nicht etwa von wirklicher Sinnlichkeit oder Leidenschaft. Es ist eher der unwiderstehliche Zwang, den erlittenen Missbrauch und die Schmach ständig zu wiederholen. Es geht ihm ums Erobern und anschließende Fallenlassen. Indem er die Rollen umkehrt und Verführer und Herzensbrecher wird, rächt er sich unbewusst an den Frauen. Bisweilen bereiten ihm seine Liebesaffären so viele Probleme, dass er sich Liebe und sexuellen Begegnungen gänzlich entsagt. Sie haben ihn immer nur in einen Teufelskreis geführt und ihm dabei so viel Schmerzen zugefügt.

Pornographie ist eine andere Möglichkeit, aufgestaute sexuelle Energie loszuwerden. Pornographie hat sich nur deshalb so massenhaft im Internet verbreiten können, weil sie einen scheinbar perfekten Ausweg bietet, frustrierte und verirrte sexuelle Bedürfnisse zu kanalisieren (dies gilt übrigens für Männer wie für Frauen: 70 % aller Männer und 30% aller Frauen schauen sich Pornos an[2]), denn:

- Pornographie kann von jedermann / jederfrau heimlich unter Ausschluss der Öffentlichkeit in den eigenen vier Wänden konsumiert werden. Dadurch umgeht sie die Schambarriere des Betrachters.
- Pornographie beflügelt die Phantasie, wodurch jede / r sexuell Frustrierte sich wie ein potenter Macho oder eine Sexbombe fühlen darf.
- Pornographie gibt dem Konsumenten die Illusion grenzenloser Macht über das andere Geschlecht.
- In der Anonymität des Internets können gesellschaftliche Tabugrenzen ohne Scham überschritten werden.
- Dadurch eignet sich Pornographie besonders für ehemalige Opfer sexuellen Missbrauchs, die sich entweder in die Rolle des passiv erleidenden Opfers oder des aktiv agierenden Täters

versetzen und sich mit dem einen oder dem anderen identifizieren können.

- Der Betrachter kann die oft menschenverachtenden sadistischen Handlungen in der pornographischen Darstellung an die Pornodarsteller delegieren. Er ist »nur« ein unschuldiger Zeuge und Betrachter. Er macht sich die Hände nicht schmutzig.
- Das Ganze geschieht nur virtuell. Man braucht keinerlei persönlichen Kontakt mit einem/r realen PartnerIn. Dies ermöglicht gehemmten oder missbrauchten Menschen das Ausleben ihrer Sexualität, ohne dass sie sich um eine/n PartnerIn zu bemühen oder die Folgen von Sexualität zu bedenken haben.

Leider sind die Folgen der Pornographie verheerend. Einerseits ist durch deren massenhaften Konsum eine ungeheure pornographische Industrie entstanden, bei der vorwiegend Frauen als Darstellerinnen sexuell ausgebeutet werden. Pornokonsumenten sind daher für den Missbrauch, manchmal auch die Vergewaltigung Schwächerer (auch von Kindern und Unmündigen) mitverantwortlich. Außerdem internalisieren sie die meist rohen sexuellen Praktiken aus der Pornographie. Damit »verschmutzen« sie ihre eigene Psyche in nicht unerheblichem Maße. Durch den regelmäßigen Konsum von Pornographie, der bei vielen Menschen suchtartigen Charakter aufweist, werden ihre realen intimen Beziehungen beeinträchtigt. Diese verarmen oder können gänzlich versanden. Insofern können wir den Gebrauch von Pornographie als einen Akt des *sexuellen Selbstmissbrauchs* betrachten. Leider sind unsere Medien heute massenhaft mit sexuellen und aggressiven Inhalten gefüllt. Sie schaffen einen riesigen virtuellen Raum voller sexueller und aggressiver Phantasien und infizieren alle, die sich ihnen unkritisch aussetzen (Roth 2007).

Heilung des sexuellen Missbrauchs durch die Mutter

Sexuell missbraucht zu werden gehört zu den tiefsten Traumata, die ein Mensch erleben kann. Noch schwerwiegender ist es, wenn die Verletzung durch die Mutter geschieht. Solche Erfahrungen liegen so früh in der Kindheit und so lange zurück, dass das betroffene Kind die Folgen des Missbrauchs wie etwas Selbstverständliches empfindet, etwas das ganz normal zu ihm gehört. So findet der eine Missbrauchte es ganz normal, wenn er ständig sexuell erregt herumläuft und nach schneller Befriedigung sucht, egal wo und mit wem. Ein anderer vermag zu keiner Frau nein zu sagen, auch wenn er sie abstoßend findet. Ein Dritter macht völlig zu und lebt freiwillig zölibatär. Alle drei sind in ihrer Intimität verletzt. Die ersten beiden sind nicht fähig, sich sexuell abzugrenzen. Sie haben ihre sexuelle Selbstbestimmung verloren. Der Dritte macht seine intimen Grenzen vollkommen dicht.

Wenn die Verletzung so sehr zur eigenen Normalität gehört, bedarf es eines Weckrufs, damit der betroffene Mann aufwacht und sein eigenes Verhalten in Frage stellt. Dies kann ein Zeitungsbericht über das Thema sexueller Missbrauch sein. Oder ein Freund, der ihn auf sein absonderliches Verhältnis zur Mutter und zu Frauen hinweist. Es kann eine Frau sein, die ihn liebt und ihn darauf aufmerksam macht, dass etwas mit ihm nicht stimmt. Umgekehrt kann es sein, dass er eine Frau liebt und daran verzweifelt, dass sie vor ihm wegläuft. Dann beginnt er endlich über sich und die möglichen Ursachen seiner Veranlagung nachzudenken.

Doch bis er begreift, dass er missbraucht worden ist, muss er noch manche inneren Barrieren überwinden. Zum einen verbietet es der männliche Stolz, dass ein Mann sich als Opfer einer Frau begreift. Wenn diese Frau auch noch die eigene Mutter ist, fällt es dem Sohn besonders schwer, sie als Täterin zu sehen. Zu tief sitzt in jedem Menschen das Stereotyp der liebenden Mutter und das Tabu, sie einer solchen Ungeheuerlichkeit zu bezichtigen.

Missbrauchsopfer haben Mühe, Therapeutinnen und Therapeuten davon zu überzeugen, dass sie von der Mutter missbraucht worden sind. Therapeuten sind auch Menschen mit ihrer eigenen Geschichte. Wenn sie ihre eigene Mutterbeziehung nicht ausreichend bearbeitet haben, haben sie möglicherweise einen blinden Fleck für die Not eines missbrauchten Klienten und verharmlosen die ganze Sache.

Findet der Betroffene endlich jemanden, der ihm Glauben schenkt und ihn in seiner Verletzung bestätigt, kann langsam der Heilungsprozess beginnen. In dieser Phase ist die Unterstützung sowohl von therapeutischer Seite als auch von Menschen, die ihn verstehen und bestärken, unentbehrlich. Hier können Selbsthilfegruppen und Männergruppen von großem Wert sein.

Zuerst geht es darum, die verletzten inneren Grenzen wiederherzustellen. Der Betroffene braucht eine sichere Grenze zwischen sich und der Mutter, um sich vor neuen Übergriffen zu schützen, aber auch um sich selbst als ein von der Mutter getrenntes Individuum spüren zu können. Dies geschieht etwa, indem er den Kontakt zu ihr einschränkt oder zeitweise abbricht, oder indem er ihr nichts Persönliches mehr anvertraut. Er kann nachspüren, was ihm guttut und was nicht, wenn er mit seiner Mutter zusammen ist.

Das Sich-Spüren ist entscheidend wichtig, sowohl in seinem Körper als auch in seinen Gefühlen. Denn diese geben ihm die wesentlichen Hinweise auf das, was ihm guttut und was nicht. So können Gefühle, die er bisher verdrängt hat, langsam aus der Versenkung aufsteigen: Ekel, Übelkeit, Scham, Unlust, Widerwillen, Schmerz – sie signalisieren ihm, dass etwas für ihn unbekömmlich, ja abstoßend ist. Vor allem die Wiederbelebung des betäubten *Ekels* und der *Scham* als die wichtigsten organismischen Schutzbarrieren gibt dem ehemaligen Missbrauchsopfer die Möglichkeit zu unterscheiden, was gut und was schlecht für es ist. Diese Grenzgefühle sensibilisieren es für künftige Gefahren, vor denen es sich schützen sollte. Ein Missbrauchter hat oft kein Gespür für bedrohliche Situationen und rennt blind hinein. Er muss lernen und sich erlauben, nein zu sagen zu allem, was er nicht will. Auf diese Weise lernt er langsam, sich zu behaupten und zu sich zu stehen.

Indem er sich abgrenzt, kann er auch seine eigenen Bedürfnisse besser wahrnehmen. Nachdem er sich dem verweigert hat, was ihm nicht guttut, kann er sich dem zuwenden, was ihm guttut. Er lernt langsam sich selbst kennen, in seiner Körperlichkeit, in seinem eigenen Rhythmus und seinen eigenen Vorlieben. Es kann sein, dass diese Entdeckungen erst einmal ganz klein und bescheiden sind. Sexuell missbrauchte Menschen berichten bisweilen, dass sie die Empfindung für ihren eigenen Körper nur zentimeterweise zurückgewinnen können, so empfindlich und wund fühlt sich die Haut an. Es ist, als müssten sie sich einen Kontinent, von dem sie einmal in Panik geflohen sind, Stück für Stück wieder aneignen: »Das bin ich. Das gehört zu mir. Darüber bestimme ich und nur ich allein.« So entdecken sie ihre eigene Sinnlichkeit neu, dort wo sie sich vorher betäubt und empfindungslos gemacht haben. Es ist, wie eine neue, vorher verbotene Sprache zu lernen.

Sprechen ist tatsächlich wichtig. Das Tabuisierte, Unbenennbare kann endlich ausgesprochen werden. Das eigene Leid, die Schmerzen, die Erniedrigung auszusprechen und Gehör und Verständnis zu finden, ist für einen Missbrauchten wichtig, damit er die eigene Geschichte und das eigene Leben wieder in die Hand nimmt, wo er sonst das Gefühl hat, ein vom Schicksal Hin- und Hergeworfener zu sein. Es ist für ihn ebenfalls eminent wichtig, dass man ihm Glauben schenkt. Zu oft hat man ihm nicht geglaubt oder den Missbrauch bagatellisiert.

Opfer werden im Laufe ihres Lebens nicht selten zu Tätern. Selber Täter zu werden, ist einer der gängigsten Abwehrmechanismen für erlittenes Leid. Man identifiziert sich mit dem Täter, fühlt sich mächtig und projiziert die Opferrolle auf einen Schwächeren. Dies kann zu einer Art Wiederholungszwang führen, mit dem man das Leid auf andere überträgt und damit fortpflanzt.

Für einen sexuell missbrauchten Menschen ist es daher notwendig, ehrlich und schonungslos zu schauen, wo er möglicherweise anderen Menschen geschadet hat. Ist er jemandem, der von ihm abhängig war, zu nahegetreten und hat dessen intime Grenzen verletzt? Hat er jemanden, der ihn geliebt hat, gekränkt und von sich gestoßen? Dann gilt es, die eigenen Fehltritte zu bedauern und um Verzeihung zu bitten. Man kann auch indirekt Menschen schaden, zum Beispiel indem man Pornographie konsumiert und zum Betrachter von menschenverachtenden sexuellen Handlungen wird, oder indem man verächtlich über Frauen spricht oder Witze über sie macht. Buddhisten sagen, man solle nicht nur auf die eigenen Handlungen achten, sondern auch auf sein Sprechen und seine Gedanken. Viele Übeltaten nehmen ihren Anfang in gehässigen Gedanken und Gefühlen. Diese können nicht nur das Individuum innerlich vergiften. Hass und Niedertracht können sich atmosphärisch wie ein Gift ausbreiten und eine ganze Gemeinschaft infizieren. Daher ist es wichtig, was man in den Medien und sozialen Netzwerken aufnimmt und weitergibt.

Damit ist die Eigenverantwortung des ehemaligen Missbrauchsopfers angesprochen. Die Verantwortlichkeit gilt besonders für den Bereich seiner intimen Beziehungen und seiner Sexualität. Wenn man von jemandem, der einem so nahesteht wie die Mutter, missbraucht worden ist, fällt es schwer, überhaupt jemals einem anderen Menschen zu trauen und ihn näher an sich heranzulassen. Die Regulierung von Nähe und Distanz ist essenziell wichtig für einen missbrauchten Menschen. Wenn er einen Freund oder einen Liebespartner findet, muss er immer wieder die emotionale und körperliche Nähe zu diesem neu auspendeln. Dies erinnert an die Geschichte vom Kleinen Prinzen und dem Fuchs. In *Der Kleine Prinz* von Antoine de Saint-Exupéry möchte der Fuchs gerne den Kleinen Prinzen näher kennenlernen. Der Fuchs ist jedoch ein wildes Tier:

»Komm und spiel mit mir«, schlug ihm der kleine Prinz vor. »Ich bin so traurig« »Ich kann nicht mit dir spielen«, sagte der Fuchs, »Ich bin noch nicht gezähmt.« (…) »Was bedeutet zähmen?« (…) »Es bedeutet ›sich vertraut machen.‹ (…) Noch bist du für mich nichts als ein kleiner Junge, der hunderttausend kleinen Jungen völlig gleicht. Ich brauche dich nicht. Und du brauchst mich ebensowenig. Ich bin für dich nur ein Fuchs, der hundertausend Füchsen gleicht. Aber wenn du mich zähmst, werden wir einander brauchen. Du wirst für mich einzig sein in der Welt. Und ich werde für dich einzigartig sein in der Welt.« (…)

»Was muss ich da tun?«, sagte der kleine Prinz. »Du musst sehr geduldig sein«, antwortete der Fuchs. »Du setzt dich zuerst ein wenig abseits von mir ins Gras. Ich werde dich so verstohlen, so aus dem Augenwinkel anschauen, und du wirst nichts sagen. Die Sprache ist die Quelle der Missverständnisse. Aber jeden Tag wirst du dich ein wenig näher setzen können …« (Saint-Exupéry 1988, S. 67)

Einem missbrauchten Menschen näherzukommen ist ein ähnliches Abenteuer. Er hat einerseits Angst vor einer nahen Beziehung, andererseits hegt er eine große Sehnsucht nach menschlicher Wärme. Es kann Jahre dauern, bis das Zähmen gelingt. Manchmal geht es vor und zurück. Es braucht Zeit und Ausdauer, um seinem Selbstvertrauen und seinem Vertrauen in die Welt ein neues Fundament zu geben. Wenn dies aber gelingt, ist es wie eine Neugeburt. Ein großes Geschenk.

Kinder psychisch kranker Mütter[1]

Auf einer psychotherapeutischen Tagung habe ich einen Workshop mit dem Titel: *»Arbeit mit erwachsenen Kindern von schwer gestörten und psychotischen Müttern«* geleitet. In der Ankündigung zu diesem Workshop hieß es:

»Viele der Menschen, die therapeutische Hilfe aufsuchen, sind eigentlich nicht selbst krank. Vielmehr sind sie – ohne es zu wissen – Kinder schwer gestörter Mütter. Eine schwere Persönlichkeitsstörung oder psychotische Krankheit der Mutter stellt eine erhebliche Belastung für Kinder dar, deren Folgen sich oft erst im Erwachsenenalter zeigen. Diese Auswirkungen auf die erwachsenen Kinder sollen in diesem Workshop herausgearbeitet werden. Nicht zufällig finden sich bei Angehörigen medizinischer und sozialer Berufe viele, die selbst betroffen sind, ohne es zu wissen.«

Es kamen mehr als 30 Teilnehmerinnen und Teilnehmer zu dem Workshop. Der Raum war voll. Ich zeigte zunächst Dias aus einem Bilderbuch für Kinder, *Sonnige Traurigtage* von Shirin Homeier (2006). Die Bilder erzählen die Geschichte von Mona, einem neunjährigen Mädchen, das mit seiner Mutter allein lebt. Mit der Zeit merkt sie, dass ihre Mutter an manchen Tagen völlig verändert ist. Sie ist antriebslos, kümmert sich weder um den Haushalt noch um das Essen. Mona versteht nicht, was los ist. Sie fühlt sich alleingelassen und muss an diesen Tagen die Pflichten ihrer Mutter übernehmen. Erst als ihre Lehrerin im Sozialunterricht erzählt, dass es neben körperlichen auch psychische Krankheiten gibt, wagt Mona, sich der Lehrerin anzuvertrauen. Dieser gelingt es, die Mutter zu einer Behandlung zu bewegen.

Nach den Dias stellte ich einige Stühle in einen Innenkreis und lud Teilnehmerinnen und Teilnehmer, die ähnliche Erfahrungen wie Mona gehabt haben, ein, sich mit mir in den Innenkreis zu setzen. Es entstand zunächst eine Stille, viele hielten die Luft an. Dann stand einer nach dem anderen auf und setzte sich in den Innenkreis. Zuletzt waren es acht oder neun, die in der Runde saßen. Wir fingen an, zuerst zögernd, dann mutiger, uns von unseren Erlebnissen als Kinder psychisch kranker Eltern zu erzählen – wie es früher war, wie es heute ist. Es waren bewegende, manchmal auch lustige Geschichten, die wir miteinander teilten, während der Außenkreis gebannt zuhörte. Irgendwann stand eine von außen auf und setzte sich zu uns in den Innenkreis. Am Ende des Workshops dankte ich meinen Gesprächspartnern und bat sie, zu ihren alten Plätzen im Außenkreis zurückzukehren. Im großen Kreis standen wir auf, fassten uns an den Händen, und ich sagte: »Wir gehören dazu.«

Nach dem Workshop wurde mir gesagt, dass es Teilnehmerinnen und Teilnehmer gab, die sich nicht in den Innenkreis gesetzt haben, obwohl sie betroffen waren. Das hat mich nicht überrascht. 2008 besuchte ich eine eintägige Tagung in Heidelberg mit dem Thema »Kinder psychisch kranker Eltern – Resilienz und Bewältigung in Forschung und Praxis«. Es kamen über 100 Besucher aus einer Vielzahl psychosozialer Berufe. Nach der Tagung gratulierte ich Prof. Resch von der Universitätsklinik für Kinder- und Jugendpsychiatrie Heidelberg, einem der Initiatoren der Tagung zum Erfolg der Tagung. Er erwiderte, er wisse, dass viele der Besucher aus eigener Betroffenheit gekommen seien. Ein Jahr zuvor habe der Verein eine Veranstaltung gleichen Inhalts für Betroffene ausgeschrieben, zu der nur ganz wenige Menschen kamen. Deshalb hätten sie diesmal einen professionelleren Titel gewählt.

Seine Bemerkung, dass viele Menschen unseres Faches Kinder psychisch kranker Eltern sind, ließ mich nicht los. Ich bin ja selbst betroffen. Ich fing an, darüber nachzudenken, weshalb sich so viele ehemalige Kinder psychisch kranker Eltern in medizinischen und psychosozialen Berufen wiederfinden. Ich erinnere mich an einen

Comic der *Peanuts*: Sie zeigt Charlie Brown und Linus, wie sie, an einer Mauer gelehnt, sich über ihre Zukunftspläne unterhalten. Linus antwortet auf die Frage, was er denn werden möchte: »Ich werde Arzt! Dann bin ich endlich auf der *richtigen* Seite der Spritze!«

In unserer Gesellschaft belegen psychische Erkrankungen – dazu gehört auch Alkoholismus – die ganze Familie mit tiefer Scham. Ich begegnete dem Thema Scham erst Ende der achtziger Jahre[2]. Bis dahin hatte ich, trotz zweier Eigentherapien, keine wesentliche Besserung meines seelischen Befindens erfahren, obwohl ich schon ein erfolgreicher Therapeut und Ausbilder war. Das Buch *Facing Shame: Families in Recovery* der Therapeuten Fossum und Mason (1989) die über das Thema Scham in Alkoholikerfamilien berichteten und dabei auch ihre eigene persönliche Betroffenheit nicht verhehlten, gab mir den entscheidenden Impuls, mein Leben neu zu überdenken. Die Scham darüber, dass ich aus einer dysfunktionalen Familie mit einer psychisch gestörten Mutter und einem nicht anwesenden Vater stamme, holte mich ein. Seither beschäftige ich mich mit diesem Thema. Bis zu dem »Wir, die Kinder psychisch kranker Eltern, gehören dazu« war es ein weiter Weg.

Wie wachsen Kinder psychisch kranker Mütter auf?

Wie ist die Lebenssituation von Kindern psychisch kranker Eltern? In einem Papier des Dachverbandes Gemeindepsychiatrie e.V. heißt es:

»Die psychische Erkrankung eines Elternteils steht oft in Wechselwirkung mit weiteren psychosozialen Belastungsfaktoren, wie z.B. mit ehelichen Konflikten der Eltern, mit familiärer Disharmonie und Unzufriedenheit, mit länger andauernden Trennungen, mit einem Auseinanderfallen der Familie, mit finanziellen Einschränkungen, mit unzureichender Unterstützung, mit sozialer Isolation. Die Kin-

der sind öfter auf sich gestellt, müssen mehr als andere Kinder mit dem familiären Alltag und dem Haushalt, mit ihren Schulproblemen, mit ihrer Einsamkeit zurechtkommen und sie tun sich schwerer, eine eigene Identität zu entwickeln.«[3]

Chronische Traumatisierung: Mit einem psychisch kranken Elternteil aufzuwachsen bedeutet oft, chronisch und immer wieder traumatisiert zu werden – dies, ohne dass die Umwelt etwas davon merkt oder sich darum kümmert. Es ist *eine versteckte Traumatisierung in der Isolation.* Die Kinder erleben immer wieder, wie sie verlassen werden. Sie erleiden Beziehungsabbrüche, Grenzüberschreitungen oder bizarre Verhaltensweisen ihres kranken Elternteils.

Eine Frau berichtet, als Kind mit ihrer psychisch abnormen Mutter nackt umschlungen im Bett liegen zu müssen. Eine andere erzählt, wie sie von ihrer psychotischen Mutter fast erwürgt wurde. Eine dritte beschreibt, wie sie nach einem Familienstreit verzweifelt nach ihrer flüchtigen Mutter suchte, die immer wieder angedroht hatte, in den Fluss springen. Ein Mann berichtet, dass seine Mutter in seinem ersten Lebensjahr mehrmals ins psychiatrische Krankenhaus musste und er bei Verwandten untergebracht wurde. Eine Frau erzählt, wie ihre Mutter in der akuten Psychose stets nur per kryptischen Handzeichen mit ihr kommunizierte.

Bindungsstörung: Der Säugling und das Kleinkind sind in ihren ersten Lebensphasen existenziell auf die elterliche Präsenz und die emotionale Bindung an ihre Bezugspersonen angewiesen. Die Mutter ist normalerweise die primäre Bindungsperson für das Kind. Wenn die Mutter psychisch gestört oder depressiv ist, kann sie nicht angemessen auf das Kind reagieren und es nicht ausreichend versorgen. Besonders schwerwiegend ist es, wenn die Mutter nach der Geburt eine postpartale Depression erleidet, oder wenn die Mutter in den ersten Lebensjahren des Kindes länger ins Krankenhaus muss. Dann fällt die wichtigste Bindungsperson für das Kind weg. Es entsteht eine Bindungsstörung:

Bei einer *unsicher-vermeidenden Bindung* wird das Kind alleingelassen, zum Beispiel von einer depressiven Mutter. Es wächst ohne starke emotionale Bindung auf und vermeidet als Erwachsener enge Bindungen. Es bleibt oft Single oder geht nur oberflächliche Beziehungen ein. Es fühlt sich nicht liebenswert, trägt aber eine große Sehnsucht nach Nähe in sich.

Bei einer *unsicher-ambivalenten Bindung* erlebt das Kind die Mutter emotional schwankend und unzuverlässig. Das Kind ist auf die wechselnden Launen der Mutter angewiesen und lernt, sich minutiös an die Mutter anzupassen, damit es im richtigen Moment die Zuwendung der Mutter erwischt oder ihre Ablehnung vermeidet. Als Erwachsener ist es sich der Liebe seines Partners nie sicher und braucht immer wieder die Bestätigung, geliebt zu sein. Sein Intimverhalten wechselt zwischen großer Nähe und großer Distanz.

Bei einer *desorganisierten oder desorientierten Bindung* erlebt das Kind eine schwer gestörte, desorientierte Mutter, die während einer psychotischen Episode das Kind verlässt, bedroht, misshandelt oder missbraucht. Die Mutterbeziehung ist für das Kind völlig unberechenbar und daher sehr beängstigend. Solche Kinder sind oft traumatisiert und vermeiden später nähere Beziehungen. Gehen sie eine Liebesbeziehung ein, können die eigenen Traumata durch die erneute Nähe ausgelöst werden, so dass sie verbal oder physisch gewalttätig werden oder in panischer Angst flüchten (Reinszenierung des Traumas). Dies ist bei vielen Menschen, die an einer Borderline-Störung leiden, der Fall.[4]

Vom gesunden Elternteil im Stich gelassen: Wenn ein Elternteil psychisch krank ist, brauchen Kinder vom gesunden Elternteil Schutz vor dem gestörten Elternteil, eine wahrheitsgemäße Erklärung für dessen bizarres Verhalten, im Extremfall eine Trennung vom gestörten Elternteil oder zumindest einen geschützten Umgang. Leider wird ihnen eine solche Unterstützung nur selten zuteil. Manche Väter bemühen sich übermäßig um die kranke Mutter und verlangen die gleiche Rücksichtnahme von den Kindern, so dass die Wut, der Frust und die Bedürftigkeit der Kinder von ihm unbeachtet bleiben. Noch häufiger kommt es vor, dass der gesunde Vater irgendwann sein Bemühen um die kranke Mutter aufgibt und geht – entweder in die innere Immigration, in seine Arbeit oder in eine andere Liebesbeziehung, oder er lässt sich scheiden. Er lässt damit aber nicht nur seine Frau, sondern auch seine Kinder im Stich. Die Kinder werden mit dem gestörten Elternteil alleingelassen und werden nicht selten von diesem als Partnerersatz benutzt.

Desorientierung/Unwissen über die psychische Krankheit der Mutter: Kinder nehmen die Welt, in die sie hineingeboren werden, als gegeben an. Eine psychotische Mutter erscheint ihnen daher erst einmal als etwas Normales. Sie haben sie schon immer so gekannt und haben in den ersten Lebensjahren meistens keine Vergleichsmöglichkeit. Deshalb versuchen sie, wie jedes Kind, sich an das abnorme Verhalten der Mutter anzupassen. Erschwerend kommt die Tatsache hinzu, dass Kinder mit einem psychisch kranken Elternteil oft isoliert aufwachsen. Eine Klientin berichtet, dass ihre Eltern ganz weit vom nächsten Ort gewohnt haben. Sie habe einmal erlebt, wie ihr angetrunkener Vater die psychisch abnorme Mutter gewürgt habe. Deshalb sei sie als Jugendliche fortan immer in der Küche sitzen geblieben und habe aufgepasst, dass nichts Schlimmes zwischen den Eltern passiere.

Schuldgefühle, Überverantwortlichkeit, Parentifizierung: Wenn sich die Mutter absonderlich verhält, macht sich das Kind Gedanken darüber, woran das liegen könnte. In der auf sich selbst zentrierten Welt des Kindes meint es oft, es liege an *ihm*, dass die Mutter so traurig, aggressiv oder verstört ist. Darum bemüht sich das Kind, durch gutes Benehmen, »Liebsein«, Fleiß, Hilfe im Haushalt usw. die Mutter zu besänftigen. Es beginnt, für die Mutter zu sorgen. Dadurch kommt es zur Rollenumkehr (Parentifizierung). Wenn dies nicht gelingt, fühlt sich das Kind schuldig. Es weiß nicht, dass die Krankheit der Mutter nichts mit ihm zu tun hat. Ein tiefes Schuldgefühl verbietet es ihm, glücklich zu sein.

Stigmatisierung, Scham, Isolation, Doppelleben: Irgendwann kommt das Kind mit der normalen Welt außerhalb seines Elternhauses in Berührung. Es bemerkt, dass die Eltern seiner Kameraden sich anders verhalten als seine eigenen. Es hört auch, wie andere hinter seinem Rücken über seine Familie tuscheln, und beschließt, dass es besser sei, nichts nach außen dringen zu lassen. Es beginnt, sich seines Elternhauses zu schämen. Es ist ihm peinlich, Freunde zu sich nach Hause einzuladen, wo Unordnung herrscht oder wo sich die Mutter merkwürdig verhält. Es isoliert sich von der sozialen Umwelt. Damit ist es noch mehr der Willkür der kranken Mutter ausgeliefert.

Inneres und äußeres Chaos: Wenn die Mutter psychisch gestört ist und der Vater fehlt, ist niemand da, um den Alltag zu organisieren – Aufstehen, Frühstückmachen, Einkaufen, Mittagessen, Kochen, Waschen, Putzen – viele dieser Aufgaben liegen brach. Das Kind muss neben dem inneren auch mit dem äußeren Chaos fertig werden. Nicht selten muss es den Haushalt, die Pflege des kranken Elternteils, die Erziehung jüngerer Geschwister, den Umgang mit Behörden usw. übernehmen, ohne dass irgendein Erwachsener es ihm vorgemacht hätte. Es hat ständig das Gefühl, vom Leben überfordert zu sein.

Helfende Berufe: Ähnlich wie Kinder, die mit einem körperlich kranken Familienangehörigen aufgewachsen sind und später einen medizinischen Beruf ergreifen, fühlen sich Kinder psychisch kranker Eltern zur Psychiatrie, Psychotherapie, Sozialarbeit und anderen helfenden Berufen hingezogen. Sie haben ja von Kindesbein an gelernt, mit einem gestörten oder behinderten Menschen umzugehen. Dabei projizieren sie leicht ihr eigenes Leid in die Menschen, die sie betreuen. Es ist schwer für sie, das eigene Leid überhaupt zu sehen und anzunehmen. Sie haben Angst zusammenzubrechen und hilflos zu regredieren, wenn sie sich dessen bewusst werden.

Angst, selbst einmal psychisch krank zu werden: Diese einseitige professionelle Orientierung (»Ich bin stark – du bist schwach«) wird verstärkt von der untergründigen Furcht, einmal wie der kranke Elternteil auch psychisch krank zu werden. Daher verbergen sie ihre eigene Angst und Unsicherheit, selbst vor ihren engsten Freunden und ihrem Partner.

Wie kann Kindern psychisch kranker Mütter geholfen werden? Da sie sich oft große Sorgen um ihre Mutter machen und sich für diese verantwortlich fühlen, ist die Behandlung der kranken Mutter das erste, was man für die Kinder tun kann.

Hilfen für psychisch kranke Mütter

Statistische Erhebungen zeigen, dass Frauen sehr viel häufiger psychisch erkranken als Männer. 70 Prozent aller Medikamentenabhängigen sind weiblich, doppelt so viele Frauen wie Männer erhalten regelmäßig Beruhigungsmittel. Frauen leiden deutlich häufiger als Männer unter psychosomatischen und funktionellen Beschwerden ohne organische Befunde, und weltweit leiden dreimal so viele Frauen an Depressionen wie Männer.[5] Obwohl in der Statistik nicht zwischen kinderlosen Frauen und Müttern unterschieden wird, können wir davon ausgehen, dass ein Großteil der psychisch kranken Frauen Mütter sind. Denn sie stehen unter einer erheblich höheren Belastung als kinderlose Frauen.

Psychisch kranke Mütter sind mit einer Vielzahl von Problemen konfrontiert: Sie müssen erst einmal mit der eigenen Krankheit (Depression, Persönlichkeitsstörung, Schizophrenie o.ä.) fertigwerden – wobei viele gar nicht wissen, dass sie krank sind und eine Behandlung brauchen. Sie müssen mit der sozialen Stigmatisierung und Ausgrenzung umgehen, die mit einer psychischen Krankheit einhergehen. Sie haben oft heftige Partnerschaftskonflikte, die durch die Krankheit verursacht oder verschärft werden, nicht selten mit dem Resultat, dass sie vom Partner und Vater der Kinder verlassen werden. In diesem Fall müssen sie als Alleinerziehende für den Unterhalt der Familie sorgen. Wenn sie darin scheitern, rutschen sie in die Sozialhilfe ab, manchmal lebenslang. Sie müssen sich trotz ihrer Krankheit Tag für Tag um die Bedürfnisse ihrer Kinder kümmern und die alltäglichen Aufgaben bewältigen.

Muttersein an sich ist schon schwer genug. Aber mit einer psychischen Krankheit Mutter zu sein ist eine schier unmenschliche Aufgabe. Wenn eine Frau all die oben aufgezählten Aufgaben nicht bewältigen kann, gibt sie sich oft selbst die Schuld. Psychisch kranke Mütter lieben ihre Kinder genauso wie gesunde Mütter. Wie diese wollen sie das Beste für ihre Kinder. Sie sehnen sich nach einer guten Partnerschaft und einer heilen Familie. Aber sie geraten immer wieder in einen Teufelskreis, in dem die psychische Krankheit, die Überforderung durch den Alltag, die materielle Not, das Unverständnis der Umwelt, die soziale Isolation, ihre seelische Not und die ihrer Kinder sich wechselseitig so verstärken, dass die ganze Familie in eine Abwärtsspirale gezogen wird.

Hier ist die soziale Umwelt gefordert. Damit Mutter und Kinder nicht psychisch und sozial abstürzen, bedarf es eines Netzwerks an professionellen und nichtprofessionellen Hilfen, das der destabilisierten Familie Halt gibt. Im Rhein-Neckar-Kreis, wo ich wohne, gibt es ein Perinatales Präventionsnetz mit dem Namen »Hand in Hand«, das werdende Mütter frühzeitig unterstützt, um Depressionen und anderen psychischen Störungen vorzubeugen. Alle Berufsgruppen rund um Mutter und Kind wie Hebammen, Kinder- und FrauenärztInnen, PsychologInnen und PsychiaterInnen und die Jugendhilfe sind in dieses soziale Netzwerk integriert. Es gibt Selbsthilfegruppen für psychisch kranke Schwangere und Mütter sowie für erwachsene Kinder psychisch kranker Eltern. Mütter können mit ihren Kindern in die psychiatrische Klinik aufgenommen werden.

Wichtig ist hierbei auch die Betreuung des Kindesvaters bzw. des Partners der Kranken, der oft mit seinen Gefühlen von Hilflosigkeit, Verständnislosigkeit, Wut, Scham und Überforderung allein dasteht. Auch dieser braucht Unterstützung, damit er sich um die Kinder kümmern kann.

Hilfen für Kinder psychisch kranker Eltern

Was brauchen Kinder psychisch kranker Mütter an Hilfe?

Aufklärung über die psychische Krankheit der Mutter: Die Aufklärung über die psychische Erkrankung der Eltern stellt die erste und wichtigste Hilfe für deren Kinder dar:

»Kinder und Jugendliche äußern Wünsche nach konkreten Informationen über die Erkrankung, deren Verlauf und über Behandlungsmöglichkeiten wie auch über mögliche Erbeinflüsse. Sie wollen nicht geschont werden, sondern die Wahrheit hören. Jugendliche wünschen sich darüber hinaus eine aktive Einbeziehung in die Behandlung ihres erkrankten Elternteils (Lenz 2004).«[6]

Innere Distanz zur Krankheit der Mutter finden: *»Sie wollen nicht geschont werden, sondern die Wahrheit hören.«* Dies ist eine zentrale Aussage. Wie wir gesehen haben, fühlen sich Kinder psychisch kranker Mütter oft selbst »verrückt«: Sie sind verwirrt über die Diskrepanz zwischen dem, was sie daheim erleben, und der Realität draußen. Sie sind in der kranken Welt der Mutter gefangen, ohne zu wissen, dass sie sich im Gefängnis befinden. Daher erleben es die meisten Kinder psychisch kranker Mütter als eine Befreiung, wenn sie über deren Krankheit aufgeklärt werden. Dadurch entsteht eine angemessene innere Distanz zum Leiden der Mutter. Sie können die Behandlung der Mutter in die Hände professioneller Helfer legen und müssen nicht mehr »Eltern« oder »Therapeut« für sie sein.

Einen distanzierteren und angemesseneren Umgang mit der Mutter finden: Manchmal kann es wichtig für Kinder psychisch kranker Mütter sein, auch räumlich in Distanz zur Mutter zu gehen. Wenn die Mutter gewalttätig gegenüber den Kindern ist oder sie vernachlässigt, müssen diese in eine schützende Umgebung gebracht werden, sei es zum Vater, zu Verwandten, zu Pflegeeltern oder in eine soziale Einrichtung.

Verständigung mit dem Vater: Ein neues Verhältnis zum Vater muss ebenfalls gefunden werden. Vater und Kind haben zwar gemeinsam das Leben mit der kranken Mutter bzw. Partnerin geteilt. Nicht selten hat sich der Vater aber innerlich oder äußerlich von der Familie distanziert, hat sich nicht um die zurückgelassenen Kinder gekümmert, hat vielleicht eine neue Familie gegründet. Die Wut und Enttäuschung über den fehlenden Vater und die darunterliegende kindliche Sehnsucht müssen gefühlt und geäußert werden, bevor eine neue Basis zwischen Vater und Kind aufgebaut werden kann.

Wiederentdeckung der Geschwister: In einer dysfunktionalen Familie wachsen Kinder oft in unterschiedliche Rollen hinein. Besonders gut ist die Rollenverteilung in Familien mit einem alkoholkranken Elternteil erforscht. Dort übernimmt ein Kind die Rolle des strahlenden »Helden«, auf den alle stolz sind, während sein Gegenpart, der »Sündenbock«, die Aggression der Eltern auf sich lenkt. Ein Kind spielt den »Clown«, um alle aufzuheitern, während ein anderes, scheinbar »pflegeleichtes« Kind still und leise in den Hintergrund verschwindet. So unterschiedlich die Kinder auch sind, sie halten gemeinsam in ihrer jeweiligen Rolle das labile Familiensystem in Balance. Daher ist es für erwachsene Kinder psychisch kranker Eltern wichtig zu erkennen, dass alle unter der familiären Last gelitten haben und jedes sein Bestes gegeben hat, damit die Familie nicht auseinanderfällt. Die Wiederherstellung der Geschwisterbeziehung ist einer der lohnendsten Schritte zur seelischen Heilung. Wenn man in die geschwisterliche Gemeinschaft zurückfindet, wird etwas in der Seele wieder vollständig.

Nachsicht und Wertschätzung für sich selbst: Das Verhältnis zu sich selbst neu zu definieren stellt eine wesentliche Aufgabe für

Kinder psychisch kranker Mütter dar. Es geht vor allem darum, eine gute Beziehung zum Inneren Kind und Verständnis für sich und den eigenen Lebensweg zu finden: »Es lag nicht an Dir, dass Du es damals nicht geschafft hast, die Mutter glücklich zu machen, den Vater in der Familie zu halten, den Haushalt zu schmeißen und die Geschwister großzuziehen. Das war wirklich zu schwer für Dich! Du darfst Dich jetzt endlich um Dich selbst kümmern, um Dein eigenes Leben, Dein Wohlergehen und Deine eigene Familie.«

Gleichzeitig geht es auch darum, Verständnis für die eigenen, manchmal paradox erscheinenden Verhaltensweisen und Reaktionen zu entwickeln. Eine Klientin, Kind einer psychisch kranken Mutter, erzählt zum Beispiel, dass sie auch heute noch immer nur Unheil erwarte: dass ihre Liebesbeziehung scheitere, dass sie krank werde, dass ihrem Kind etwas Schlimmes zustoße usw. Manchmal verhalte sie sich gerade so, dass alles in die Brüche gehe. Wenn es zuhause zu harmonisch zugehe, werde sie nervös. Eigentlich fühle sie sich am sichersten, wenn ihre Befürchtungen wahr würden und eine Katastrophe tatsächlich eintrete. So sei sie einmal in einem Zugunglück verwickelt gewesen, und während alle anderen Passagiere in heller Aufregung gewesen seien, habe sie sich total ruhig gefühlt. Friedliche Zeiten würden sie dagegen eher misstrauisch machen.

Die Kinder psychisch kranker Eltern sind zäh. Sie haben gelernt, Stress auszuhalten. Manche sind geradezu Katastrophenprofis. Wenn sie im Laufe einer gut laufenden Therapie in ruhigeres Fahrwasser kommen, merken sie, wie schwer es ihnen fällt, loszulassen und das Leben zu genießen. Glücklichsein muss hier mühsam gelernt werden.

Stabile Beziehungen und Lebensverhältnisse aufbauen: Dabei sind Kinder psychisch kranker Mütter meistens gute und zuverlässige Partner. Sie schätzen und pflegen ihre Freundschaften und Liebesbeziehungen, weil sie wissen, wie kostbar diese sind. Da sie es aber von klein auf gewohnt sind, der Starke zu sein, ist es für sie nicht leicht, in ihren Beziehungen ihre Schwächen zuzulassen, ihre Bedürfnisse zu äußern und sich auf andere zu verlassen.

Therapeutische Hilfe: Therapie tut Kindern psychisch kranker Mütter gut. Aber der Weg zu einer eigenen Therapie kann sehr weit sein. Wir haben gesehen, dass Kinder psychisch kranker Mütter eher dazu tendieren, selbst Helfer zu sein, als Hilfe anzunehmen. Sie haben früh gelernt, selbst mit ihren Problemen fertigzuwerden. Erst wenn sie im Beruf oder im Privatleben scheitern, gehen sie, oft widerstrebend, zur Therapie.

Exkurs: Von Therapeuten, die selbst Kinder psychisch kranker Mütter sind

Am Anfang dieses Kapitels habe ich darauf hingewiesen, dass viele professionelle Helfer selbst Kinder psychisch kranker Eltern sind. Gerade weil psychische Störungen und Krankheiten in unserer Gesellschaft immer noch tabuisiert und stigmatisiert sind, ist es nicht einfach, als Therapeut dazu zu stehen, wenn wir selbst familiär davon betroffen sind.

Mut zur Wahrhaftigkeit ist hier angesagt. Nichts schafft mehr Vertrauen als Ehrlichkeit und Mitgefühl. Wenn wir als berufliche Helfer uns vor unseren Klienten und Patienten verstellen, wie sollen wir erwarten, dass sie sich ihrerseits in ihren Schattenseiten offenbaren? Allerdings ist Wahrhaftigkeit nichts, was uns in den Schoß fällt. »Wahrhaftigkeit ist die einem Widerstand abgenötigte Durchsichtigkeit eines Menschen für sich selbst.« (Bollnow 1958, S. 149) Es ist schmerzhaft, vor sich und der Welt zuzugeben, dass die eigene Mutter, der eigene Vater an einer psychischen Krankheit leidet oder gelitten hat. Gleichzeitig macht uns die Wahrheit frei. Wenn wir Zugang zu unserer eigenen Wahrheit haben, können wir auch furchtlos auf die Wahrheit unserer Klienten und Patienten schauen und ihnen helfen, dazu zu stehen.

TEIL III
Heilung und Versöhnung

Um gestörte Mutter-Sohn-Verhältnisse zu heilen, erscheint es mir wichtig, die Situation der Mütter in ihrer Tiefe und ihrer Breite zu verstehen. Daher werde ich zunächst auf die Schwierigkeiten eingehen, denen eine Mutter heute begegnet. Ich werde einen Bogen von den *patriarchalischen Verhältnissen*, wie ich sie in Teil II beschrieben habe, zu den heutigen gesellschaftlichen Bedingungen schlagen. Dabei werde ich auf den *modernen Feminismus*, insbesondere auf die *Gender-Diskussion* eingehen, die gravierende Folgen für das heutige Mutter-Sein nach sich zieht.

Ausgehend vom Kinderlied *Hänschen klein* werde ich dann skizzieren, wie ein erwachsener Sohn, der zu stark an seine Mutter gebunden ist, sich von dieser lösen und verabschieden kann.

Zum Abschluss des Buches kehre ich zu meiner persönlichen Geschichte und der Beziehung zwischen mir und meiner Mutter zurück. Ich werde beschreiben, wie es mir gelungen ist, die Beziehung zu meiner Mutter und meinem Vater zu klären. Dabei werde ich zwei Meditationen wiedergeben, die mir geholfen haben, meine Eltern in einem anderen Licht zu sehen.

Von der Schwierigkeit, heute Mutter zu sein

Ich bin in den 1960ern und 1970ern groß geworden, den Zeiten der Emanzipation vom alten autoritären und patriarchalischen System. Ich bin stolz, Teil der 68er-Bewegung zu sein. Wir sind damals aufgestanden, um gegen den Vietnamkrieg und das vermiefte, von Männern beherrschte gesellschaftliche und politische System der Bundesrepublik zu protestieren. Wir haben um eine demokratischere und menschenfreundlichere Welt gekämpft. Zusammen mit der politischen Revolte kam die sexuelle Revolution, die Pille und damit die Befreiung der Frau vom Fluch der ungewollten Schwangerschaft. Der Kampf um die Emanzipation der Frau, der bereits zu Beginn des 20. Jahrhunderts von Frauenrechtlerinnen begonnen worden ist (damals ging es vor allem um das Erlangen gleicher Bürgerrechte für Frauen wie das Wahlrecht und das Recht, selbstbestimmt arbeiten zu dürfen) und durch den Zweiten Weltkrieg und die restaurative Nachkriegszeit unterbrochen wurde, nahm wieder Fahrt auf.

In dieser Zeit war meine Lieblingsecke in Bibliotheken und Buchhandlungen die Regale, in denen Bücher über die Frauenemanzipation standen. Ich realisierte zum ersten Mal, wie sehr mein Denken und Fühlen von patriarchalischen Werten geprägt war, ohne dass ich mir dessen bewusst war. Ich schämte mich meines Mannseins. Als ich meine Frau kennenlernte und wir eine Familie gründeten, wollte ich es unbedingt anders machen als unsere Elterngeneration. Ich wollte nicht heiraten und meldete mich ein halbes Jahr nach der Geburt unseres Kindes arbeitslos, um mich um unsere Tochter zu kümmern. Gleichzeitig war ich der festen Meinung, dass es unbedingt notwendig sei, dass meine Partnerin so bald wie möglich wieder arbeiten ging. Ich hielt unsere Tochter fest, die am Fenster ihrer zur Arbeit eilenden Mutter nachweinte, und versuchte sie zu trösten. Wir gaben unsere Tochter mit eineinhalb Jahren in eine privat organisierte Kindergruppe, obwohl sie uns unmissverständlich zu verstehen gab, dass sie nicht hingehen wollte. Wir gingen jedes Mal mit schlechtem Gewissen weg, während sie uns hinterherweinte.

Vieles ging damals ums Prinzip. Wir wollten progressive Eltern sein. Darüber vergaßen wir hinzuschauen und hinzuspüren, was unsere Tochter wirklich brauchte. Es ging ihr sonst gut, wir lebten in einer Hausgemeinschaft auf dem Land mit zwei anderen Familien mit jeweils einem Kind, dazu noch einem Hund und einer Katze. Aber sie brauchte ihre Mutter. In diesem jungen Alter wollte sie noch zuhause bei uns bleiben und nicht in die Kinderkrippe. Auch meine Frau war nicht glücklich, sich so früh von ihrem Kind trennen zu müssen. Wir taten damals vieles aus prinzipiellen, emanzipatorischen Überlegungen heraus, gegen unser inneres Gefühl. Im Grunde war es grausam gegenüber unserem Kind und unserem eigenen Bedürfnis, als Eltern für sie da zu sein.

Erst später lernten wir aus der Bindungstheorie, wie wichtig es für Kinder ist, in den ersten Jahren Eltern zu haben, die sensibel auf ihre Bedürfnisse nach Nähe, Wärme, Anwesenheit und Verlässlichkeit reagieren. Wenn die Eltern ihnen die gewünschte Sicherheit geben, wachsen sie zu selbständigen, selbstbewussten und mutigen Menschen heran (sichere Bindung). Wenn die Eltern für sie da sind, ziehen Kinder von selbst in die Welt – und kommen gerne wieder –, weil sie sich des elterlichen Hafens sicher sind. Sie zu früh wegzugeben, bricht die innige Mutter-Kind-Bindung und lässt das Kind unsicher, ängstlich und zweifelnd werden (unsichere Bindung). Eine sichere Bindung ist die beste Voraussetzung für Resilienz, also die Fähigkeit, das Leben trotz aller Härten zu meistern.

Muttersein ist Schicksal, Vatersein eine Wahl

Unsere Tochter hat mit fünf Jahren ihre Mutter gefragt: »Mama, kann man ›Zirkuserin‹ werden und Mama sein?« »Zirkuserin«, also Artistin in einem Zirkus, war ihr Traumberuf. Schon mit fünf Jahren hat sie sich offensichtlich mit der Frage beschäftigt, ob Familie und Beruf miteinander vereinbar sind. Ich habe dagegen bis weit nach dreißig keinen Gedanken an Kinder verschwendet. Erst mit 34 Jahren hatte ich einen Kontakt mit einem Kleinkind. Bei einem Besuch in einer Familie, die gerade Zuwachs bekommen hatte, wurde mir der halbjährige Sohn des Hauses in den Schoß gelegt. »Ach«, dachte ich, »so fühlt sich ein Kind an! Das ist ja gar nicht so übel!« An diesem Abend rief ich meine Partnerin an und sagte: »Jetzt könnte ich mir vorstellen, ein Kind zu bekommen.« Unsere Tochter, die tatsächlich kurz nach diesem Ereignis entstand, machte sich dagegen schon mit fünf Jahren Gedanken über das Muttersein, während mir die Idee bis weit ins Erwachsenenalter überhaupt nicht in den Sinn kam. So unterschiedlich ticken Frauen und Männer.

Von allen Spezies brauchen Menschenkinder die längste Zeit, um erwachsen und selbständig zu werden. Daher ist für Frauen die Aussicht, Kinder zu bekommen, ein lebensbestimmender Faktor. Mutter zu sein bedeutet, das halbe Leben dafür herzugeben. Früher, als die Lebenserwartung sehr viel geringer war, dauerte die Mutterphase für geschlechtsreife Frauen ihr ganzes Leben. Ein Kind entsteht im Mutterleib, dadurch ist es von Anfang an existenziell mit der Mutter verbunden. In der Folgezeit erwächst durch Schwangerschaft, Geburt und Kleinkindzeit eine Bindung zwischen Mutter und Kind, die nicht leicht zu lösen ist. Eine Mutter kann ihre Kinder nicht einfach zuhause lassen und arbeiten gehen, geschweige denn sich auf eine mehrtägige Dienstreise begeben. Selbst wenn das Kind in der Kita gut untergebracht ist, bekommt die Mutter Probleme, wenn das Kind krank wird und zuhause bleiben muss.

Kaum eine Mutter verlässt je ihre Kinder und lässt diese im Stich (während viele Väter dies sehr wohl tun). Mütter durchleben und durchleiden ihr Muttersein, zwanzig Jahre und mehr (wenn sie mehrere Kinder haben). Sie bieten ihren Kindern ein Zuhause, eine Heimat, eine Zuflucht, körperliche Nähe, Wärme und Geborgenheit, Nahrung und Schutz. Sie kümmern sich, ob mit oder ohne Herzensbeziehung, um ihre Kinder. Sie *tun* es einfach, das ist das Wesentliche. Sie *sind da*, egal ob sie es freudig, widerstrebend oder aus Mangel an Alternativen tun. Dafür opfern sie die besten Jahre ihres Lebens. Das ist sehr, sehr viel. Allein dafür, dass sie für ihre Kinder da sind und für sie sorgen, gebührt ihnen Dank. Denn das garantiert das Überleben der Kinder. Alles Weitere (Liebe, Güte, Herzenswärme, Verständnis, Lebensfreude) ist im Grunde eine Zugabe, die die Kinder nicht nur überleben, sondern emotional aufblühen lässt. Das ist schön, aber entscheidend ist die nackte Tatsache, dass die Mutter einfach da ist.

Mutter ist frau mit Haut und Haaren, mit Leib und Seele, 24 Stunden am Tag, 365 Tage im Jahr. Muttersein ist eine Frage von Sein oder Nichtsein. Es ist eine lebensentscheidende Frage. Daher war dies die erste Frage unserer Tochter, als sie sich zum ersten Mal Gedanken machte, was sie später werden wollte.

Der Unterschied zwischen Müttern und Vätern

Die Notwendigkeit, sich so intensiv mit dem eigenen Geschlecht auseinanderzusetzen, haben heranwachsende Männer dagegen nicht. Aufgrund ihrer biologisch fast unbegrenzten Fruchtbarkeit, der (noch immer) besseren Bezahlung und Aufstiegschancen für Männer und der größeren Chance, selbst im Alter eine (meist jüngere) Partnerin zu finden und eine neue Familie zu gründen, schauen junge Männer gelassener in die Zukunft als ihre Zeitgenossinnen. Für die meisten Männer steht die berufliche Tätigkeit auch heute im

Mittelpunkt ihrer Lebensplanung. Der Beruf entscheidet über Einkommen, Status und gesellschaftliche Stellung. Eine ansehnliche Frau an der Seite und artige Kinder zuhause sind dabei eine willkommene Zugabe, aber nicht lebensnotwendig. Selbst nach der Zeugung eines Kindes hat ein Mann immer noch die Wahl, ob er bei der Kindesmutter bleibt oder sich mit einer Unterhaltszahlung aus der Affäre zieht. Selbst wenn er bei Frau und Kind bleibt, braucht er sich nicht so stark zu kümmern wie die Mutter. Er kann weiter Vollzeit arbeiten gehen, und wenn eine Dienstreise ansteht, kann er recht sicher sein, dass die Frau die Stellung hält.

In einem der bekanntesten Werke der deutschen Dichtung, Goethes *Faust*, steht ein Schwangerschaftsabbruch im Mittelpunkt des Dramas. Am Ende stirbt Gretchen, die als Kindsmörderin zum Tode verurteilt wird, während Faust in die Freiheit entschwindet. Selbst heute, wo Frauen über relativ sichere Verhütungsmittel verfügen und die Möglichkeit haben, abzutreiben, ist für sie die Entscheidung, Mutter zu werden oder nicht, immer noch eine lebensentscheidende Frage.

Die Natur ist hier wirklich ungerecht. Gerechter wäre, würden Männer die Söhne gebären und Frauen die Töchter. Dann wären die Lasten fairer verteilt. So aber tragen die Männer zur Fortpflanzung erstmal nur ihre Spermien bei und überlassen den Frauen den Rest. Dadurch entsteht nicht nur ein Ungleichgewicht zwischen die Geschlechter. *Es hat zur Folge, dass jeder Mann von einer Frau empfangen, geboren und aufgezogen wird.* Mütter sind aber eher mit dem Frausein vertraut, vor allem, wenn sie selbst in einer vorwiegend weiblichen Umgebung aufgewachsen (und nicht etwa mit Brüdern großgeworden) sind. Daher können sie ihren Söhnen eher beibringen, wie ein Mädchen, aber nicht wie ein Junge aufwächst. Jungen sind aber, bedingt durch ihre genetische Ausstattung und eine jahrtausendlange männliche Sozialisation, ganz anders veranlagt als Mädchen. Sie brauchen Bewegung, Abenteuer, Wettkampf und Kräftemessen – alles, was Mütter in ihrem Schutzinstinkt verbieten oder zumindest hemmen: »Pass auf, dass du nicht nass/dreckig wirst! Klettere nicht auf die Bäume! Spring nicht von der Mauer! Du könntest dir wehtun! Schlag dich nicht mit dem Nachbarjungen! Redet lieber miteinander und vertragt euch!« Dies wird dadurch verstärkt, dass die meisten Jungen in der Kita, dem Kindergarten und der Grundschule nur mit weiblichen Autoritäten in Kontakt kommen, die ihnen häufig nicht erlauben, sich auszutoben.[1]

Daher ist es so wichtig, dass Mütter von Anfang an einen intensiven Kontakt zwischen Vater und Sohn fördern und die Väter dazu anhalten, Zeit mit ihren Söhnen zu verbringen. Jungen brauchen männliche Vorbilder, um ihr männliches Potenzial voll zu entfalten. Das bedeutet nicht, dass die Söhne dadurch zu Machos werden. Sie gewinnen vielmehr an Männlichkeit und Selbstvertrauen.

In der heutigen Zeit werfen wir Mütter und Väter gerne in einen Topf, als wären Mutter und Vater als Bindungspersonen austauschbar. Dies ist nicht so. Ein Kind ist ab dem Moment seiner Zeugung aufs Engste mit seiner Mutter verbunden. Es hat während der Schwangerschaft buchstäblich *in ihr* gelebt. Sie waren eine leibliche und seelische Einheit. Diese Einheit geht auch nach der Geburt nicht verloren. In den Armen der Mutter wird es gestillt, erfährt es Wärme und Geborgenheit, und wie es ist, angenommen zu werden. Durch die Augen der Mutter nimmt das Kind wahr, dass es geliebt wird. Von der Stunde seiner Geburt an war und bleibt sie die erste, durch nichts und niemanden zu ersetzende Bindungs- und Bezugsperson. Weder der Vater noch eine noch so liebevolle Amme oder Kindergärtnerin kann je ihren Platz einnehmen. Egal ob sie liebevoll ist oder nicht, selbst wenn sie das Kind vernachlässigt oder verprügelt, eine Mutter bleibt eine Mutter. In den Augen des Kindes kann sie durch niemanden ausgetauscht werden.

Gender versus Sexus – von der Ausblendung des Mutterseins

Es besteht daher ein grundlegender Unterschied zwischen Mann und Frau, Vater und Mutter. Diese Tatsache wird gerne übersehen, gelegentlich sogar verleugnet in der heutigen Gender-Diskussion. Mit dem englischen Wort *gender* ist seit den 1980er Jahren die soziale Festlegung eines Menschen auf ein Geschlecht mit allen damit verbundenen gesellschaftlichen Bevorzugungen und Benachteiligungen gemeint, im Gegensatz zum Wort *sex*, der angeborenen und biologischen Geschlechtsidentität eines Menschen. Man hat erkannt, wie sehr Frauen in der Gesellschaft aufgrund ihres *genders* benachteiligt wurden, nicht aufgrund tatsächlicher biologisch bedingter Unterschiede. Aus dieser Erkenntnis erwuchs die Bewegung des *gender mainstreaming*, die die Beseitigung der politischen und sozialen Benachteiligung eines Menschen aufgrund seines Geschlechts zum Ziel hatte. Dies war und ist bis heute ein wichtiges gesellschaftliches Ziel.[2]

Allerdings fallen in der Überbetonung des *gender* und dem Bemühen um *political correctness* die tatsächlichen *sexuellen* Unterschiede zwischen Männern und Frauen leicht unter den Tisch. Der gravierendste unter den sexuellen Unterschieden ist die Fähigkeit zu gebären und zu stillen, die seit jeher Frauen vorbehalten ist. Dies erfährt jedes heranwachsende Mädchen mit der ersten Regelblutung. Spätestens dann lässt sich nicht mehr leugnen, dass es sich mit seinem Frausein befassen muss. Die Möglichkeit, Mutter zu werden, durchdringt die gesamte zukünftige Lebensperspektive einer Frau. Davon betroffen ist ihr Verhältnis zum eigenen Körper, ihr Selbstverständnis als Frau, ihre Beziehung zu Männern und zum männlichen Geschlecht ebenso wie ihr Verhältnis zum eigenen Geschlecht, ihre Sexualität und ihre Lebensplanung.

Die Perspektive, gewollt oder ungewollt einmal schwanger zu werden und Kinder zu bekommen, durchdringt das gesamte Leben einer jungen Frau, egal ob sie heterosexuell oder homosexuell orientiert ist. Wenn sie keine Kinder will, muss sie ihre intimen Beziehungen und ihre Sexualität so gestalten, dass sie nicht schwanger wird. Wenn sie es dann trotzdem werden sollte, muss sie sich mit der Möglichkeit eines Schwangerschaftsabbruchs auseinandersetzen. Die gewollte Kinderlosigkeit fordert also einen gewaltigen Preis von einer Frau.

Vom Stress, heute Mutter zu sein

Wenn eine junge Frau dagegen Kinder bekommen möchte, muss dies ihr in den wenigen Jahren vor der Menopause gelingen, in denen sie fruchtbar ist. Das heißt, sie muss bis vierzig einen Partner finden, mit dem sie Kinder haben kann und will. Gleichzeitig muss sie sich für einen Beruf qualifizieren und eine Arbeit finden, mit der sie ihren eigenen Lebensunterhalt (und den ihrer zukünftigen Kinder) finanzieren kann. Denn die Scheidungsrate ist hoch. Heute wird jede dritte, in Großstädten jede zweite Ehe geschieden. Keine Frau kann hundertprozentig darauf vertrauen, dass ihre Beziehung mit dem Vater der gemeinsamen Kinder ewig hält.

Das neue Unterhaltsrecht von 2008 gestattet einer geschiedenen Frau nur bis zum vollendeten 3. Lebensjahr ihres jüngsten Kindes Unterhalt vom Ex-Mann zu beziehen. Danach ist sie verpflichtet, für ihren eigenen Unterhalt zu sorgen. Bis 2008 konnten geschiedene Frauen bis zum 8. Lebensjahr ihres jüngsten Kindes Unterhalt vom Ex-Mann beanspruchen. Seither ist die Scheidungsrate rapide gestiegen: Männer können es sich eher leisten, sich scheiden zu lassen und mit einer anderen Frau eine neue Familie zu gründen. Frauen müssen dagegen schon vor der Geburt eines Kindes dafür sorgen, dass sie danach möglichst schnell wieder in den Beruf einsteigen können. Mit einem Kind ist es noch leidlich möglich für Frauen, Familie und Vollzeit-Berufstätigkeit miteinander zu vereinbaren. Ab zwei Kindern ist es eine Illusion. Die Mehrzahl der Mütter kann nur noch Teilzeit arbeiten, wenn sie nicht Kinder und Haushalt im Stich lassen möchte. Deshalb nennen die Autorinnen Susanne Garsoffky und Britta Sembach, beide berufstätig und beide Mütter zweier Söhne, die Vereinbarkeit von Familie und Beruf eine »Alles ist möglich-Lüge« (Garsoffky & Sembach 2014; siehe hierzu auch Garsoffky & Sembach 2017, Sick & Schmidt 2019).

Altersarmut trifft am stärksten geschiedene Frauen, die während der Ehe nicht oder wenig gearbeitet haben und nach der Scheidung ihre Kinder allein erziehen müssen. In einem Beitrag in der *ZEIT* schreibt Irene Götz, Professorin an der LMU München: »Frauen sind besonders durch Altersarmut gefährdet, da sie auch ihr ganzes Berufsleben lang weniger verdienen als Männer. Sie waren und sind es noch immer, die für die Kindererziehung und oft auch für die Pflege der Eltern Abstriche bei der Karriere machen. So arbeiten in wohlhabenden und konservativeren Bundesländern wie Bayern über 80 Prozent der Frauen mit Kindern in Teilzeit. Krippen und Kindergärten sind immer noch nicht ausreichend ausgebaut. Politische Maßnahmen wie das Ehegattensplitting und die ›Herdprämie‹ fördern auch noch den Ausstieg aus der Erwerbsarbeit auf Zeit. Im Alter zahlen die Frauen den Preis. Wenn sie in jüngeren Jahren auf die Ehe setzten und nun nach einer Scheidung das zweite Alterseinkommen fehlt, sind sie die Leidtragenden.«[3]

Aus diesem Grund gilt heute nicht nur als altmodisch und unemanzipiert, wer »nur« Hausfrau und Mutter sein möchte. Es ist in der Tat existenziell wichtig für junge Frauen, die Kinder haben wollen, Familie und Erwerbsarbeit unter einen Hut zu bekommen. Aufgrund ihrer zeitlich begrenzten und stetig abnehmenden Fruchtbarkeit sind sie gezwungen, diese ungeheure Leistung innerhalb weniger Jahre zu erbringen. Ein ungeheurer Stressfaktor!

Zu der Schwierigkeit, Familie und Beruf zu vereinbaren, kommen heute noch die veränderten Anforderungen im Berufsleben dazu. In den letzten Jahrzehnten ist der soziale Druck auf junge

Familien stark angestiegen. Mit dem Verschwinden der Großfamilie, der Globalisierung der Wirtschaft und der damit verbundenen Forderung nach *Mobilität und Flexibilität* bei Arbeitnehmern verschwindet die Basis für eine gesunde Kindererziehung, die eine räumliche, zeitliche und soziale *Stabilität* erfordert. Dementsprechend steigt der Druck auf junge Eltern und Paare, die sich Kinder wünschen. All dies stellt eine systemimmanente Bedrohung der Familie dar. Dies wird in einem Buch über postpartale Depression eindrücklich beschrieben:

»Dazu ein kurzer historischer Rückblick: In den 50er, 60er, 70er Jahren waren feste Arbeitsverhältnisse und feste Arbeitszeiten die Norm (…) ›Hilfe, mein Arbeitsplatz wandert aus‹ ist ein Satz, der das Zeitalter der Globalisierung kennzeichnet. Wer ins Berufsleben einsteigt, bekommt häufig nur Praktika angeboten (…) Auch im Stadium danach gibt es immer seltener feste Stellen, stattdessen kurzfristige Verträge, also keine Sicherheit auf Dauer (…) Wie soll man auf derart prekärer Grundlage eine Familie gründen, wie die Verantwortung für ein Kind übernehmen? (…)

Und dann erst recht Arbeitsort und Arbeitszeiten: statt Kontinuität ist die Bereitschaft zum vielfachen Wechsel gefordert. In immer mehr Berufsfeldern gehört heute geographische Mobilität zum Alltag dazu (…) In immer mehr Berufsfeldern ist auch zeitliche Mobilität gefragt (Abendkurse oder Wochenendseminar, Nachtschicht oder Wochenenddienst). Das alles ist aus betrieblicher Sicht zweifellos nützlich. Wie aber verträgt es sich mit den Anforderungen eines Lebens in und mit der Familie, die umgekehrt gerade Kontinuität, Präsenz, Verlässlichkeit braucht? Schon die Partnerbeziehung wird schwierig, wenn der eine in Graz arbeitet, der andere in Wien. Aber noch schwieriger wird es, wenn erst Kinder da sind. Die kann man nicht im Tiefkühlfach lagern und, wenn das Fortbildungsseminar oder die Dienstreise vorbei ist, wieder herausholen. Es ist nicht verwunderlich, wenn angesichts zunehmender Mobilitätszwänge junge Frauen und Männer sagen: Das schaffe ich nicht. Das ist zu kompliziert. Da will ich lieber kein Kind (…)« (Beck-Gernsheim 2006, S. 5–6)

Frauen und Mütter sind zudem dreifach belastet, mit Beruf, Haushalt und Kindern:

»Es sind die Frauen, die immer noch den Hauptteil der Kinderversorgung und -erziehung übernehmen. Das gilt umso mehr für die allgemeinen Aufgaben im Haushalt. Da bleibt die Beteiligung der Männer weiter bescheiden (…) Um den Alltag zu bewältigen, werden oft ganze Netzwerke von Unterstützerinnen eingesetzt (Tagesmutter, Au-pair-Mädchen, Babysitterin, dazu Schwester und Schwiegermutter als letzte Reserven) (…) Die Frau wird zur Verantwortlichen in einem Kleinunternehmen. Sie muss die Stundenpläne, Arbeitszeiten, Ferienzeiten, die Daten der Dienstreisen, Schulfeiern, Kindergeburtstage notieren, mit der Verfügbarkeit der Hilfskräfte koordinieren, muss bei wechselndem Bedarf anpassen und für den Notfall Ersatzkräfte parat haben. (…) Unter diesen Bedingungen bedeutet Kinderhaben ein Wagnis.« (Beck-Gernsheim 2006, S. 6–10)

Angesichts solcher Lebensbedingungen dürfen wir uns nicht wundern, dass immer weniger Frauen sich für Kinder entscheiden, und dass immer mehr Mütter körperlich und psychisch krank werden. Beim Burnout-Syndrom führen Frauen die Statistik mit 5,2 % gegenüber den Männern mit 3,3 % an.[4]

Darüber, dass der wirtschaftliche Faktor heute eine solch große Rolle in der Lebensplanung von Frauen spielt, vergisst man leicht, dass es hier um die Familie und besonders um die Kinder geht. Zu selten fragen wir uns: Wann geht es der Familie, wann geht es Kindern am besten? Die Frauenemanzipation, so notwendig sie war und immer noch ist, hat Frauen zwar mehr Selbstbestimmung, finanzielle Unabhängigkeit und Entfaltungsmöglichkeiten geschenkt.

Sie fordert gleichzeitig einen sehr hohen Preis von Frauen und Kindern, wenn man den hohen Anteil alleinerziehender Mütter und Kinder geschiedener Eltern ansieht.

Vom Verschwinden der Mütter aus der Gender-Debatte

Dem Gender-Mainstreaming ist es zweifellos zu verdanken, dass sexuelle Minderheiten wie Lesben, Schwule, Bisexuelle, Transgender oder Queer endlich aus ihrem Schattendasein hervortreten und für ihre Rechte einstehen können. Ironischerweise hat diese sehr zu begrüßende emanzipatorische Entwicklung zu einer *umgekehrten Diskriminierung* geführt: Heterosexuelle Menschen, die immer noch die Mehrheit der Bevölkerung darstellen, fühlen sich heute mehr und mehr an den Rand gedrängt. Heterosexuelle Mütter und Väter verschwinden, ohne dass es besonders bemerkt wird, aus der öffentlichen Diskussion. Durch ihr leises Unsichtbarwerden werden sie, wenn auch diskret, diskriminiert. Die Mutter-Vater-Kind-Familie, die immer noch die Mehrzahl aller Familien darstellt, wird ebenfalls marginalisiert, zumindest aber als »uncool« und antiquiert angesehen. In den Augen mancher Zeitgenossen ist sie ein Auslaufmodell und hat ausgedient. Mütter, die ihre Kinder wichtiger nehmen als ihr berufliches Fortkommen, werden als »Helikoptermütter« verschrien. Man warnt sie vor der drohenden Altersarmut und drängt sie dazu, ihre Kinder in die Kita und den Hort abzugeben, je früher, desto besser. Sonst könnte die Karriere leiden. »Nur Hausfrau« zu sein ist schlicht zum No-Go geworden.

Ob des heftigen Kampfes um Gleichberechtigung gerät der Wert der *Mütterlichkeit* (ebenso der *Väterlichkeit*) leicht aus dem Blick. Es ist heute fast so, als hielte eine Frau ihre wirtschaftliche Unabhängigkeit in der einen und ihr Muttersein / Mutterwerden in der anderen Hand, als müsse sie zwischen beiden abwägen und sich für das eine oder andere entscheiden oder zumindest dem einen oder dem anderen den Vorzug geben. Die heutige Diskussion um das Thema Gleichberechtigung und die Rolle der Frau in der Gesellschaft wird fast ideologisch ausgefochten. Da fallen die Frauen, die zu ihrem Muttersein stehen, leicht in Ungnade, vor allem bei ihren eigenen Geschlechtsgenossinnen.[5]

Ein »maskuliner Feminismus«

Die Autorin und Mutter von vier Kindern, Birgit Kelle, nennt den heutigen Trend in der Gender-Diskussion einen »maskulinen Feminismus«:

»Da wollen sie neu sein und rennen doch immer noch erbsenzählend den Männern hinterher, vergleichen eifersüchtig Macht und Posten. Kultivieren einen maskulinen Feminismus und merken es nicht einmal. Es ist schon eine ganz eigene Ironie, dass man mir männliche Karrieren anbietet, damit ich mich als Frau darin verwirklichen kann. Aber was bitte soll daran weiblich sein, dass wir nun das Leben von Männern führen dürfen?« (Kelle 2017, S. 11)

Ein maskuliner Feminismus ist einer, der einerseits Männer (und damit auch Väter) verachtet und an den Rand der Familie drängt. Er produziert Söhne, die vaterlos aufwachsen, die sich ihres Mannseins schämen, Frauen fürchten, später von ihrer Aufgabe als Vater desertieren und Partnerin und Kinder im Stich lassen.

Ein maskuliner Feminismus treibt andererseits Frauen aus ihrem Muttersein, indem er Berufstätigkeit und Karriere einer Frau wichtiger nimmt als die Fürsorge für ihre Kinder – letztendlich dient dies nur der Wirtschaft, der es an Arbeitskräften fehlt und die deshalb Frauen dazu drängt, nach der Geburt eines Kindes so früh wie möglich an ihren Arbeitsplatz zurückzukehren. Der Slogan, Familie und Beruf seien kompatibel, bringt junge Frauen unter einen ungeheuren Druck. Vielleicht schaffen sie es, binnen weniger Jahre eine Karriere zu starten, einen passenden Partner zu finden *und* schwanger zu werden. Wenn sie jedoch endlich wirklich Kinder bekommen, merken sie, wie schwer es ist, ihre Kinder anonymen Institutionen zu überlassen. Sie spüren ihre Bindung zu ihren Kindern und sind gleichzeitig gezwungen, diese loszulassen und unbekannten Erziehern und Erzieherinnen zu übergeben. Es sind also nicht nur die Kinder, die unter dem Mutterentzug leiden. Auch Mütter fühlen sich zerrissen, selbst wenn sie ihre kleinen Kinder nur für wenige Stunden am Tag verlassen. Es mag sein, dass ihnen die Arbeit Abwechslung ins eintönige Mutterdasein bringt. Diese bezahlen sie jedoch mit der ständigen Sorge um die Kinder, dem Stress, jederzeit abrufbereit zu sein, wenn den Kindern etwas zustößt, und einem permanenten schlechten Gewissen.

Für eine Neubelebung der Mütterlichkeit und Väterlichkeit

In dieser hitzigen Debatte werde auch ich als Mann oft missverstanden, ja angefeindet, wenn ich für den Erhalt der Familie eintrete, weil ich in einer lebenslangen Partnerschaft *und* Elternschaft die beste Voraussetzung für glückliche Kinder und Eltern sehe. Ich werde fast reflexartig als altmodisch-antiquierter Traditionalist abgestempelt, der das patriarchalische System aufrechterhalten möchte. Der feine Unterschied, dass ich einerseits die frühere Vorherrschaft der Männer und Familienväter und deren gesellschaftliche Privilegierung entschieden ablehne und für *ein gleichberechtigtes Verhältnis zwischen den Geschlechtern* in der Familie, Arbeitswelt und Gesellschaft eintrete, andererseits *eine Neubelebung der Väterlichkeit und Mütterlichkeit* und deren Förderung durch die Gesellschaft fordere, wird hierbei leicht übersehen. Es geht dabei nicht nur um das Wohl und Glück der Kinder, sondern auch um das Wohl und Glück von Müttern und Vätern.

Deshalb bin ich der Meinung, dass wir junge Familien nicht nur finanziell, sondern auch in der Kinderbetreuung unterstützen müssen. Ich plädiere dafür, dass die Gesamtgesellschaft jungen Eltern ermöglicht, ihre Kinder selber großzuziehen (anstatt sie zu überreden, ihre Kinder so früh wie möglich abzugeben und stattdessen arbeiten zu gehen). Dafür ist nicht nur eine großzügige finanzielle Unterstützung, sondern eine umfassende psychosoziale Betreuung in den entscheidenden ersten Jahren nach der Geburt der Kinder notwendig. Die ersten Jahre mit einem Kind sind die stressigsten für die Eltern. Darüber zerbrechen viele jungen Familien. Deshalb muss es nicht nur Elternkurse geben, in denen Eltern lernen, wie man Kinder am besten großzieht, sondern auch eine umfassende Betreuung junger Eltern in ihrer partnerschaftlichen Beziehung. Diese leidet als erstes unter dem Elternstress.
Junge Eltern müssen so entlastet werden, dass sie ihre kostbare Zeit, Energie und Liebe in ihre Partnerschaft und in ihre Kinder investieren können. Dafür brauchen wir eine kinder- und familienfreundlichere Umorientierung nicht nur in der Politik und Wirtschaft, sondern in der gesamten Umwelt, die junge Familien umgibt. Es geht um das System Familie, das heute so brüchig geworden ist und dringend einer Neubelebung bedarf.

Ironischerweise werden nicht nur Männer, sondern gerade Frauen, die für Gleichberechtigung und *gleichzeitig* für die Pflege und den Erhalt der Mütterlichkeit eintreten, von Angriffen überschüttet. Dies ist keineswegs ein neues Phänomen. Die schwedische Frauenrechtlerin und Schriftstellerin Ellen Key hielt 1896 in ihrer Schrift *Missbrauchte Frauenkraft* den Wert der Mutterschaft gerade in Zeiten der Frauenemanzipation hoch. Die mütterliche Liebe beschrieb sie als Keimzelle für die menschliche Kultur überhaupt, da sie die Grundlage für Liebe, Zärtlichkeit und Menschlichkeit lege. In der heute etwas schwülstig wirkenden Sprache des 19. Jahrhunderts schrieb sie:

»Der abgenutzte Ausdruck ›charity begins at home‹ ist jedenfalls kulturhistorisch wahr. Von dem mit dem eigenen Ich zusammenhängenden, zärtlichen Gefühl für das eigene Kind, bis zum grenzenlosen Mitgefühl mit den Qualen des ganzen Menschengeschlechts – das ist der Weg gewesen. Und in jedem einzelnen Individuum wiederholt sich die Geschichte des Geschlechts: durch persönliche Zärtlichkeitsgefühle erweitern sich die Wände der Herzkammer dermaßen, daß Raum für die große Menschenliebe wird.« (Key 1898, S. 13)

Nach Veröffentlichung ihres Buches erlebte sie jedoch Reaktionen, die man heute einen *Shitstorm* nennen würde:

»Als ich aber später, um Neujahr 1896, denselben Vortrag in Göteborg und Stockholm hielt, und ihn unter dem Titel Mißbrauchte Frauenkraft im Druck erscheinen ließ, entstand ein solcher Sturm von Unwillen gegen mich, so viele Mißverständnisse und Angriffe auf mich wurden in Zeitschriften und Broschüren laut, daß ich mich bereits im März veranlaßt sah, als Antwort ein neues Buch zu veröffentlichen: Frauenpsychologie und weibliche Logik.« (Key 1898, Vorwort, S. 0)

Wenn wir die gesellschaftliche Entwicklung anschauen, erkennen wir, welche Riesenschritte die Befreiung der Frau genommen hat: Die Generation meiner Mutter, die um 1920 geboren war, stand noch ganz im Zeichen der Abhängigkeit vom Mann. Frauen waren an die drei »K« – *Kinder, Küche, Kirche* – (an-)gebunden. Dies waren die einzigen Lebensbereiche, für die sie zuständig sein durften. Alle anderen Lebensbereiche waren ihnen verwehrt. Für meine Mutter gab es trotz ihrer Begabung keine Möglichkeit, sich persönlich zu entfalten und zu verwirklichen, außer ihrem Mann zu folgen und für Heim und Herd zu sorgen. Nicht zuletzt darüber ist sie bitter geworden. Ihren Enkelinnen, meinen Töchtern, stehen von ihren Ausbildungen und ihren Berufschancen her alle Türen offen. Gleichzeitig stehen sie unter dem enormen Druck, Partnerschaft und Kinderwunsch beziehungsweise Muttersein mit ihren Karriereträumen und ihrer Berufstätigkeit miteinander in Einklang bringen zu müssen. Mit der Freiheit, ihr Leben selbst gestalten zu können, kamen zugleich die diversesten Anforderungen auf sie zu, die nicht selten zur Überforderung werden: Stichwort *Multitasking*. Es ist an der Zeit, dass wir junge Mütter und Väter beim Aufbau und Erhalt ihrer Familien unterstützen, statt sie alleinzulassen.

Was braucht eine Mutter an Unterstützung?

Ich habe im Folgenden das, was eine Mutter an Unterstützung braucht, aufgelistet:

- Eine Mutter braucht eine *eigene Mutter*, die sie liebt, und von der sie erfahren hat, wie sich eine gute Mutter-Kind-Beziehung anfühlt. Die eigene Mutter ist besonders wichtig, wenn eine Frau selbst Mutter wird, als Stütze, als Ratgeberin und Mutmacherin.
- Sie braucht einen *Vater*, der sie liebt, der hinter ihr steht, und der sie gleichzeitig zum Partner ihrer Wahl gehen lässt. (Der Vater ist der erste Mann im Leben eines Mädchens. Er ist damit das positive oder negative Vorbild für dessen spätere Männerbeziehungen. Ein starker, liebevoller Vater gibt einer jungen Frau die Rückendeckung, die sie braucht, um in die Welt zu gehen.)
- Eine Mutter braucht *Schwestern und Freundinnen*, die als weibliches Unterstützungssystem jederzeit zur Verfügung stehen.
- Eine Mutter braucht einen *Partner*, der sie liebt und respektiert, der die Hälfte der familiären Belastungen und Aufgaben trägt, und der bereit ist, von seinen Interessen und Bedürfnissen zurückzutreten, wenn sie ihn braucht.
- Mütter brauchen *eine mutter- und kinderfreundliche soziale Umwelt*.

- Mütter brauchen *eine politisch und wirtschaftlich stabile Welt*, in der sie in Frieden, Freiheit und ohne materielle Sorgen ihre Kinder großziehen können.

Die Rolle der eigenen Mutter und der Großmutter

Es war nicht zufällig, dass unsere kleine Tochter ihre Mutter fragte, ob man Mutter sein und gleichzeitig einen Beruf ausüben könnte. Das Beispiel, das eine Mutter ihrer Tochter vorlebt, spielt eine entscheidende Rolle für diese Lebensentscheidung. Erlebt die Tochter eine Mutter, die ihr Leben mit ihren Kindern glücklich und zufrieden führt, wird sie darin bestärkt, deren Beispiel zu folgen. Hört sie ihre Mutter jedoch den ganzen Tag über ihr Los klagen oder schimpfen (»Warte nur, bis du selber Kinder kriegst ...!«), wird sie sich dreimal überlegen, ob sie selbst den gleichen Weg gehen will.

Wie wichtig die eigene Mutter für junge Mütter sein kann, illustriert die Schilderung einer Freundin. Als sie ihr erstes Kind zur Welt brachte – es war eine schwere Geburt –, habe sie vollkommen unbewusst immer wieder nach ihrer eigenen Mama gerufen. Sie erinnerte sich nicht mehr daran, bis die Hebamme es ihr später erzählte.

Noch etwas kommt dazu: Anwesenheit und Verfügbarkeit der eigenen Mutter spielen eine wichtige Rolle dafür, ob eine Tochter es wagt, selbst Kinder zu bekommen. Kinder großzuziehen ist eine ungeheuerlich schwere Aufgabe, zu schwer, um sie alleine zu stemmen. Eine weise alte Kollegin, Betty Estelle, hat einmal gesagt, ein Kind brauche sieben Bezugspersonen, damit es glücklich aufwachsen kann. Unsere eigene Erfahrung mit unseren Kindern hat diese These bestätigt. Die entspanntesten Zeiten mit unseren Kindern waren jene, in denen wir in einer Hausgemeinschaft mit drei anderen Familien gelebt haben, wo sechs Erwachsene gemeinsam auf drei Kinder aufgepasst haben, und jene, in der unser jüngstes Kind nicht nur seine beiden älteren Geschwister, sondern auch seine Großmutter (meine Mutter) und eine Nachbarin hatte, die nach ihm schauten.

Überhaupt war die Verfügbarkeit meiner Mutter als Großmutter eminent wichtig, wenn es darum ging, bei unseren Kindern zu babysitten, wann immer meine Frau und ich Entlastung brauchten. Sie wohnte in unserer Nähe, so dass wir sie jederzeit anrufen und unsere Kinder vorbeibringen konnten. Nicht ein einziges Mal hat sie nein gesagt. Dafür sind wir ihr außerordentlich dankbar.

Für Kinder ist es auch von unschätzbarem Wert, ihre Großeltern regelmäßig zu erleben. Großeltern erziehen Kinder anders als Eltern. Sie sind nicht in den alltäglichen Stress eingebunden. Sie haben mit ihren eigenen Kindern schon manches erlebt und können entspannter mit Konflikten umgehen. Sie sind meist weniger streng in Bezug auf Ernährung, Fernsehen oder Bettzeiten. Sie haben mehr Zeit, um ausführlich auf das Kind einzugehen. Und sie bilden die Brücke zur Familiengeschichte und Familientradition. Mit den Großeltern bekommen die Enkelkinder Wurzeln.

Dazu kommt, dass Großmütter mit ihrem Rat und ihrer Unterstützung ihren Töchtern, den jungen Müttern, zur Verfügung stehen. Wenn die eigene Mutter sich mit um die Enkel kümmert, wenn sie bei der Erziehung der Kinder mitdenkt und mitfühlt, ohne sich einzumischen, bedeutet dies eine unglaubliche Unterstützung für eine junge Mutter. Es ist, als würde sie selbst von hinten gestützt und gehalten werden, wenn sie ihr eigenes Kind im Schoß hält und nährt. Ohne eine solche mütterliche Unterstützung kommt es häufiger zu Fehl- und Frühgeburten. Eine Frau, die schwanger wird und keine Unterstützung hat, entscheidet sich auch häufiger für einen Abbruch. In Familienaufstellungen erlebe ich immer wieder, wie wohltuend es für Mütter ist, wenn nicht nur ihr Lebenspartner beim Großziehen ihrer Kinder dabei ist, sondern auch die Großmütter und Urgroßmütter hinter ihr stehen und sie stützen und halten.

Es gibt eine interessante »Großmutter-Hypothese« in der Evolutionsforschung. Dort ist man der Frage nachgegangen, weshalb unter den Säugetieren nur bei Menschen, Grindwalen und Schwertwalen die Weibchen eine Menopause haben. Während bei allen anderen Säugetieren die Weibchen bis zum Lebensende fruchtbar bleiben, endet bei diesen dreien die Fruchtbarkeit mitten im Leben. Die Weibchen leben nach der Menopause durchschnittlich noch einige Jahrzehnte weiter. Evolutionsforscher fragten sich, ob die Menopause einen biologischen Sinn habe. Daraufhin haben finnische Forscher Familienstammbäume aus alten Kirchenbüchern studiert. Sie fanden heraus, dass Frauen, deren Mütter noch lebten, mehr Kinder auf die Welt brachten, und zwar durchschnittlich zwei Kinder mehr als Frauen, deren Mütter bereits verstorben waren. Die Säuglingssterblichkeit ihrer Kinder lag ebenfalls deutlich niedriger als bei Frauen, die keine Mutter mehr hatten. Dieser »Großmutter-Effekt« war am stärksten, wenn die Großmütter noch relativ jung waren und räumlich näher bei ihren Töchtern lebten. Solche Befunde führten zu der Hypothese, dass Großmütter, die sich in der Menopause befinden und keine eigenen Kinder mehr großzuziehen haben, ihre Töchter bei der Erziehung der Kinder unterstützen können. Dies sichert den Enkeln eine höhere Überlebenschance. (Johnstone & Cant 2019; Ladhdenperä et al. 2012)[6]

Auch das Beispiel meiner Mutter unterstreicht diesen Befund: Meine Mutter hatte ihre eigene Mutter bereits mit 12 Jahren verloren. Sie war schon als Teenager eine Halbwaise. Als sie mich in Shanghai bekam, hatte sie zum Glück noch ihre Geschwister und ihre alte Amme zur Unterstützung. Danach musste sie nach Hong Kong fliehen. Dort bekam sie, fern der Heimat und ohne jegliche familiäre Unterstützung, meine beiden jüngeren Schwestern. Anders als ich hatten meine Schwestern eine viel kargere Kindheit als ich. Sie erlebten eine unglückliche, strenge, ja kalte Mutter, die von ihrem familiären Unterstützungssystem total abgeschnitten war. Zum Glück stand meine Mutter später als Großmutter unseren Kindern ihre ganze Kindheit hindurch zur Verfügung.

Die Partnerbeziehung zwischen den Eltern

Elternschaft ist *die* Reifungszeit für Mann und Frau. Es ist die Zeit, in der beide die Chance haben, wirklich erwachsen zu werden – als Kinder ihrer Eltern, als Lebenspartner, als Mutter und als Vater.

Wieso? Wenn wir Eltern werden, durchlaufen wir, parallel zum Werden und Wachsen unserer Kinder, alle Stadien unserer eigenen Kindheit. Wir sind doppelt, wenn wir Eltern werden: Wir sind Eltern für unsere Kinder im Hier und Jetzt. Gleichzeitig durchlaufen wir, wie auf einer Parallelschiene, unser vergangenes Leben als Kinder unserer Eltern. Eine schwangere Frau, in der ein Kind heranwächst, das sie schließlich gebiert, erlebt gelegentlich ihr einstiges Heranwachsen als Fötus im Mutterbauch und ihre eigene Geburt.[1] Ein Mann, der Vater wird und das Aufwachsen seiner Kinder verfolgt, wird sich immer wieder in seinen Kindern wiederfinden, in direkter Identifikation mit seinen Söhnen, in gegengeschlechtlicher Widerspiegelung zu seinen Töchtern (das heißt in seinem früheren Verhältnis zur Mutter und zu den in seinem Leben wichtigen Frauen). Das Gleiche gilt für die Mutter. Das bedeutet:

1. Wenn wir Eltern werden, haben wir die Chance, unsere Kindheit und Jugend zu verarbeiten – und damit auch unsere Traumata zu bewältigen, unsere Verluste zu betrauern, unsere inneren Löcher zu füllen. Schon dadurch werden wir reifer und erwachsener.
2. Gleichzeitig wachsen wir in die Mutter- und Vaterrolle hinein. Wir werden verantwortungsbewusster. Wir werden uns unserer Macht und unserer Ohnmacht als Eltern bewusster. Wir wachsen in unserer Liebesfähigkeit und in unserer Leidensfähigkeit. Als Kinder unserer Eltern und als Eltern unserer Kinder bekommen wir ein Gespür für den Fluss des Lebens durch die Generationen

hindurch. Wir beschreiten den Lebenszyklus, wie ihn Erik H. Erikson (1973) beschrieben hat. Wir werden demütiger.

3. Schließlich wachsen wir in eine gelebte Partnerschaft hinein. Wenn unser Partner gleichzeitig Liebespartner, Lebenspartner und Mit-Elternteil ist, wechselt er ständig in seiner Rolle uns gegenüber. Unsere erotischen Gefühle springen bisweilen in Sekundenschnelle in Frust über liegengebliebenes schmutziges Geschirr oder den Schreck über einen unerwartet hohen Überziehungskredit um. Wir müssen mit einander widersprechenden Bedürfnissen und unseren Erwartungen und Befürchtungen unserem Partner gegenüber fertigwerden – eine ungeheure Herausforderung an unsere Toleranz, unser Selbstwertgefühl und unsere Liebes- und Leidensfähigkeit.

Alle drei Prozesse – die Verarbeitung unserer Kindheit, das Hineinwachsen in die Elternrolle, die Wechselstürme unserer Partnerschaft – laufen parallel ab. Sie geschehen *gleichzeitig.* Wir haben nicht die Möglichkeit, sie sukzessiv hintereinander zu durchlaufen, wie es eigentlich logisch wäre: Wir können nicht zuerst unsere Kindheitstraumata bearbeiten und dann in Partnerschaft und Familie eintreten. Das würde mehr als ein Menschenleben erfordern. Nein, wir müssen, so unvollkommen wie wir sind, ins kalte Wasser springen und hoffen, dass wir uns irgendwie über Wasser halten können und mit der Zeit schwimmen lernen.

Ein Beispiel: Eine junge Klientin, Mutter zweier kleiner Kinder, kommt zur Therapie, weil sie entdeckt hat, dass ihr Mann heimlich mit anderen Frauen im Internet erotisch chattet. Sie habe ihn damit konfrontiert, daraufhin habe er es bereut. Er wolle sich ändern und habe eine Therapie begonnen. Die Klientin begibt sich selbst auch in Therapie, weil sie ihren Anteil an der Geschichte herausfinden möchte.

Eines Tages kommt sie völlig erschöpft zur Therapie. Sie habe seit Wochen nicht mehr richtig schlafen können, weil ein Kind zahnt. Sie wünsche sich sehnlichst, wenigstens am Wochenende einmal auszuschlafen. Aber ihr Mann wolle sich am Wochenende ebenfalls von seiner anstrengenden Arbeit erholen. Er sei der Ansicht, sie habe es doch gut, sie könne doch ihre Zeit für sich einteilen. Wenn sie darauf bestehe, dass auch er seinen Beitrag im Haushalt und in der Kindererziehung leiste, erwidere er, dass er schließlich das Geld für die Familie verdiene. Darauf habe sie kein Argument mehr. Sie würden schließlich von »seinem« Geld leben, seit sie nach der Geburt der Kinder ihre Berufstätigkeit als Lehrerin zurückgestellt hat.

Daraufhin bitte ich die Klientin, sich vorzustellen, wie es für sie wäre, wenn sie allein für sich und ihre Kinder sorgen müsste. Da bricht sie in Tränen aus und sagt: Als sie entdeckt habe, dass ihr Mann emotional fremdging, habe sie sich mit der Möglichkeit auseinandergesetzt, sich zu trennen. Sie wäre mit den Kindern ausgezogen und hätte für den eigenen Unterhalt gesorgt. Sie könne ihre Kinder gut unterbringen, wenn sie arbeiten würde. Dieser Gedanke habe sie stark gemacht. Aber sie liebe ihren Mann und wolle sich eigentlich nicht von ihm trennen. Also schone sie ihn. Sie stelle ihre eigenen Bedürfnisse hinter seine.

Sie liebt ihn, also schont sie ihn. Eine solche Liebe fühlt sich nicht wie die Liebe einer Frau zum gleich starken Partner an. Sie fühlt sich eher mütterlich an: eine Mutter hat Erbarmen mit dem schwachen Kind und nimmt ihm die Last ab. In der unbewussten Dynamik einer solchen Partnerschaft wird die Frau zur Mutter, während der Mann zum Kind regrediert. Nicht selten sagen solche Frauen: sie hätten mit dem Ehemann ein zusätzliches Kind. Der Mann überträgt seinerseits seine Muttergefühle auf seine Frau, besonders wenn er sie mit dem Kind im Arm sieht. Wenn er selbst in seiner Kindheit zu wenig Aufmerksamkeit und Zuwendung von seiner Mutter bekommen hat, fühlt er sich kindlich angezogen von seiner zur Mutter gewordenen Partnerin. Dabei verliert er aber seine erotischen Gefühle für sie, die er nun zu anderen Frauen trägt. Dies ist der Hintergrund für die Aufspaltung der Frauenrolle in »die Mutter und die Hure«, die man bei vielen Männern beobachten kann.

Die Frau projiziert ihrerseits ihre eigenen kindlichen Bedürfnisse auf ihren Mann. Wenn sie ebenfalls als Kind zu wenig Liebe und Zuwendung von *ihrer* Mutter bekommen hat, überspringt sie ihre eigenen frustrierten kindlichen Bedürfnisse, identifiziert sich mit einer imaginären, alles gebenden und vergebenden Idealmutter und liebt das Kind in ihrem Mann.[2]

Eine Partnerschaft ist aber keine Eltern-Kind-Beziehung. Dies wird spätestens deutlich, wenn das Paar eigene Kinder bekommt. Die Frau kann kein zusätzliches Kind mehr gebrauchen, und der Mann fühlt sich von der engen Beziehung zwischen seiner Partnerin und »ihrem« Kind ausgeschlossen. Wenn er nicht bereit ist, seine Kindrolle abzulegen und die Vaterrolle anzunehmen, zieht er es womöglich vor, innerlich Kind zu bleiben und sich einer anderen Frau zuzuwenden, die ihn mütterlich umsorgt. Leider gibt es genügend Frauen, die bereit sind, einen armen, enttäuschten Mann zu bemuttern, anstatt ihn zurück zu seiner Frau zu schicken.

Elternschaft ist tatsächlich hart. Die Zeit mit kleinen Kindern gehört zu den härtesten im Menschenleben. Aber sie ist, wie bereits erwähnt, eine der fruchtbarsten – wenn beide Partner bereit sind, daran zu arbeiten. Heutzutage haben wir die Möglichkeit, unsere eigene Kindheit und unsere aktuellen Konflikte als Partner und Eltern in einer Therapie zu bearbeiten. Dies ist eine ungeheure Chance, als Individuum, als Paar und als Eltern zu wachsen. Natürlich besteht, wie uns die Scheidungsstatistik zeigt, auch das Risiko, dass wir scheitern.[3] Aber dafür zu kämpfen lohnt sich.

Auch für meine Frau und mich waren die Jahre, in denen wir unsere Kinder aufzogen, die härtesten in unserer Beziehung. Wir waren häufig am Ende unserer Kräfte, zermürbt vom alltäglichen und allnächtlichen Stress. Wir stritten uns über Geld, die Wohnungseinrichtung, die Kindererziehung, die Haushaltsführung usw.

Zu Beginn unserer Beziehung haben wir beschlossen, eine Paartherapie aufzusuchen, sollten wir uns je trennen wollen. Diese Entscheidung hat uns mehr als einmal gerettet. Wir gingen nicht nur zu Paartherapeuten, jeder von uns unterzog sich auch mehreren Einzeltherapien. (Ich scherze heute noch gelegentlich darüber, dass die größte Tat meiner ersten Analytikerin darin bestand, mich zu überzeugen, eine Spülmaschine anzuschaffen. Aber solche Themen waren oft sehr wichtig.) Auch die regelmäßigen *Zwiegespräche* halfen uns weiter (vgl. hierzu Moeller 2010).

Als Ehemann habe ich meine Frau oft mit Kindern und Haushalt alleingelassen, wenn ich in meiner Arbeit versank, meiner Karriere nachging, meine Bücher schrieb. Ich wiederholte unbewusst manches, was meine Eltern und Großeltern in ihrer Ehe getan hatten. Um dies aufzuarbeiten, waren die Therapien wichtig. Entscheidend war, dass meine Frau irgendwann meine neurotischen Verhaltensweisen nicht mehr akzeptierte und sich dagegen wehrte.

Auch in der oben erwähnten Therapiesitzung mit der Klientin forderte ich diese auf, aufzustehen und zu spüren, dass sie fest für sich stehen kann. Dann bat ich sie, sich ihren Mann als ein gleich starkes Gegenüber vorzustellen und von ihm einzufordern, was sie von ihm als Mit-Elternteil und als Vater seiner Kinder erwartet.

In meiner Ausbildung zum Gestalttherapeuten habe ich einmal ein Zitat von Fritz Perls gehört: *»To suffer your own death and to be reborn is not easy.«* (»Den eigenen Tod zu erleiden und wiedergeboren zu werden ist nicht einfach.«) Dies gilt zum einen für unsere Loslösung von unseren Eltern, um autonom und selbständig zu werden. Danach geht es aber in einer frei gewählten Partnerschaft darum, autonom zu bleiben *und* in einer Liebesbeziehung aufzugehen. »Autonomie in der Symbiose« wäre für mich eine wünschenswerte Maxime in einer partnerschaftlichen Elternschaft.

Meine letzte Therapeutin hat es einfacher formuliert: *»Beziehung ist Verhandlungssache.«*

Zur Versöhnung der Geschlechter

Eine Großmutter erzählt, wie erstaunt sie über die Art und Weise sei, wie ihr erwachsener Sohn die Familienarbeit mit seiner Frau teile, ganz anders als sie es selbst gekannt habe. Beide seien berufstätig gewesen, als die Frau ihres Sohnes schwanger wurde. Sie habe ihm gesagt, dass sie kein Interesse daran habe, zuhause zu bleiben und aufs Kind aufzupassen. So hätten sie sich miteinander beraten und seien schließlich zu der Lösung gekommen, dass er die Betreuung des Kindes nach der Geburt übernehmen würde. Also sei er in Elternzeit gegangen und habe die Pflege des Säuglings übernommen, während sie weiterarbeitete. Sie habe jedoch auch dafür gesorgt, dass in unmittelbarer Nähe seines Arbeitsplatzes eine neue Kindertagesstätte aufgebaut wurde. Nach Ablauf der Elternzeit sei er wieder in seinen Beruf zurückgekehrt. Er bringe heute seine Tochter früh morgens zur Kita und schaue auch tagsüber nach ihr. Nach der Arbeit gingen beide zusammen nach Hause, wo sie von einer entspannten Mutter empfangen würden.

Was die Großmutter so erstaunte, war, dass es nicht einfach nur ein Rollenwechsel war: Ihr Sohn sei nicht Hausmann geworden und ihre Schwiegertochter nicht Alleinverdienerin. »Mein Sohn hat zwar die Pflege des Kindes übernommen. Aber er steht seinen Mann im Beruf. Seine Frau hat die herkömmliche Mutterrolle abgegeben und geht arbeiten. Sie ist dennoch Frau und Mutter geblieben.«

Dies sei ganz anders als zu ihrer Studentenzeit, als Männer dafür bewundert worden seien, wenn sie während der Vorlesungen Socken strickten und Hausmann wurden. Die bloße Rollenumkehr habe aber oft nicht geklappt, weil die zuhause gebliebenen Männer bald ihre Selbstachtung verloren hätten und nicht mehr fähig (oder willens) gewesen seien, sich in der Außenwelt zu bewähren. So seien sie bald von den Frauen als »Softies« verachtet worden.

Die Frauen ihrerseits hätten trotz ihrer Berufstätigkeit die Hauptlast des Haushalts tragen müssen, weil die Wohnung unter dem männlichen Regiment langsam verlotterte. Außerdem hätten sie mit der Zeit den Kontakt zu ihren Kindern verloren, die die mütterliche Wärme vermissten. Vor allem heranwachsende Töchter hätten aufgehört, ihre Mütter zu respektieren, und ihnen vorgeworfen, sie in der Kindheit vernachlässigt zu haben. Nicht selten sei es zur Trennung des Elternpaares gekommen.

Eine andere Frau berichtet ebenfalls von dem misslungenen Versuch, mit ihrem Mann ein anderes Familienmodell zu leben. Sie sei in den Beruf gegangen, während ihr Mann Kinder und Haushalt übernommen habe. Dies habe solange funktioniert, bis die Kinder groß waren. Dann habe sie sich in einen anderen Mann verliebt und sich getrennt. Bei den Scheidungsverhandlungen habe ihr Mann, der nie richtig berufstätig gewesen war, von ihr den Versorgungsausgleich verlangt. Schließlich habe er ihr ja den Rücken freigehalten, während sie Geld verdient habe. Da sei sie wie aus allen Wolken gefallen und habe gespürt, wie sehr sie sich während der ganzen Zeit ihrer Ehe gewünscht hätte, von ihm versorgt zu werden (siehe das Kapitel »Die ›Gorilla-Funktion‹« auf S. 105 ff.). Diese Sehnsucht habe sie bis zu diesem Zeitpunkt tief in sich verdrängt, weil sie auf keinen Fall »nur Hausfrau« sein wollte, so wie ihre Mutter. Die daraus resultierende Enttäuschung über ihren Mann sei einer der Gründe gewesen, sich von ihm zu trennen.

Diese beiden Beispiele zeigen, wie schwierig es für heutige Paare ist, Alternativen zur traditionellen Ehe zu finden. Wir müssen vergegenwärtigen, dass die traditionelle Ehe seit Jahrhunderten existiert. Dagegen hat die Emanzipation der Geschlechter aus ihren herkömmlichen Rollen erst vor wenigen Jahrhunderten begonnen. Selbst wenn wir während dieser kurzen Zeit große Fortschritte gemacht haben, ist es eine äußerst kurze Zeitspanne. Wir befinden uns noch voll in der Experimentierphase. Deshalb ist es nur allzu verständlich, dass keines der Geschlechter richtig weiß, wie er oder sie sich verhalten soll. Wir können und wollen nicht mehr die traditionellen Rollenvorbilder unserer Eltern und Großeltern übernehmen, wissen aber noch nicht, wie wir es anders machen können. Also machen wir erstmal das Gegenteil von dem, was wir ablehnen. Aber die bloße Umkehrung des bisher Gekannten ist noch nichts Eigenständiges. Darum herrschen in den heutigen Familien teilweise chaotische Zustände, was Arbeitsteilung, Kindererziehung und Geschlechterrollen betrifft. Nur allzu oft gibt man dem Partner oder dem anderen Geschlecht die Schuld für das Durcheinander. Oder man gibt sich selbst die Schuld und fühlt sich als Versager.

Hier erleben wir die Kehrseite der grenzenlosen *Freiheit*, die wir in der postmodernen Gesellschaft genießen. Wir sind einerseits frei und können uns in vielen Lebensbereichen neu definieren. Dafür haben wir die Sicherheit eingebüßt, die die Tradition uns früher geboten hat. *Unsicherheit*, zum Teil existenzielle Unsicherheit ist der Preis für unsere grenzenlose Freiheit.

Außerdem finden die Veränderungen in der Familienstruktur auf dem Hintergrund eines gewaltigen gesellschaftlichen Umwandlungsprozesses statt. Globalisierung und Digitalisierung haben dazu geführt, dass nationale, kulturelle und ökonomische Grenzen sich auflösen, zum Teil gänzlich zusammengebrochen sind. In fast keinem Land der Erde kann man sich noch auf traditionelle Werte berufen. Wir werden täglich mit neuen, verwirrenden und einander widersprechenden Daten und Informationen konfrontiert, die unsere eigenen Grundüberzeugungen und unsere Identität immer wieder in Frage stellen. Dies führt (als Reaktionsbildung) nicht selten zu fundamentalistischen Ideologien, die versuchen, zu einer (scheinbar) eindeutigen Identität zurückzufinden, sei es nationalistischer, rassistischer oder religiöser Art. Ihnen gegenüber haben liberale, weltoffene Einstellungen heute einen schweren Stand.

Vor diesem chaotischen Hintergrund findet auch die Auseinandersetzung zwischen den Geschlechtern statt.

Heute gibt es keine eindeutigen Rollenmodelle mehr, nach denen sich Mann und Frau, Vater und Mutter richten können. Ein Kind braucht aber gerade in seiner ersten Lebensphase Sicherheit und Verlässlichkeit. Wenn seine Eltern sich jedoch unsicher, ja »undefiniert« fühlen, kann es sich nirgendwo verankern. Es befindet sich dann ständig in Unruhe, auf der Suche nach Halt. Daher wundert es nicht, dass so viele Kinder Symptome von ADHS (Aufmerksamkeits-Defizit-Hyperaktivitäts-Störung) zeigen. Besonders Jungen sind davon betroffen. Heutzutage scheinen Mädchen noch eher eine klare Perspektive zu haben, in welche Richtung sie sich entwickeln sollen. Ihnen bietet der Feminismus, der sich seit 40 Jahren in der westlichen Welt etabliert hat, eine einigermaßen sichere Basis, um als Frau zu bestehen, selbst wenn diese von ihnen sehr viel, fast zu viel fordert: Ausbildung und Karriere schnellstmöglich absolvieren, dann Kinder bekommen, dabei sollen Berufstätigkeit und Familie so gestaltet werden, dass sie miteinander »vereinbar« sind – eine schier unmögliche Aufgabe.

Für Jungen sieht die Situation dagegen gar nicht gut aus. Die beiden Weltkriege haben Millionen von Vätern das Leben gekostet und ebenso viele traumatisierte Väter in die Familien entlassen. Viele Söhne hatten in der Nachkriegszeit gar keinen Vater oder erlebten einen seelisch verkrüppelten Vater. Dies führte zu der 68er-Revolte, in der die Jugend die väterliche Autorität und das patriarchalische Gesellschaftssystem insgesamt über den Haufen warf. Solchermaßen »befreit«, haben die Söhne von damals, die nun selbst zu Vätern geworden sind, keine guten Vorbilder für ihr eigenes Vatersein. Sobald sie Kinder bekommen, flüchten viele entweder in die Arbeit, oder sie trennen sich irgendwann von Frau und Kindern. Ihre Töchter haben zumindest noch die Mutter als weibliches Vorbild. Ihre Söhne haben als erwachsenes Gegenüber in ihren ersten Lebensjahren oft nur die alleinerziehende Mutter und, wenn sie Pech haben, ausschließlich Kindergärtnerinnen und Lehrerinnen. Kein männliches Wesen weit und breit, weder als Vorbild noch als Sparringspartner, an dem man seine Kräfte erproben kann.

So alleingelassen, können Jungen ihren angeborenen, vom Testosteron befeuerten Erforschungs- und Bewegungsdrang, der nach Betätigung, Wettbewerb und Wettkampf sucht, nicht befriedigen. Stattdessen werden ihre expansiven Impulse von Müttern und Erzieherinnen als destruktive Aggressivität fehlinterpretiert, gemaßregelt und verboten. Solchermaßen missverstanden und frustriert, zeigen männliche Jugendliche genau jene unerwünschten aggressiven Verhaltensweisen, die in sie hineinprojiziert werden. Sie tun letztendlich, was man von ihnen erwartet (und was man ihnen verbietet)! So beginnt ein Teufelskreis zwischen negativer Erwartung und negativem Verhalten.

Jungen fehlt es heute schlicht an einem männlichen Regulativ. Es fehlt der Vater, der dem Sohn Grenzen setzt, wenn dieser über die Stränge schlägt, der ihm gleichzeitig zeigt, wie man als Mann seine Bewegungslust, seine Wissbegierde und seine Tatkraft einsetzen kann. Ich kenne einen Ergotherapeuten, der äußerst erfolgreich mit schwierigen Jungen arbeitet. Er zeigt ihnen, wie man an der Werkbank arbeitet. Er fordert sie zum Ringkampf heraus. Er geht mit ihnen ins Freie. Solche Ersatzväter brauchen Jungen, wenn ihnen der Vater fehlt.

Was brauchen Söhne nun von ihren Müttern? *Das Wichtigste ist, dass die Mutter ihren Sohn als männliches Wesen anerkennt und gut findet.* Er ist zwar ein Kind wie jedes andere Kind. Aber vieles an seinem Habitus, seinen Interessen und seinem Verhalten ist männlich und damit anders als wie sie es bei sich selbst als weibliches Wesen kennt. Er braucht es, dass sie ihn genau in seiner Andersartigkeit akzeptiert und, wenn möglich, liebt. In seiner Männlichkeit akzeptiert zu werden, ist das, was ein Sohn von seiner Mutter braucht.

An diesem Punkt haben es Frauen leichter, die mit Brüdern aufgewachsen sind. Sie kennen männliches Verhalten und männliches Gehabe von Kindesbeinen an und haben sich ausreichend damit auseinandergesetzt. Wenn sie selbst einen Sohn bekommen, wissen sie wie ein Junge tickt. Schwerer haben es Mütter, die in ihrer Sozialisation wenig oder überhaupt nicht mit Männern und Jungen zu tun gehabt haben. Dann erschreckt die Mutter vor einem wilden, lärmenden Sohn. Sie könnte dann versucht sein, ihn in seinem Ungestüm zu zügeln und wie ein Mädchen zu erziehen, weil sie es nicht anders kennt. Sie verkennt dabei leicht, wie wichtig es für einen kleinen Jungen ist, sich gerade in seiner Männlichkeit bestätigt zu fühlen. Denn diese macht einen Großteil seiner Identität als Junge aus.

Der Sohn hat zwei Möglichkeiten, auf solche mütterlichen Erziehungsmaßnahmen zu reagieren. Entweder lehnt er sich dagegen auf und wird tatsächlich zu dem Raufbold, den sie befürchtet (aber unbewusst erwartet). Dann ist die Chance groß, dass er ADHS entwickelt. Oder er gibt nach und passt sich den Anweisungen der Mutter an, zügelt seine aggressiven Impulse und macht artig mit. In diesem Fall besteht jedoch die Gefahr, dass er sich ihr gegenüber verschließt. Er wird passiv und betäubt sich mit Süchten aller Art (Internet, Glücksspiel, Alkohol, Nikotin, Drogen). Oder er lebt seine verbotenen männlichen Impulse im Geheimen aus, indem er stiehlt, Wände verschmiert, Tiere quält, Mädchen piesackt oder mobbt.

In beiden Fällen fühlt sich der Sohn von der Mutter nicht als männliches Wesen gesehen und akzeptiert. Wir sollten nicht vergessen, dass die Mutter die erste und wichtigste Bezugs- und Bindungsperson eines Mannes ist. So wie die Mutter ihren Sohn anschaut, wird er sich selbst sehen. Kinder haben ein unglaublich feines Gespür für die unausgesprochenen Gedanken und Regungen ihrer Mütter, schließlich waren sie ja seit der ersten Sekunde ihres Lebens auf das Innigste mit ihr verbunden. Ein Junge wird jede Nuance von Skepsis und Zweifel aus den Augen der Mutter registrieren. Wenn er merkt, dass sie mit irgendetwas in ihm nicht einverstanden ist, wird er ihr Urteil direkt übernehmen und auf sich selbst beziehen. Da sie die erste und wichtigste Instanz für sein Selbstwertgefühl ist, bleibt ihre negative Bewertung bis ins Erwachsenenalter bestehen. Selbst Jahrzehnte später wird er sich als Mann als »nicht ganz richtig«, »irgendwie falsch«, mit Mängeln behaftet fühlen.

Er wird sich womöglich seiner männlichen Impulse schämen. Er wird sich gegenüber Frauen schuldig fühlen, einfach weil er ein Mann ist. Äußerlich wird er sich Frauen gegenüber servil zeigen, so wie er sich als Kind seiner Mutter angepasst hat. Gelegentlich aber bäumt er sich gegen seine tiefen Scham- und Schuldgefühle auf und wird gewalttätig, verbal oder brachial. Oder er radikalisiert sich und schließt sich unter Umständen einer fundamentalistischen oder faschistoiden Bewegung an – als Ersatz für die fehlenden männlichen und väterlichen Vorbilder aus seiner Kindheit. Er wird entweder ein gehemmter oder ein entfesselter Mann.

Wie viele Männer kommen in meine Seminare und sagen mir, dass, egal was sie machen, ihre Partnerin nie zufrieden mit ihnen sei? Sie hätten nie das Gefühl, ganz in Ordnung zu sein. Man müsste zurückfragen: Wie war es mit deiner Mutter? Hattest Du als Kind das Gefühl, von ihr akzeptiert zu sein?

In der heutigen Zeit sprechen Frauen untereinander meist kritisch über ihre Männer. In feministischen Kreisen scheinen Männer schlichtweg der Buhmann und Sündenbock zu sein. Ihnen wird die Schuld an jeglicher Benachteiligung der Frauen in die Schuhe geschoben, und zwar kollektiv. Was Frauen (und Mütter) dabei vergessen, ist: Wie groß die Sehnsucht von Männern ist (die alle einmal Söhne waren), von Frauen als Mann akzeptiert zu werden.

Es gibt Ausnahmen. Die amerikanische Autorin Alison A. Armstrong leitet Workshops für Frauen und berät diese in ihrer Partnerschaft. Sie bringt ihnen vor allem vier Dinge bei: dass sie *Selbstvertrauen* entwickeln, dass sie *authentisch* sind, dass sie *Leidenschaft und Engagement* zeigen und leben, und dass sie *ihre männlichen Partner annehmen, so wie sie sind.* Wenn Frauen diese Verhaltensweisen zeigen, würden Männer alles für sie tun. Der letzte Punkt sei der Wichtigste: dass sie den Partner annehmen.

Armstrong (2012) meint, dass das erste, was Frauen an ihren Partnern annehmen sollten, ihre Liebesbezeugungen seien. Laut Armstrong pflegen Männer ihre Liebe für eine Frau auszudrücken, indem sie *für sie sorgen, sie beschützen und sie verwöhnen*. Die heutigen Frauen hätten jedoch gelernt, diese Zeichen männlicher Zuneigung abzulehnen. Emanzipierte Frauen meinen, *keine männliche Fürsorge* zu benötigen. Sie sorgen finanziell für sich selbst. Sie planen ihr Leben selbständig. Reparieren können sie das meiste selbst. Und im Notfall kann man einen Handwerker herbeirufen. *Männlicher Schutz* scheint in einem zivilisierten Land ebenfalls überflüssig zu sein, falls man nicht gerade nachts in bestimmten Gegenden unterwegs ist. Schließlich können Frauen ja Selbstverteidigung lernen. Und *verwöhnen*? Braucht eine Frau angesichts des enormen Angebots an Wellnessmöglichkeiten es noch, ausgerechnet von einem Mann verwöhnt zu werden, der doch »nur das Eine will«? *Es scheint, als wäre es unter der Würde einer emanzipierten Frau, irgendetwas von einem Mann zu brauchen oder gar sich einem Mann gegenüber bedürftig zu zeigen.*

Männer brauchen es aber, von einer Frau gebraucht zu werden. Wenn eine Frau aber sich alles selbst geben kann, wie und wo soll ein Mann noch bei ihr landen? Womit könnte er sie noch glücklich machen? Wozu sollen ein Mann und eine Frau eigentlich eine lebenslange Verbindung miteinander eingehen, wenn jede Seite auf ihre Eigenständigkeit pocht? Dann bleiben nur noch die Sexualität und das Zeugen von Kindern übrig, wozu eine (heterosexuelle) Frau einen Mann benötigt. Wenn die gegenseitige Attraktion sich aber ausschließlich auf die sexuelle Anziehung beschränkt, wird deren Reiz spätestens nach zwei Jahren verklungen sein. Falls eine Frau einen Mann nur zur Zeugung von Kindern braucht, könnte sie sich ebenso gut einer Samenbank bedienen. Es ist außerordentlich kränkend für einen Mann, von einer Frau nur zur Zeugung eines

Kindes herangezogen zu werden und danach den Laufpass zu bekommen.

Natürlich liegt es auch an den Männern. Viele Männer haben nicht gelernt, ihrer Partnerin den »Gorilla-Schutz«[1] zu geben, wenn diese sich ein Nest nach der Geburt eines Kindes wünscht, in dem sie sich mit ihrer ganzen Aufmerksamkeit dem Neugeborenen zuwenden kann. Männer müssen lernen, in die zweite Reihe zu treten und Frau und Kind zu dienen, anstatt zu führen. Die Neugeburt einer Familie ist aber eine gegenseitige Sache. Auch die Frau und Mutter muss den Mut und die Demut aufbringen, den Mann zu bitten, für sie da zu sein, sie in ihrer Mutterschaft zu unterstützen, sie und das Kind zu versorgen und ihnen den Rücken freizuhalten gegen die Anforderungen von draußen. Hier braucht sie wirklich seinen Beistand. Der junge Vater muss von ihr die Botschaft bekommen, dass er tatsächlich gebraucht wird und dass sein Mitwirken existenziell wichtig ist, damit die Familie gedeiht. Wenn er das Gefühl bekommt, er werde dringend gebraucht, sein Einsatz sei von existenzieller Bedeutung, dann wird er, wenn er nicht psychisch allzu sehr durch seine eigene Familiengeschichte belastet ist, dem Ruf der Frau folgen und seine Verantwortung übernehmen. (Wir haben ja soeben bei Armstrong gelesen, dass es ein fundamentales Bedürfnis von Männern ist, für eine Frau zu sorgen, sie zu beschützen und zu verwöhnen.)

Dann gibt es noch einen zweiten, umfassenderen Bereich, in dem ein Mann die Akzeptanz einer Frau braucht. Armstrong schreibt, noch wichtiger sei es, dass ein Mann das Gefühl hat, von einer Frau akzeptiert zu werden, so wie er *ist* (statt wie er sein soll). Sie schreibt:

»Die zweite Art der Akzeptanz, die Männer brauchen, ist noch schwerer für heutige Frauen zu bewerkstelligen. Uns ist beigebracht worden, dass es falsch sei, sie dem Mann zu geben. Das sei ein Verrat an die Schwesternschaft. Männer brauchen, dass wir sie akzeptieren, so wie sie sind. Ein Mann hat es einmal so ausgedrückt: ›Nichts ist so

schön wie in die Augen einer Frau zu schauen und zu sehen, dass sie dich akzeptiert.‹« (Armstrong 2012, Übersetzung d. A.)

Eine andere bekannte amerikanische Feministin der jüngeren Generation, Naomi Wolf, geht in die gleiche Richtung. In ihrem Buch *Vagina, eine Geschichte der Weiblichkeit* (Wolf 2019) hat sie alle Aspekte dieses weiblichen Organs erforscht. So heißt es bereits im Klappentext des Buches:

»Die Art, wie eine Kultur auf die Vagina blickt – sei es respektvoll oder verächtlich, fürsorglich oder geringschätzig –, steht stellvertretend dafür, wie in der betreffenden Zeit und an dem betreffenden Ort auf die Frau schlechthin geblickt wird.«

In ihrer Einführung interessiert sie sich auch dafür, wie Männer über die Vagina denken:

»Bei dieser Untersuchung wollte ich auch wissen, was Männer über ihre Beziehung zur Vagina zu sagen haben – und zwar jenseits der zweidimensionalen Geschichten, die unsere pornoübersättigte Kultur uns erzählt. Als ich über mein Thema zu sprechen begann, reagierten viele Männer aus meinem Bekanntenkreis auf meine Frage nach ihrer Vagina-Beziehung mit ermutigenden, ja liebevollen Antworten. Oft, wenn auch nicht immer, erschien ein Ausdruck von etwas wie Verehrung oder sogar Liebe auf den Gesichtern der Männer, die bereit waren, ihre Gefühle für diesen weiblichen Körperteil zu beschreiben. Die Gefühle, die diese Männer beschrieben, waren alles andere als herabwürdigend oder pornografisch – obwohl sowohl die Männer als auch ihre Aussagen zufällig ausgewählt waren.«

Nicht nur, dass die befragten Männer liebevoll über ihre Beziehung zur Vagina sprachen, sie drückten eine tiefe Dankbarkeit aus – so, als würden sie in den Armen einer Frau nach Hause kommen:

»Zu meiner großen Überraschung drückten viele heterosexuelle Männer eine Art umfassende (das heißt nicht rein sexuelle) Dankbarkeit für die Vagina aus; zudem führten sie den Lustaspekt nicht abgetrennt von einem Gefühl der Erleichterung und Freude darüber ins Feld, dass sie selbst so restlos ›akzeptiert‹ und ganz und gar ›willkommen‹ geheißen wurden. Tatsächlich tauchten die Wörter ›Akzeptanz‹ und ›willkommen‹ immer und immer wieder in meinen Gesprächen mit heterosexuellen Männern auf. So kam ich zu dem Schluss, dass wir Frauen unterschätzen, wie wichtig es den Männern ist, von uns akzeptiert zu werden.« (Wolf 2019, S. 13 f.)

Ich bin sicher, dass diese Sehnsucht der Männer nach weiblicher Akzeptanz ihren Ursprung darin hat, dass jeder Mann den Beginn seines Lebens im Leib der Mutter erlebt hat. Hier waren seine Heimat und sein Zuhause. Wenn eine liebende Frau einen Mann in der intimen Umarmung in sich aufnimmt, fühlt er sich geborgen, aufgehoben und geliebt. Er ist endlich angekommen. Umgekehrt fühlt sich die Frau, die einen Mann bei sich und in sich willkommen heißt, endlich *erfüllt*. Vagina und Penis gehören zusammen, sowie Mann und Frau zusammengehören.[2]

Sexualität kann somit etwas Heilendes, ja Heiliges sein. Sie kann auch zu etwas Vulgärem und Verletzendem verkommen, wenn sie nicht mit Liebe und Bewusstheit geschieht. Wenn wir es ernst meinen mit der Vereinigung von Mann und Frau, müssen wir uns tief in die Natur des Männlichen und Weiblichen, des Yin und Yang begeben und unsere persönliche Erfahrung damit machen. Dann werden wir begreifen, dass das Männliche und Weibliche sich gegenseitig ergänzen und befruchten. Eine achtsame und liebevolle Beziehung zwischen Mann und Frau kann die Traumata heilen, die beide infolge der Verletzungen erlitten haben, die ihnen im Laufe ihres Lebens vom anderen Geschlecht zugefügt worden sind. Dazu möchte ich auf das uralte chinesische Yin-Yang-Symbol zurückgreifen:

Abb. 1 Das chinesische Yin-Yang-Symbol

In diesem Zeichen sehen wir zunächst, dass zwei Kreise einander umschlingen. Normalerweise schließen zwei Kreise einander aus. Hier umkreisen sie sich. Beide sind in einer ständigen dynamischen Bewegung umeinander. Sie sind gegensätzlich, der eine weiß, der andere schwarz. So schmiegen sie sich aneinander, verschmelzen aber nie ineinander. Das Besondere, ja das Paradoxe ist aber, dass im Zentrum des weißen Kreises ein schwarzer Punkt steht und im Zentrum des schwarzen Kreises ein weißer Punkt. Im Mittelpunkt des Männlichen ist also das Weibliche. Im Mittelpunkt des Weiblichen ist das Männliche. Das ist ein großes Geheimnis.

Wir könnten dies so verstehen, dass in der Frau ein tiefes Wissen um das Männliche und eine tiefe Sehnsucht danach besteht, ebenso wie im Mann ein tiefes Wissen um das Weibliche und eine tiefe Sehnsucht danach besteht. Das Wissen oder zumindest die Ahnung davon lässt uns nach dem anderen Geschlecht streben. Wenn wir dort ankommen, fühlen wir uns in unserem Mannsein und Frausein erkannt. Dann sind wir endlich angekommen.

C. G. Jung hat dafür die Begriffe *Animus* und *Anima* geprägt. Animus sei das männliche Urbild (Archetyp), das eine Frau in sich trägt, so wie Anima das weibliche Urbild darstelle, das ein Mann in sich trägt. Außerdem beinhalten diese auch das Bild des Vaters in einer Tochter und das Bild der Mutter in einem Sohn. Sie gehen aber weit darüber hinaus bis zu den Ursprüngen der Menschheit. Es ist das Wissen um das Gegengeschlechtliche in uns und die Sehnsucht danach, die uns zum anderen Geschlecht führt. (Jung 1962; siehe hierzu auch Spencer-Brown 2004)

Im Tai Chi (Taiji) befinden sich Yin und Yang stets in einem wechselseitigen Umwandlungsprozess. Das Harte, Männliche drängt das Weiche, Weibliche zuerst zurück. Am Ende seines Vorwärtsstrebens wird es weicher, während das Zurückweichende an Stärke gewinnt und seinerseits aktiv wird. So wandelt sich das Yang in das Yin und das Yin in das Yang. Die chinesische Philosophie meint, dass das Universum sich ständig in einem solchen Umwandlungsprozess befindet. Darin besteht das Leben, so wie das Zusammenkommen von Männlichem und Weiblichem neues Leben hervorbringt, in einem ewigen *Stirb und Werde*.

Wenn wir uns als Mann und Frau wirklich begegnen wollen, müssen wir Abstand nehmen von der herkömmlichen, uns bekannten Sexualität, bei der es ausschließlich um den »Vollzug« eines lustvollen und erregenden Aktes geht. Denn eine sexuelle Begegnung bedeutet, dass wir uns in unserem intimsten und verletzlichsten Bereich öffnen und den Liebsten an uns heranlassen. Dies braucht großes Vertrauen in den Anderen, gleichzeitig auch die Bereitschaft, dass wir in uns selbst die innersten Kammern unseres eigenen körperlichen und seelischen Erlebens öffnen. Dies kann nur Schritt für Schritt, Stufe für Stufe geschehen. Wir müssen lernen, uns selbst gut zu spüren und auf unsere Gefühle und Empfindungen zu achten, so dass wir nur das zulassen, was wir auch ertragen und aushalten können. Genauso achtsam müssen wir unser Gegenüber wahrnehmen und spüren, wie in einem beständigen Dialog, den wir körperlich miteinander führen. Wo möchten wir innehalten, wo weitergehen? Wo fühlen wir uns eingeladen, wo taucht eine Grenze auf, an der wir Halt machen möchten? In dieser Zwiesprache entwickelt sich ein Prozess im Hier und Jetzt, der keinem bekannten Ablauf folgt und nicht nach einem vorgegebenen Schema abläuft. Es ist etwas Einmaliges, das nur in diesem Augenblick stattfindet.

Im Laufe dieses Sich-Öffnens können auch alte Erinnerungen auftauchen, sowohl schöne als auch traumatische. Letztere zeigen sich in Abwehrbarrieren, die unser Körper oder unsere Psyche aufgebaut haben, um uns davor zu schützen. Alte Gefühle von Taubheit, Schmerz, Scham, Angst oder Wut können dabei auftauchen, die mit vergangenen, verdrängten Erlebnissen verbunden sind. An solchen Grenzen können wir innehalten und uns Zeit lassen, damit wir das frühere Geschehen in Erinnerung bringen können, um es zu verarbeiten und loszulassen. Wenn wir dies achtsam tun, auch mit therapeutischer Unterstützung, können die alten Verletzungen allmählich wieder abheilen. Auf diese Weise kann die achtsame intime Begegnung mit dem Liebespartner uns helfen, alte Traumata hinter uns zu lassen und neue, heilsame Erfahrungen zu machen.

Sich in die Begegnung und Vereinigung mit einem Liebespartner einzulassen, braucht Zeit, Liebe und Engagement. Eine besondere Einführung in dieses Gebiet bietet das Tantra. Dabei geht es um ein tieferes Verständnis in die Vereinigung von Männlichem und Weiblichem, nicht nur auf der körperlichen, sondern ebenfalls auf der spirituellen Ebene. Hier können sich die Verhältnisse bisweilen umkehren, wie wir sie von der konventionellen Sexualität kennen, wo der Mann eindringt und die Frau es passiv erduldet. Lassen beide sich Zeit, damit das männliche und das weibliche Geschlechtsorgan sich wirklich fühlend begegnen können, kann es vorkommen, dass es die Vagina ist, die den Penis einlädt und in sich hineinzieht. Hier finden wir das Gefühl des Willkommenseins, von dem die Männer in den Interviews von Naomi Wolf berichtet haben. Dann erlebt der Mann, wirklich von der Frau angenommen und aufgenommen zu sein. Er fühlt sich endlich zuhause angekommen. Gleichzeitig fühlt die Frau sich in ihrer Sehnsucht nach der männlichen Ergänzung und Vervollständigung, die schon immer in ihr geschlummert hat, erhört. Auf diese Weise erfahren beide eine tiefe Erfüllung in ihrem Mannsein und Frausein.[3]

Was bedeutet die Versöhnung von Männlichem und Weiblichem nun für die Familie?

Das Wichtigste ist die Pflege der *Liebe.* In meinen Familienaufstellungen habe ich immer wieder gesehen, wie die Liebe Traumata heilt. Selbst Krieg und Gewalt können ihr nichts anhaben. Letztlich überwindet sie das Zerstörerische. Im Verhältnis zwischen Männern und Frauen geht es um verschiedene Stufen der Liebe:

- Selbstliebe
- Partnerliebe
- Mutterliebe und Vaterliebe
- Familienliebe
- Menschenliebe

Die *Selbstliebe* bildet das Fundament für jede Art der Liebe. Bevor wir überhaupt Zuneigung für einen anderen Menschen empfinden können, müssen wir uns als Mann und Frau selbst annehmen und lieben. Dies sagen die Buddhisten ebenso wie die Christen (»Liebe deinen Nächsten wie dich selbst.«). Von hier aus kann die Liebe zu unserer Partnerin und unserem Partner weiterfließen. Aus der *Partnerliebe* kann bei einem heterosexuellen Paar ein Kind entstehen, für das die Eltern *Mutterliebe* und *Vaterliebe* empfinden. Alle drei sind dann eingeschlossen in der *Familienliebe,* in der Mutter, Vater und Kind eine Einheit bilden. Eine solche Liebe, die in der Familie gepflegt und aufgebaut wird, kann sich weiter ausweiten in eine allgemeine *Menschenliebe,* die die eigene Sippe, das eigene Volk, schließlich alle Menschen einschließt.

Abschied nehmen von der Mutter

Es gibt ein beliebtes deutsches Kinderlied:

Hänschen klein, ging allein,
in die weite Welt hinein,
Stock und Hut stehn ihm gut,
ist ganz wohlgemut.
Aber Mutter weinet sehr
hat ja nun kein Hänschen mehr.

Da besinnt sich das Kind,
eilet heim geschwind.

Dies ist leider nicht die Originalversion – eigentlich ist sie eine Fälschung. Sie ist dafür gedacht, Kinder bei der Mutter zu halten, indem man ihnen Schuldgefühle macht: Die Mutter weint, wenn das Hänschen sie verlässt. Folglich muss er seine Lust, in die weite Welt zu ziehen (sein Bedürfnis nach Autonomie), fallen lassen und schnell zur Mutter zurückeilen. Ihre Bedürftigkeit wiegt schwerer als sein Fernweh. Die Originalversion hat hingegen drei Strophen:

Hänschen klein, ging allein,
in die weite Welt hinein,
Stock und Hut stehn ihm gut,
ist ganz wohlgemut.
Aber Mutter weinet sehr
hat ja nun kein Hänschen mehr.
Wünsch' dir Glück, sagt ihr Blick,
kehr nur bald zurück.

Sieben Jahr, trüb und klar,
Hänschen in der Fremde war,
da besinnt sich das Kind,
eilet heim geschwind.
Doch nun ist's kein Hänschen mehr,
nein, ein großer Hans ist er.
Stirn und Hand braun gebrannt,
wird er wohl erkannt?

Eins, zwei, drei gehn vorbei,
wissen nicht, wer das wohl sei.
Schwester spricht: »Welch Gesicht!«
Kennt den Bruder nicht.
Kommt daher die Mutter sein,
schaut ihm kaum ins Aug' hinein,
ruft sie schon: »Hans, mein Sohn!
Grüß dich Gott, mein Sohn!«[1]

Die Originalversion erzählt also eine ganz andere Geschichte: Die Geschichte eines Sohnes, der trotz der Tränen seiner Mutter in die weite Welt hinauszieht, um sein Glück zu finden. Er muss sich durch manche Härten hindurchschlagen: *»Sieben Jahr, trüb und klar, Hänschen in der Fremde war«*. Indem er sich in der Welt bewährt, wird er erwachsen: *»Doch nun ist's kein Hänschen mehr, nein, ein großer Hans ist er. Stirn und Hand, braun gebrannt, wird er wohl erkannt?«*. Wettergegerbt und um einiges an Lebenserfahrung reicher kehrt er heim, auch in der Ungewissheit, ob er willkommen ist, so wie er sich verändert hat.

Außerdem erzählt die Originalversion des Liedes von dem Mutterschmerz und der Muttertreue: Die Mutter muss weinen, da sie kein Hänschen mehr hat. Aber sie lässt ihn gehen und gibt ihm ihre guten Wünsche und ihren Segen mit auf den Weg: *»Wünsch' dir Glück, sagt ihr Blick, kehr nur bald zurück.«* Bei der Rückkehr des großgewordenen Hans erkennt ihn nicht einmal die Schwester, aber die Mutter braucht ihm kaum ins Auge zu schauen, um ihn zu erkennen. Sie hat ihn während der sieben langen Jahre seiner Abwesenheit im Herzen getragen und auf ihn gewartet. Gleichzeitig erkennt sie ihn nun als Erwachsenen an: Sie nennt ihn nicht mehr »Hänschen«, sondern »Hans mein Sohn«.

Es braucht also beides, damit ein Sohn sich gut von der Mutter lösen kann: Den Mut des Sohnes, sich trotz der Tränen der Mutter loszureißen, um sich aus der Sicherheit des mütterlichen Hafens in die weite Welt zu wagen, ohne zu wissen, was ihn erwartet. Und gleichzeitig das weite Herz der Mutter, die ihren Sohn nicht festhält, sondern ihn aus Liebe gehen lässt, weil sie weiß, dass er bei ihr nicht zum Mann werden kann.

Für einen Sohn, der in großer Nähe zu seiner Mutter aufgewachsen ist, ist es tatsächlich schwer, trotz der Tränen der Mutter, trotz seines eigenen Trennungsschmerzes und trotz seiner eigenen Unsicherheit darüber, was ihn in der Welt draußen erwartet, Abschied von der Mutter zu nehmen. Dies ist jedoch der einzige Weg, zu sich und der eigenen Lebensbestimmung zu finden. Besonders in einer symbiotischen Mutter-Sohn-Verbindung ist es essenziell, dass er sich klar abgrenzt von der Mutter. Wir haben im zweiten Teil gesehen, dass eine Mutter ihren Sohn aus vielerlei Gründen festhält. Um ihre Motive zu verstehen, bedarf es für den Sohn oft einer Therapie, in der er seine Mutterbeziehung besprechen kann. In Familienaufstellungen kann er die transgenerationalen Verwicklungen erkennen, die zu der übergroßen Nähe zwischen ihm und seiner Mutter geführt haben, und sich besser distanzieren. In meinem Buch *Die Kunst, erwachsen zu sein – Wie wir uns von den Fesseln der Kindheit lösen* (2014) habe ich viele Beispiele angeführt, wie ein erwachsenes Kind sich auf gute Weise von den Eltern lösen und seinen eigenen Platz im Leben finden kann.

Im Folgenden möchte ich die einzelnen Schritte zur Ablösung von der Mutter skizzieren:

1. Der erwachsene Sohn muss aus dem Elternhaus ausziehen. Mit dem räumlichen Abstand wird er genügend innere Freiheit finden, um über seine Mutterbeziehung nachzudenken. Außerdem kann er damit leichter Kontakt zu Menschen außerhalb des mütterlichen Einflusses aufnehmen, die ihn darin unterstützen, ein eigenständiges Leben aufzubauen. In meiner therapeutischen Arbeit mit jungen Erwachsenen finde ich es außerordentlich schwierig, die Eltern-Kind-Beziehung aufzuarbeiten, solange das erwachsene Kind noch bei den Eltern lebt, womöglich auch noch von ihnen finanziell abhängig ist.
2. Ein mit der Mutter verschmolzener Sohn muss sich erst einmal *als eigenständige Person wahrnehmen* können, bevor er überhaupt in der Lage ist, sich als eine von der Mutter unterschiedene Person zu begreifen. Uns im eigenen Körper zu spüren und unsere Gedanken als unsere eigenen zu erkennen, ist essenziell für die Schärfung unserer Selbstwahrnehmung. Neben einer Psychotherapie können körperliche und geistige Übungen wie Meditation, Yoga, Tai Chi, Qigong und Kampfsport hilfreich sein.
3. Es gibt in der Gestalttherapie eine Technik, eine Art Rollenspiel, mit der ein erwachsener Sohn lernen kann, sich von der Mutter zu differenzieren. Hierzu setzt er die Mutter in seiner Vorstellung sich gegenüber auf einen Stuhl und führt einen Dialog mit ihr, indem er sich abwechselnd auf seinen eigenen Stuhl und auf den Stuhl der Mutter setzt und dabei sein Gegenüber jeweils direkt anspricht. Auf diese Weise kann er seine eigenen Gefühle und Meinungen von denen der Mutter (die ihm im Kopf herumgeistern) unterscheiden lernen.
4. Eine solche systemische Arbeit lässt sich in Familienaufstellungen verfeinern, indem nicht nur die Eltern, sondern auch die Großeltern und andere Vorfahren durch Stellvertreter dargestellt werden. Auf diese Weise kann man den familiären

Ursachen für die heutigen Irrungen und Verwirrungen auf die Spur kommen und sie lösen.[1]

5. In Familienaufstellungen kann es für ein muttergebundenes Kind nützlich sein, eine sichtbare Grenze zwischen sich und der Mutter zu ziehen, etwa mit Hilfe von Seilen, die es zwischen sich und der imaginierten Mutter auf den Boden legt. Dabei kann es Belastungen, die ihm von der Mutter und anderen Angehörigen aufgeladen worden sind (Verpflichtungen, Aufträge und alle Formen des Missbrauchs), symbolisch in Form von Steinen zurückgeben. Nach einer solchen Abgrenzung kann das Kind seine Wünsche an die Mutter aussprechen, etwa dass sie es in den Arm nimmt (wenn es in der Kindheit zu wenig Bemutterung erfahren hat) oder es in sein Leben gehen lässt (wenn es zu stark gebunden gewesen ist).
6. Solche therapeutischen Erfahrungen können dem Sohn helfen, sein reales Verhältnis zur Mutter und zu anderen Angehörigen zu klären und zu verändern. Dies muss nicht immer eine Zumutung für die Mutter sein. Die meisten Eltern sind selbst im Alter fähig, sich zu verändern und ihr Verhältnis zum Kind neu zu überdenken und zu gestalten. Man kann ihnen durchaus einiges zutrauen!
7. Nach der Lösung von der Mutter ist es besonders für Söhne wichtig, ihr Verhältnis zum Vater zu klären und neu zu gestalten.

Versöhnung mit meiner Mutter

Im indischen Glauben, sowohl im Hinduismus als auch im Buddhismus, geht man davon aus, dass alle unsere Handlungen Folgen haben. Diese Folgen zeigen sich in dem, was uns an Gutem oder Bösem widerfährt. Tun wir Gutes, wird uns auch Gutes zuteil. Tun wir Böses, wird uns ebenfalls Böses zuteil. Dies ist das karmische Gesetz von Ursache und Wirkung. Es hängt innig mit der spirituellen Idee der Wiedergeburt zusammen. Demnach müssen sich die Folgen unserer heutigen Handlungen nicht unbedingt in unserem gegenwärtigen Leben manifestieren, sondern können sich auch erst in einem zukünftigen Leben zeigen. Somit haben wir eine Vergangenheit, Gegenwart und Zukunft nicht nur in diesem Leben, sondern über eine größere Zeitspanne, tief in die Vergangenheit zurück- und weit in die Zukunft hinüberreichend.

Als Handlungen wird im Buddhismus nicht nur das verstanden, was wir *tun*, sondern auch was wir *denken* und *sagen*. Daher gilt es, nicht nur auf unsere Handlungen (was wir tun und lassen), sondern auch auf unsere Gedanken und unser Sprechen zu achten, da all dies Folgen haben wird.

Die Folgen unserer Handlungen zeigen sich in dreifacher Hinsicht: in unserer eigenen Seele, in unseren Beziehungen und in unserem Schicksal, also intrapsychisch, interpersonell und lebensgeschichtlich.

Die ersten, intrapsychischen Folgen unserer Handlungen zeigen sich zum Beispiel in unseren Schuldgefühlen, wenn wir etwas Schlimmes getan haben. Wir spüren Erleichterung, wenn wir eine Schuld beglichen haben. Wir fühlen Dankbarkeit, wenn uns etwas Gutes geschieht. Dies bedeutet, dass wir bereits in unserem jetzigen Leben die Lasten unserer schlechten Handlungen zu spüren bekommen und die Früchte unserer Bemühungen ernten – soweit wir unser Leben bewusst und verantwortlich führen. Falls wir dies nicht tun, werden wir den Folgen unseres heutigen Handelns in einem späteren Leben begegnen.

Dies gilt zweitens für unsere Beziehungen. Auch in unserem jetzigen Leben gibt es einen gegenseitigen Ausgleich in unseren Beziehungen: Wenn wir jemandem etwas Gutes tun, ernten wir von ihm Liebe und Dank. Fügen wir einem anderen Leid zu, wird er es uns irgendwann heimzahlen. Findet dieser Ausgleich nicht in diesem Leben statt, bleiben wir mit der betreffenden Person karmisch verbunden. Wir werden uns in einem späteren Leben wiederbegegnen, meistens in einer anderen Gestalt (daher haben wir manchmal das Gefühl, wir kennen jemanden schon seit einer Ewigkeit, obwohl wir ihm gerade erst begegnet sind), manchmal sogar in einer umgekehrten Beziehung (der Täter wird zum Opfer, das Opfer zum Täter).

Die Beziehungen mit den Menschen, die uns nahe sind und mit denen wir verbunden sind (im Guten wie im Bösen), haben somit ihren Anfang nicht nur in diesem Leben. Ebenso wenig enden sie hier. Wir weben an unseren Beziehungen schon seit Urzeiten, und wir werden sie in zukünftigen Leben fortsetzen.

Dies geschieht in einem fortwährenden Ausgleich. Wenn wir jemandem etwas Gutes tun, bekommen wir in diesem oder einem späteren Leben von ihm (oder von jemand anderem) Lohn und Dank. Wenn wir jemandem etwas Böses antun, wird uns in diesem oder einem späteren Leben ähnliches geschehen. Erst wenn der gegenseitige Ausgleich vollzogen ist und wir dies anerkannt haben, löst sich die karmische Beziehung und wir werden frei.

Wie ist es dann, wenn wir unsere heutigen, für uns bedeutenden Beziehungen in diesem Licht anschauen? Tilgen wir hier eine Schuld, die wir früher verursacht haben? Ernten wir die Früchte von Güte, die wir einmal gesät haben?

Möglicherweise werden wir milder in unserem Urteil, demütiger und bescheidener in unseren Ansprüchen, vielleicht auch verständnisvoller für unsere eigenen Fehler und für die Fehler anderer. Hoffentlich werden wir liebevoller uns selbst und anderen gegenüber. Und verantwortungsbewusster in unseren Gedanken, unserem Sprechen und unseren Handlungen.

In diesem Licht betrachtet, werde ich meiner Mutter dankbarer für die Liebe, die sie mir und meinen Kindern geschenkt hat. Ich kann ihr nachsehen, was sie wissend oder unwissentlich meinen Geschwistern und mir angetan hat. Es tut mir leid, dass ich sie oft nicht beachtet, manchmal sogar missachtet habe. Ich bedauere, dass ich nicht mehr für sie getan habe und nicht mehr für sie da war. Und hoffe, dass sie es in ihrem zukünftigen Leben besser haben wird.

Sogar ihrem Geliebten, den ich einst gehasst habe, kann ich dankbar sein. In den drei Jahren, in denen er bei uns gelebt hat, habe ich täglich sein Geigenspiel gehört. Damals fand ich es grässlich. Heute liebe ich Violinmusik. Und ich bin dankbar, dass er meiner Mutter ein paar glückliche Jahre beschert hat.

Die Erlösung der Mutter und die Rückkehr des Vaters

Nach dem Tod meiner Mutter hatte ich eine Vision:

Meine Mutter ist im Jenseits angekommen. Dort wird sie von drei Frauen empfangen, die sie zu früh verloren hat: ihre Mutter, die verstorben ist, als sie 12 war, ihre älteste Schwester, die während der japanischen Invasion umgekommen ist, und ihre jüngste Schwester, die sich während der Kulturrevolution das Leben genommen hat. Beim Wiedersehen nimmt meine Mutter ihre jüngste Schwester ganz gerührt in den Arm. Sie ist freudig überrascht, ihre Mutter wieder gesund und lebendig zu sehen. Aber beim Anblick ihrer ältesten Schwester bricht sie in Schluchzen aus – diese große Schwester war diejenige, die sie bei ihrer Geburt als damals jüngstes von fünf Kindern, zur Enttäuschung der Eltern wieder einmal ein

Mädchen, in ihr Herz aufgenommen, geliebt und »adoptiert« hatte. Dass diese große Schwester während der Kriegswirren auf einmal verschwunden war, hat meine Mutter nie verwunden. Nicht einmal eine Todesnachricht. Ihre Trauer verschloss die verwaiste kleine Schwester in ihrem Herzen und panzerte sie unter einer Schale voller Bitterkeit und Härte.

Beim Anblick dieser Schwester zerspringt die harte Schale und sie bricht schluchzend in deren Armen zusammen. Meine große, stolze Mutter wird auf einmal wieder zu dem kleinen Mädchen, das von beiden Eltern achtlos beiseitegeschoben, dann aber von der ältesten Schwester gerettet worden ist. Sie ist endlich dort angekommen, wonach sie sich zeitlebens gesehnt hat. Daheim.

Endlich taucht eine vierte Frau auf, ihre Großmutter. Die, zu der sie mit ihren Geschwistern nach dem Tod der Mutter geflohen ist. Diese nimmt nun alle vier jüngeren Frauen unter ihre Fittiche. Die Große Mutter, in deren Armen sie alles loslassen können: die Kriegswirren, die Not, die Erniedrigung durch die Männer, die Flucht, die Heimatlosigkeit. Meine Mutter, als kleine Enkeltochter, umringt von ihren Schwestern, geborgen bei ihrer Mama und ihrer Oma, eingebettet in der Frauenrunde, ist endlich nach Hause zurückgekehrt.

Ich schaue auf die Szene und spüre Erleichterung. Nun brauche ich mir keine Sorgen mehr um meine Mutter zu machen. Sie ist endlich angekommen. Ich brauche nicht mehr auf sie aufzupassen. Gegenüber der Liebe und Geborgenheit, die sie jetzt in den Armen ihrer Großmutter, ihrer Mutter und ihren Schwestern erfährt, verblassen meine Bemühungen, sie aus ihrem Elend zu retten. Diese konnten sowieso nur ein Trostpflaster sein.

Wie meine Sorge um sie von mir abfällt, spüre ich meine Liebe für sie, die so tief darunter verborgen war. Ich kann meine Mutter endlich lieben, ohne Angst, von ihr verschlungen zu werden. Ohne Angst, dass sie ihr ganzes Gewicht auf mich legt und sich von mir stützen lässt. All diese Last kann ich nun abgeben.

Umgekehrt brauche ich nichts mehr von ihr. Ich habe von ihr alle Liebe bekommen, die ein Sohn sich von seiner Mutter nur wünschen könnte. Dafür bin ich dankbar.

Ich denke auch an meine Schwestern, die im Gegensatz zu mir von ihr so vernachlässigt und abgelehnt wurden. Nun, da meine Mutter in den Frauenkreis aufgenommen worden ist, wird sie hoffentlich auch aufhören, ihren Frust und ihre (Selbst-)Verachtung auf meine Schwestern abzuladen, und sie endlich als die Töchter annehmen, die ihr trotz aller Demütigungen treu zur Seite gestanden sind.

Mich von meiner Mutter »entkoppeln«

Ich hatte seit der Flucht meiner Mutter, die mit mir als Kind aus dem von den kommunistischen Truppen bedrohten Shanghai floh, die Angewohnheit, immer bis zur letzten Minute zu warten und dann Hals über Kopf aus dem Haus zu stürzen, wenn ich zu einem Termin musste. Diese eingefleischte Tendenz, stets auf dem Sprung zu sein, löste sich erst durch eine therapeutische Sitzung, die ich neulich hatte. In einer Imagination spürte ich: Ich will eigentlich gar nicht mit meiner Mutter ins Flugzeug steigen. Ich wäre lieber bei meiner geliebten Tante geblieben. Es ist nur die Angst meiner Mutter vor den kommunistischen Truppen, die an mir zieht. So sage ich in meiner Vorstellung zu meiner Mutter: »Es ist *deine* Angst, nicht meine. Ich möchte gar nicht weg. Geh du nur. Ich bleibe hier bei meiner Tante.« In meiner Imagination fliegt meine Mutter tatsächlich ohne mich fort. Ich bleibe bei meiner Tante in der altvertrauten Wohnung, mit uns mein Onkel und meine Amme, und fühle mich sicher und geborgen. Zu meiner Überraschung vermisse ich meine Mutter überhaupt nicht. Meine Unruhe und Nervosität fallen von mir ab. Ich spüre, wie die Fluchttendenz aus meinem Körper weicht und ich ganz ruhig werde. Ich fühle mich nicht mehr auf Gedeih und Verderb an meine Mutter gebunden.

Da ich nun von meiner Mutter befreit bin, kann ich endlich zu meinem Vater gehen. Er hat lange darauf gewartet, dass meine Mutter mich loslässt. Von ihm bekomme ich die männliche Kraft, die mir so lange gefehlt hat. Ich schaue in den Spiegel und sehe seine Züge in meinem Gesicht. Ich fühle, wie sein Selbstbewusstsein und seine Unerschrockenheit durch meine Adern fließen. Seine Sinnlichkeit und Sinnenfreude spüre ich auf meinen Lippen, auf meiner Haut, in meinen Händen. Sein Humor macht mich leicht, sein Verantwortungsgefühl verleiht mir Würde.

Ich habe alles, was ich zum Leben brauche.

Exkurs: Zwei Meditationen

Hier sind zwei kleine Meditationen, die mir geholfen haben, einen liebevolleren Blick auf meine Eltern zu finden.

Vision einer befreiten Mutter und eines befreiten Vaters

- Stelle Dir Deine Mutter als unschuldiges Kind vor.
- Lass sie als Kind in einer für sie optimalen Lebenswelt aufwachsen, in der sie alles hat, was sie zum Leben und Gedeihen braucht.
- Stelle Dir vor, was für eine Frau sie unter diesen optimalen Bedingungen werden würde.
- Wie würde sie leben? Was würde sie tun? Würde sie Mann und Kinder haben? Wie wäre sie zu diesen?
- Das Gleiche stelle Dir in Bezug auf Deinen Vater vor, als unschuldiges Kind, das in einer optimalen Lebenswelt aufwächst.
- Was für ein Mann würde er werden? Wie würde er leben? Was würde er tun? Würde er Frau und Kinder haben? Wie würde er diese behandeln?
- Stelle Dir Deine Mutter und Deinen Vater als Paar vor, so wie sie unter optimalen Lebensbedingungen geworden wären.

In welchem Verhältnis stünden sie zueinander? Wären sie sich nahe? Würden sie sich lieben?

- Wie würden sie unter solchen Umständen zu Dir (und ggf. Deinen Geschwistern) sein? Wie würden sie Euch behandeln? Wie ginge es Dir dann mit Deinen Eltern? Wie würdest Du aufwachsen? Was für ein Mensch würde aus Dir werden?
- Stelle Dir vor, Du erhieltest von Deiner Mutter das größte Geschenk Deines Lebens – was wäre das? Welche für Dein Leben bedeutsame Geschenke würdest Du von Deinem Vater empfangen? Wie ginge es Dir und was wäre aus Dir geworden, wenn Du alle diese Geschenke erhalten hättest?
- Stelle Dir vor, Du hättest die volle Männlichkeit von Deinem Vater und die volle Weiblichkeit von Deiner Mutter empfangen. Wie sähest Du in Deiner Männlichkeit beziehungsweise Deiner Weiblichkeit aus? Wie würdest du Dich als Mann fühlen? Wie würdest Du Dich als Frau fühlen? Wie stündest Du zum eigenen Geschlecht? Wie stündest Du zum anderen Geschlecht? Welche Beziehung würdest Du zu Männern, welche zu Frauen haben? Wie würdest Du Dich dabei fühlen?

Die nächste Meditation habe ich im buddhistischen INTERSEIN-Zentrum in Hohenau erlebt:

Vision von Deinen Eltern und Dir als fünfjährige Kinder

- Stelle Dir Dich selbst als fünfjähriges Kind vor und lächle Dir zu.
- Stelle Dir Deine Mutter als fünfjähriges Kind vor und lächle ihr zu.
- Stelle Dir Deinen Vater als fünfjähriges Kind vor und lächle ihm zu.
- Stelle Dir Dein Leid als fünfjähriges Kind vor, spüre Mitgefühl für Dich, nimm Dich in den Arm und tröste Dich.
- Stelle Dir das Leid Deiner Mutter als fünfjähriges Kind vor, spüre Mitgefühl für sie, nimm sie in den Arm und tröste sie.

- Stelle Dir das Leid Deines Vaters als fünfjähriges Kind vor, spüre Mitgefühl für ihn, nimm ihn in den Arm und tröste ihn.
- Stelle Dir Deine Mutter und Deinen Vater als fünfjähriges Kind vor. Wie würden sie sich verstehen?
- Stelle Dir Dich und Deine Mutter als fünfjährige Kinder vor. Wie würdet Ihr Euch verstehen?
- Stelle Dir Dich und Deinen Vater als fünfjährige Kinder vor. Wie würdet Ihr Euch verstehen?
- Stelle Dir Dich und Deine beiden Eltern als fünfjährige Kinder vor. Wie würdet Ihr Euch verstehen?

Nachgedanken: Was könnte eine gute Grundlage für die Familie sein?

Wie viele Menschen habe ich eine Idealvorstellung davon, wie eine Familie sein sollte. Die folgenden Gedanken mögen in unserer heutigen Zeit anachronistisch klingen. Ich möchte sie trotzdem formulieren, weil sie zu meinen tiefsten Sehnsüchten gehören:

> *Die exklusive Liebe beider Eltern füreinander und die daraus entstehende Liebe zu ihren Kindern gibt der Familie Halt und Form.*
>
> *Die Treue beider Eltern zueinander und ihr bedingungsloser Rückhalt für die Kinder machen die Kinder sicher, stark und selbstbewusst.*
>
> *Treue heißt, sich gegenseitig als die exklusiven Partner füreinander anzunehmen und sich selbst als exklusiven Partner des anderen in die Beziehung hineinzugeben (im Sinne von Hingabe).*
>
> *Die Mutter liebt ihren Mann und ehrt ihn als ihren Mann und Lebenspartner und als Vater ihrer Kinder.*
>
> *Da sie ihren Mann liebt und als Mann schätzt, lässt sie die Söhne zu ihrem Vater gehen, weil sie weiß, dass sie bei ihm am besten lernen können, wie man ein Mann wird. Gleichzeitig nimmt sie sich ihrer Töchter an und bringt ihnen bei, starke Frauen zu werden.*

Der Vater liebt seine Frau und ehrt sie als seine Frau und Lebenspartnerin und als Mutter seiner Kinder. Er lässt seine Töchter bei ihr, weil er weiß, dass sie bei ihr am besten lernen, eine Frau zu sein. Er nimmt sich seiner Söhne an und bringt ihnen bei, starke Männer zu werden.

Die Söhne lernen von ihrer Mutter Zärtlichkeit und Liebe. Von ihrem Vater lernen sie, ihren Mann im Leben zu stehen, Frauen zu lieben und zu respektieren, Frau und Kinder zu beschützen und zu versorgen.

Die Töchter lernen von ihrer Mutter, Männer zu lieben und zu respektieren, ihre Frau im Leben zu stehen und eine gute Partnerin und Mutter zu werden. Von ihrem Vater erfahren sie männlichen Schutz und Beistand. Sie fühlen sich von ihrem Vater als Tochter und werdende Frau geliebt.

Beim Schreiben dieser Sätze habe ich mich gefragt, ob ich nicht von allzu idealistischen Vorstellungen ausgehe, die heute unrealistisch erscheinen. Betrachtet man die familiären Verwerfungen, die die Kriegs- und Nachkriegsgeschichte des letzten Jahrhunderts hinterlassen haben, und vergegenwärtigt man sich den Zustand der Welt heute, könnte man daran zweifeln, ob es jemals ausreichend gute Bedingungen für Kinder geben wird, in einer gesunden und friedlichen Welt aufzuwachsen. Gleichzeitig haben sich – gerade durch die Erforschung der Folgen solcher traumatisierenden Ereignisse – unsere Erkenntnisse in Psychologie und Pädagogik über günstige und ungünstige Bedingungen für das Aufwachsen von Kindern und Jugendlichen beträchtlich erweitert, etwa in der Bindungstheorie oder in der Traumaforschung. Ich bin der Meinung, dass wir nicht aufhören dürfen, über Idealbedingungen für ein gutes Leben nachzudenken und uns dafür einzusetzen.

Ein ganz anderer Gesichtspunkt: Die moderne Welt hat glücklicherweise Menschen, die eine andere sexuelle Orientierung als die Mehrheit haben, zunehmend die Möglichkeit gegeben, ihre Liebesbeziehungen zu legalisieren. Über solchen notwendigen gesellschaftlichen Anpassungsprozessen an moderne Lebensverhältnisse verlieren wir aber nur allzu leicht die leiblichen Eltern eines Kindes aus den Augen. Wir vergessen, dass es zu den wichtigsten Aufgaben einer Gemeinschaft gehört, die leiblichen Eltern eines Kindes darin zu unterstützen und zu befähigen, ihr Kind gemeinsam aufzuziehen. Wenn dies gelingt, kann das Kind ein gesundes Selbstbewusstsein und eine klare Identität entwickeln. Heute müssen viele Kinder aus Scheidungsfamilien, Ein-Eltern-Hauhalten, Patchworkfamilien und homosexuellen Lebensgemeinschaften ihre Identität in einem Gewirr zunehmend komplexer werdender Familienverhältnisse mühsam zusammenbasteln.

Dabei hat die Gesellschaft die ungeheure Chance vertan, die aus der Emanzipation sowohl der Frau als auch des Mannes vom Patriarchat entstanden ist: *die Förderung der Partner- und Elternschaft zweier selbstbewusster, emanzipierter Menschen.* Eine solche neue, emanzipierte Familie wäre ein Alternativmodell zu der traditionellen patriarchalen Familie einerseits und den Ein-Eltern- und Patchwork-Familien andererseits.

Ich habe in diesem und meinem letzten Buch *Vaterliebe* versucht, Wege zu einer solchen neuen Partner- und Elternschaft aufzuzeigen. Ich möchte dafür plädieren, junge Eltern zu stärken, damit sie zusammenbleiben können. Erst wenn sie trotz aller Bemühungen scheitern, muss man nach Notlösungen suchen. Dann kommen andere, alternative Familienformen in Betracht. Eltern darin zu unterstützen, ihre Kinder gemeinsam aufzuziehen, sollte immer noch das primäre Ziel der Familienpolitik sein, anstatt Notlösungen als Ideal anzusehen und die lebenslange Partner- und Elternschaft – heute bleiben immerhin zwei Drittel aller Ehen erhalten – nur noch als Auslaufmodell abzutun.

Mutter und Vater ent-binden und das eigene Leben in die Hand nehmen

Am Ende dieses Buches möchte ich eine klare Unterscheidung machen: Ich bin durch meine Eltern ins Leben gekommen. Sie haben ihr genetisches Erbe an mich weitergereicht. Sie haben mich großgezogen und mich durch die Kindheit und Jugend begleitet und haben mich damit geprägt. Sie sind auch danach ein wichtiger Teil meines erwachsenen Lebens geblieben, so lange sie lebten. Insofern waren sie die wichtigsten Menschen in meinem Leben.

Es gab vieles, wofür ich ihnen dankbar bin. Es gab auch vieles, was ich mit ihnen klären musste – Dinge, die mich belastet haben; Aufträge, die ich auszuführen hatte; Vorwürfe, die unberechtigt waren; Verhaltensweisen, die ich übernommen habe und die sich als falsch, unproduktiv oder schädlich erwiesen. All diese Belastungen kann ich ihnen in Respekt zurückgeben. Das Versäumte kann ich bedauern und beweinen. Die Wut kann ich aus mir herausschreien. Die Angst und den Schmerz, den sie mir zugefügt haben, durchleiden und hinter mir lassen. All dies gehört zu den »unerledigten Geschäften« (wie es etwas lapidar in der Gestalttherapie heißt), die ich mit meiner Mutter und meinem Vater noch abzuschließen habe. All dies dient der Klärung meines Verhältnisses zu meinen Eltern und meiner inneren Reinigung.

Dann ist aber gut.

Heute bin ich erwachsen und verantworte mein eigenes Leben. Erwachsensein bedeutet, die Verantwortung für mein Tun und Lassen voll zu übernehmen. Ich kann nicht mein Leben lang herumgehen und mich über meine Eltern beklagen und ihnen die Verantwortung für mein misslungenes Leben zuschieben. Sie sind tot. Ich lebe. Ich bin allein für mein Handeln verantwortlich. Punktum.

Es mag Zeiten geben, in denen ich Angst bekomme und in den Schoß meiner Mutter zurückkriechen möchte. Es mag Zeiten geben, in denen ich mir den Rat und den Rückhalt meines Vaters herbeisehne. Es mag Zeiten geben, in denen ich meine Eltern verfluche, weil sie mich nicht gut versorgt haben und mich in eine Lebenslage gebracht haben, aus der ich mich mühsam herauskämpfen muss. Aber das ist mein Leben, das ist mein Schicksal. Ich muss damit fertigwerden.

Ich kann andere Menschen um Hilfe bitten. Trost und Unterstützung kann ich auch woanders finden als bei meinen Eltern. Ich kann auch Gott und andere hilfreichen Geister um spirituellen Beistand bitten. Als soziales Wesen brauche ich selbstverständlich ein soziales Netz, das mich unterstützt. Natürlich gibt mir der Glaube an spirituelle Kräfte und höhere Mächte Halt in Zeiten der Not. Dennoch bin ich bei aller Hilfe derjenige, der mein Leben zu führen hat.

Es gibt einen Satz aus dem Buddhismus, der unglaublich radikal klingt: »Triffst du Buddha unterwegs, töte ihn!« Buddha ist, wie Christus im Christentum, die höchste Instanz im Buddhismus. Dort heißt es aber: Du bist selbst Buddha. Du hast die Buddha-Natur in Dir, die Du (wieder-)entdecken und verwirklichen kannst. Es gibt keine Elternfigur und keine höhere Instanz, an die Du die Verantwortung für Dein Leben abgeben oder delegieren kannst. Du bist der Einzige, der für Dein Leben verantwortlich ist.

Das ist eine sehr radikale Aussage. Denn die meisten von uns möchten doch, zumindest in Zeiten der Not, jemanden haben, der uns unter die Arme greift und uns aus der Patsche hilft. Das sind ganz natürliche kindliche Bedürfnisse. Wenn wir aber die Freiheit, die das Erwachsensein uns schenkt, wirklich ernst nehmen, dann müssen wir auch die volle Verantwortung für unser Leben übernehmen. Wir können beten, wir können uns die Eltern real oder in der

Vorstellung herbeirufen, uns zu helfen, und dennoch müssen wir uns unserem Leben stellen und uns entscheiden, wie wir mit der aktuellen Situation fertig werden wollen.

Diese Erkenntnis macht Angst. Sie macht auch stark. Denn sie gibt uns die Kraft, unser Leben anzupacken. Wenn wir zurückfallen, dann fallen wir zurück auf unseren Wesenskern, die Instanz in uns, die uns sagt, was richtig und falsch ist. Das ist der Buddha in uns. »Was würde Buddha, was würde Christus in diesem Moment tun?«, können wir uns fragen. Dann sind Buddha und Christus eine innere Vorstellung, die wir befragen können. Aber zu erkennen, dass sie nur Bildnisse sind, Vorstellungen, die wir uns machen, ist wichtig, um das Göttliche, Buddhahafte in uns selbst zum Leben zu erwecken und zu tun, was das Unsere ist.

Der Fluss des Lebens

Beim Schreiben dieses Buches ist mir immer klarer geworden, wie richtig und wichtig der Satz ist, den ich zu Anfang aufgeschrieben habe, *»Die Geschichte der Mutter ist die Geschichte der Frau, in der Geschichte der Mutter-Sohn-Beziehung spiegelt sich die Geschichte der Beziehung zwischen Frau und Mann«*. Wenn wir uns die Beziehung zwischen Müttern und Söhnen anschauen, geht es tatsächlich um die Frage, wie Frauen und Männer ihre Beziehung in der Vergangenheit gestaltet haben und wie diese in Zukunft aussehen soll. Als die erste Frau im Leben eines Mannes überträgt eine Mutter ihre persönlichen Vorstellungen über das Männer-Frauen-Verhältnis auf ihren Sohn. Dabei *erzählt* sie dem Sohn nicht nur, wie eine Beziehung zwischen Mann und Frau zu sein hat. Nein, sie lebt sie unmittelbar mit ihrem Sohn. Der Sohn *fühlt* es bei jeder Berührung, *schmeckt* es mit der Muttermilch, *hört* es aus der Mutterstimme, *sieht* es aus ihrem Blick. Es ist ein synästhetisches, ein ganzheitliches Aufnehmen der Mutter als Frau-Mutter und ihrer Beziehung zu ihm als ihrem Sohn, ihrem kleinen Mann.

All dies nimmt der Sohn auf und geht mit dieser Grunderfahrung in sein Leben. Er wird zwar im Laufe seines Lebens andere Beziehungen aufnehmen und erleben. Aber keine dieser Erfahrungen wird je an die Ursprüngliche heranreichen. Die Erfahrungen, die er in seinen ersten Tagen, Wochen und Jahren bei seiner Mutter gemacht hat, werden die tiefsten und weitreichendsten bleiben. Sie bilden den Kern seines Selbstverständnisses, seines Selbstwertgefühls und seiner Identität. Sie bestimmen die Art, wie er mit Männern und Frauen umgeht, welche Freunde er hat und welche Frau er sich zur Partnerin wählt (oder welchen Mann er sich zum Partner nimmt). Auch in seinen gesellschaftlichen und politischen Vorstellungen resonieren seine frühen Erfahrungen mit der Mutter nach. Wie er seinen Alltag gestaltet, wie er seine Wohnung einrichtet, wie er seinen Haushalt führt, entspringt ebenfalls seinen frühen und frühesten Kindheitserinnerungen, damals als er ganz nahe bei seiner Mutter war und miterlebt hat, wie diese ihren Haushalt bestritt, wie sie ihr Leben führte. Es gibt kaum einen Lebensbereich im Leben eines Mannes, der nicht von seinen ersten Lebenserfahrungen mit beeinflusst wird.

So habe ich auch die Erfahrungen, die ich mit meiner Mutter gemacht habe, im Laufe meines Lebens repliziert, viele alte Inhalte in neue Gewänder gekleidet und ausprobiert. Ich musste vieles in Frage stellen und abändern, einiges über Bord werfen und für mich neu erfinden. Manches konnte ich dankbar weitertragen. Ich habe meine Lebenserfahrungen an unsere Kinder weitergegeben. Sie haben daraus ihr eigenes Leben gestrickt. Wenn ich sehe, wie sich die Mutter-Sohn-Beziehung in den siebzig Jahren, die ich bis hierhin gelebt habe, verändert hat, staune ich darüber, welche Fortschritte hinsichtlich der Befreiung der Frau aus den patriarchalischen Fesseln, der Achtung des Kindes in seiner eigenen Würde und einer Neubestimmung der Männer- und Vaterrolle gemacht worden sind.

Unsere Tochter und ihr Mann erziehen ihre große Tochter und ihren kleinen Sohn ganz anders, als wir sie vor 40 Jahren erzogen haben, und noch mal anders als meine Mutter meine Schwestern und mich vor 70 Jahren erzogen hat. Sie teilen sich ihre Erziehungsaufgaben. Sie behandelt ihre Tochter und ihren Sohn jeweils anders, aber beide Kinder mit dem gleichen achtsamen Respekt. Meine Tochter liebte ihre Großmutter über alles, ließ sich jedoch von dieser weder in ihrer Partnerschaft noch in ihrer Lebensgestaltung etwas sagen. Viele Themen, mit denen ich mich herumgeschlagen habe, beschäftigen sie gar nicht mehr. Dafür hat sie andere Sorgen, was ihr Leben und die Zukunft ihrer Kinder betrifft.

So muss Leben sein, ein fortgesetzter Wandel.

Meine Hoffnung ist, dass Männer und Frauen sich nicht mehr gegenseitig bekämpfen, sondern sich selbst und einander gegenseitig in ihren jeweiligen Unterschieden akzeptieren und respektieren. Dass sie erkennen, wie sie unterschiedliche Lebenswege beschreiten können und gleichzeitig eng, ja intim miteinander ihr Leben teilen. Meine Hoffnung ist es ferner, dass unsere Welt sich in Richtung von Frieden und eines achtsamen und respektvollen Umgangs mit den Menschen und der Natur bewegt, weil dies eine Grundvoraussetzung für die Gleichberechtigung von Mann und Frau ist.

Von der persönlichen zu einer politischen Versöhnung

Zum Abschluss möchte ich auf die Widmung zurückkommen, die ich an den Anfang dieses Buches gestellt habe.

Wie aus dem Lebensbericht meiner Mutter ersichtlich war, ist nicht nur sie, sondern das ganze chinesische Volk infolge der japanischen Invasion im Zweiten Weltkrieg traumatisiert worden. Wir wissen heute, dass solche kollektiven Traumatisierungen transgenerational, also von einer Generation zur nächsten weitergegeben werden. Auf diese Weise pflanzen sich Demütigungen, Wut, Ressentiments auf der Opferseite und Schuld und Scham auf der Täterseite in den nächsten Generationen fort. Vieles, was heute auf der Welt geschieht, kann man unter diesem Blickwinkel nachvollziehen und verstehen.

Ich möchte hier von zwei Begegnungen berichten, die mich persönlich zu einer Versöhnung mit der Geschichte geführt haben.

Kaz

Kaz heißt mit vollem Namen Kazuaki Tanahashi, aber er lässt sich gerne Kaz nennen. Er ist ein japanischer Künstler und lebt in den USA. Er malt und praktiziert Zenmeditation, aber seine Passion gilt der Friedensarbeit. Seit Beginn der 1980er Jahre, als ein atomarer Schlagabtausch zwischen Ost und West durch die Stationierung von Mittelstreckenraketen in Europa drohte, kämpft er für eine »Welt ohne Waffen«. Dafür lebt er, dafür kämpft er, selbst mit seinen 86 Jahren (Tanahashi 2018).

Ein Japaner als Friedensarbeiter? Seit meiner Kindheit verbinde ich Japaner mit Krieg, Grausamkeit und Gräuel. Dieses Feindbild habe ich förmlich mit der Muttermilch aufgenommen. Meine Mutter und ihre Familie haben, wie die meisten Chinesen, sehr unter den Japanern gelitten. Ich habe ja schon erwähnt, dass meine Mutter und ich in dem ersten Traum, an den ich mich überhaupt erinnern kann, auf der Flucht in einem Bahnhof von japanischen Jagdfliegern bombardiert wurden. Seither konnte ich Japaner nicht leiden, selbst wenn sie mir persönlich nichts getan haben. Wenn ich als Student in Heidelberg japanische Touristen sah, ging ich lieber auf die andere Straßenseite.

Das änderte sich mit Kaz. Und das kam so: Meine Mutter hat mir die Liebe zur chinesischen Schrift nahegebracht. Daher besuchte ich 2008 einen Kurs in Kalligraphie, der von einem japanischen Künstler geleitet wurde. Kaz erwies sich als ein bescheidener alter Mann mit weißem Bart, der im traditionellen japanischen Gewand daherkam.

Japaner haben eine sehr persönliche Art, Schülern das Schreiben beizubringen. Der Lehrer steht hinter dem sitzenden Schüler, nimmt dessen Hand mit dem Pinsel und führt sie ganz sanft übers Papier, so dass der Schüler genau spürt, mit welcher Druckstärke und in welche Richtung er die Pinsel führen soll. So stand auch Kaz hinter mir und führte meine Hand. Es war schon ein komisches Gefühl, einen Japaner so dicht hinter mir zu spüren und meine Hand von ihm führen zu lassen. Es war auch deshalb eigenartig, weil ich ja schon gut schreiben konnte (die japanische und die chinesische Schrift sind identisch, weil die Japaner die chinesische Schrift übernommen haben) und nun wieder einfach Striche zeichnen sollte. Dennoch fühlte es sich gut an.

Am Ende des Kurses ließ Kaz uns in der Runde zusammensitzen und uns darüber austauschen, wie es uns im Kurs gegangen war. Als er selbst drankam, sagte er, wie er sich freue, dass ich als Chinese zu ihm in den Kurs gekommen bin. Er wisse sehr wohl von den Vorbehalten, die Chinesen Japanern gegenüber hätten. Sein Vater sei ein hoher Offizier gewesen und habe 1937 bei der Invasion des chinesischen Festlandes eine wichtige Rolle gespielt, als die japanische Armee in China landete (ähnlich wie die Landung der alliierten Truppen in der Normandie). Zum Glück sei er dabei verwundet und zurück nach Japan geschickt worden, so dass er nicht am Massaker in Nanking beteiligt war. Er, Kaz, sei damals erst vier gewesen, aber der Krieg habe ihn stark geprägt, so dass er beschloss, sich für den Frieden in der Welt einzusetzen.

Diese persönliche Aussage von Kaz hat mich überwältigt, vor allem weil er sonst mit persönlichen Mitteilungen überaus zurückhaltend war. Der Hass auf die Japaner, den ich seit Beginn meines Lebens gehegt hatte, zerschmolz im Nu.

Ein Jahr später fuhr ich mit ihm auf einer von ihm organisierten Pilgerreise nach China, auf der er die Teilnehmer zu Chan-Klöstern führte, in denen der japanische Zenmönch Dogen im 13. Jahrhundert die buddhistische Lehre übernommen hatte. Jedoch bestand der Hauptzweck seiner Reise darin, nach Nanking zu einem kleinen Museum zu fahren, das er Jahre zuvor zusammen mit einem jungen Chinesen gegründet hatte, um alte chinesische Veteranen aus dem Japanisch-Chinesischen Krieg um Vergebung zu bitten – etwas, das die japanische Regierung bis heute nicht getan hat. Die Exponate im Museum erschütterten mich zutiefst. Da hingen zahlreiche Fotos von Japanern, wie sie chinesische Zivilisten umbrachten und Frauen vergewaltigten. Einige uralte chinesische Überlebende kamen zu unserem Treffen, und Kaz bat sie im Namen seines Landes um Vergebung. In dieser Zeremonie sang seine Tochter, die gleichaltrig mit meiner ältesten Tochter ist, ein von Kaz gedichtetes Lied.

Nach dieser beeindruckenden Zeremonie fuhren wir im Taxi zu unserem Hotel zurück. Damals war gerade ein heftiger Streit zwischen China und Japan ausgebrochen, weil China entgegen internationalen Vereinbarungen Anspruch auf einige Inseln im Chinesischen Meer erhoben hatte. In den Straßen Nankings stießen wir auf eine Demonstration, in der heftige Parolen gegen Japan ausgerufen wurden. Die Stimmung war sehr aufgeheizt, gerade hier in Nanking. Die Tochter von Kaz ängstigte sich sehr, und ich schämte mich meiner Landsleute. Jetzt war China der Aggressor. Zum Glück saßen wir sicher in einem Taxi. Kaz mit seiner japanischen Kleidung wäre sonst bestimmt aufgefallen.

Kaz und ich sind seither Freunde. Wie schlimm die Erfahrungen meiner Mutter und meiner Landsleute während der japanischen Besatzung auch gewesen sind, sie brauchen nicht auf mich abzufärben. Ich muss den Hass zwischen unseren Völkern nicht weiterpflegen.

Uiguren und Tibeter

Gegenüber Japan war China das Opfer. Gegenüber seinen ethnischen Minderheiten ist China mit seiner Mehrheit an Han-Chinesen heute Täter und Aggressor. (Nur zweimal wurden die Han-Chinesen von einer Minderheit unterworfen: von den Mongolen unter Dschingis Khan und seinen Nachfolgern in der Yuan-Dynastie von

1279 bis 1368, und den Manchus in der Qing-Dynastie von 1616 bis 1911). Im heutigen Xinjiang werden die Uiguren unterdrückt. Hunderttausende werden in Umerziehungslagern gefoltert und politisch indoktriniert. (Mein Vater ließ, als loyaler Auslandschinese, Anfang der 1990er Jahre ein Hotel in Xinjiangs Hauptstadt Ürümqi bauen, das er jedoch später durch Korruption verlor.)

Tibet, seit 1913 ein eigenständiger Staat, wurde 1959 von China annektiert. Seither sind über eine Million Tibeter umgekommen, über 100 000 Tibeter leben heute im Exil, einschließlich des 14. Dalai Lamas, des religiösen Oberhaupts Tibets.

2005 besuchte ich eine öffentliche Veranstaltung des Dalai Lama in Zürich. Es waren hunderte Exil-Tibeter anwesend, denn viele haben sich in der Schweiz niedergelassen. Die Alpen erinnern sie an ihre Heimat. Mir fiel auf, dass sie ähnlich herzhaft lachten wie der Dalai Lama. In einer Pause kamen einige auf mich zu und fragten mich, woher ich käme. Ich schlug die Augen nieder und sagte: »Aus China«, in der Erwartung, von ihnen zumindest kritisch betrachtet zu werden. Nichts davon. Ihre spontane Reaktion war: »Oh, wie schön!«, und sie hießen mich auf das Herzlichste willkommen. Keine Vorurteile, keine Vorverurteilung. Selbst heute berührt mich diese Reaktion zu Tränen. Welch ein wundervolles Volk!

Mit diesen Exil-Tibetern verbindet mich das Schicksal, dass wir alle durch ein diktatorisches Regime aus unserer Heimat vertrieben worden sind. Und dennoch bleiben wir Exilanten ein Teil, ja ein wesentlicher Teil unseres Volkes – nämlich der, der in Freiheit lebt. Unsere Heimat hat sich nur erweitert. Das Ganze ist mehr als die Summe seiner Teile. (Ringen 2016, Durant 2010)

Was zählt, sind Menschen, nicht Ideologien.

Wasser überwindet den Stein. Liebe ist stärker als Macht.

Anmerkungen

Persönliche Einleitung

1 In Deutschland wurden 2019 141 000 Fälle sexualisierter und partnerschaftlicher Gewalt gezählt, Tendenz steigend. Dazu zählen Körperverletzung, sexuelle Übergriffe und Zwangsprostitution. Statistisch wird jede Stunde eine Frau durch ihren Partner gefährlich verletzt. Jeden Tag findet ein Mordversuch statt. Jeden dritten Tag wird eine Frau von ihrem Partner ermordet. 19 % der Opfer partnerschaftlicher Gewalt sind Männer. 81 % sind Frauen (o. V.: *Hohe Dunkelziffer: Partnerschaftsgewalt bleibt großes Problem*, in: Rhein-Neckar-Zeitung Nr. 274, 26.11.2019, S. 2).

Das Leben meiner Mutter

1 Die ausführliche Geschichte meines Vaters finden Sie in meinem Buch *Vaterliebe* (2016).

Wie hat sich meine Mutterbeziehung auf mein Leben ausgewirkt?

1 In meinem Buch *Neugeburt einer Familie* (2008) habe ich ausführliche Beispiele für meine Arbeit beschrieben.

Formen elterlichen Missbrauchs

1 Haag (2015) subsumiert den sexuellen Missbrauch eines Kindes unter den Missbrauch des Kindes als Partnerersatz. Ich habe den sexuellen Missbrauch als eigene Kategorie aufgeführt, weil sexueller Missbrauch auch stattfinden kann, wenn der missbrauchende Elternteil einen Sexualpartner hat, etwa in den Fällen, in denen der betreffende Elternteil selbst missbraucht worden ist und nun sein eigenes Kind missbraucht (Opfer-Täter-Umkehr).

Wenn der Vater fehlt oder abwesend ist, oder: Warum ist der Vater wichtig?

1 In meinem Buch *Vaterliebe* (2016) habe ich die Folgen der Weltkriege für die traditionelle Familie ausführlich beschrieben.

2 Phyllis Chesler trennte sich vom Vater ihres Sohnes, als dieser eineinhalb Jahre alt war, und lebte danach mit wechselnden Partnerinnen, nachzulesen in ihrer Autobiographie *A Politically Incorrect Feminist* (2018).

Die frühkindliche symbiotische Bindung an die Mutter

1 Die schwedische Autorin Ellen Key hat die These vertreten, dass die Mutterliebe der Ursprung aller Kultur sei (Key 1898).

Die narzisstische Besetzung des Sohnes durch die Mutter

1 Die Psychologin Bärbel Wardetzki hat die narzisstische Partnerwahl in ihren Büchern *Weiblicher Narzissmus* (2007) und *Eitle Liebe* (2009) beschrieben.

2 *Gesundheitsberichterstattung des Bundes zur Säuglingssterblichkeit*, in: http://www.gbe-bund.de/gbe10/abrechnung.prc_abr_test_logon?p_uid=gast&p_aid=0&p_knoten=FID&p_sprache=D&p_suchstring=25076, Abruf am 01.02.2020.

3 *Der kleine Unterschied*, in: https://www.eltern.de/baby/9-12-monate/jungen-maedchen.html, Abruf am 01.02.2020.

4 Mädchen werden durchschnittlich 15 Minuten an der Brust gestillt, Jungen 45 Minuten. Beim Füttern mit der Flasche bekommen Mädchen 8 Minuten Zeit zum Trinken, Jungen 15 Minuten (https://rette-sich-wer-kann.com/patriarchat/wie-maedchen-und-jungen-ungleich-gemacht-werden; Abruf am 01.02.2020).

5 Gerhard Amendt (1994) hat in seinem Buch *Wie Mütter ihre Söhne sehen* bei einer Befragung von über 900 Frauen herausgefunden, dass viele Frauen ein besonderes Interesse für den Penis ihrer Söhne haben und deren erotische Gefühle wahrnehmen.

6 Das Wort Avatar kommt ursprünglich aus dem altindischen Sanskrit. *Avatara* bezeichnet im Hinduismus die körperliche Inkarnation eines Gottes, der die Gestalt eines Menschen oder eines Tieres annimmt. Seine Aufgabe besteht darin, der Menschheit auf ihrem Weg zum Brahman als Wegbereiter, Vorbild und Lehrer zu dienen. (Interessant ist hier die Parallele zur Figur des Jesus im Christentum, der als Inkarnation Gottes angesehen wird.)

7 Dr. Jekyll ist eine Figur aus dem Roman *Der seltsame Fall des Dr. Jekyll und Mr. Hyd*e von Robert Louis Stevenson. Darin wird ein Arzt, Dr. Jekyll, beschrieben, der ein Medikament im Selbstversuch einnimmt. Dieses verwandelt ihn, der sonst ein gütiger und menschenfreundlicher Mann ist, in ein bösartiges Scheusal, das Menschen quält und schließlich sogar einen Mord begeht. Anfangs gelingt es ihm noch, sich mit Hilfe eines Gegenmittels zurück in sein ursprüngliches Selbst zu verwandeln. Am Ende tritt die Verwandlung jedoch immer rascher und immer unkontrollierbarer ein. Die Figur des Dr. Jekyll und Mr. Hyde gilt als literarisches Beispiel für den Wechsel zwischen zwei gegensätzlichen Seiten einer Person, der typisch für die Borderline-Störung ist.

Das Bedürfnis der Tochter nach väterlicher Bestätigung

1 Siehe auch die gegenseitige Ergänzung von Yin und Yang im Kapitel »Zur Versöhnung der Geschlechter« in Teil III.

Sexueller Missbrauch durch die Mutter

1 So wie in dem Film *La Maman et la Putain* des französischen Regisseurs Jean Eustache.

2 Orths, Friedemann: *Beliebter als Netflix*. Sechs Fakten zur Nutzung. Rhein-Neckar-Zeitung vom 10.10.2019, S. 12.

Kinder psychisch kranker Mütter

1 Zu diesem Thema habe ich bereits einen ähnlichen Artikel in der Fachzeitschrift GESTALTTHERAPIE veröffentlicht (Victor Chu: *Kinder psychisch kranker Mütter oder: Was brauchen Mütter?* In: GESTALTTHERAPIE, Forum für Gestaltperspektiven, herausgegeben von der Deutschen Vereinigung für Gestalttherapie, 1/2013, S. 51–76).

2 1992 auch auf Deutsch unter dem Titel *Aber keiner darf's erfahren. Scham und Selbstwertgefühl in Familien* erschienen, inzwischen aber nur noch antiquarisch erhältlich.

3 Factsheet »Kinder psychisch kranker Eltern«, Dachverband Gemeindepsychiatrie e. V. sowie Prof. Dr. Albert Lenz' Vortrag mit dem Titel »Kinder psychisch kranker Eltern. Belastungen, Bewältigung und Unterstützung« auf der Fachtagung »Kleine Held(Inn)en in Not. Prävention und gesundheitsfördernde Hilfen für Kinder psychisch kranker Eltern« des Dachverbandes Gemeindepsychiatrie e. V. am 7. und 8. Februar 2008 in Lübeck.

4 Zur Bindungstheorie und zu Bindungsstörungen siehe Grossmann, Karin & Grossmann, Klaus E.: *Bindungen – das Gefüge psychischer Sicherheit*. Klett-Cotta 2004; Brisch, Karl Heinz: *Bindungsstörungen. Von der Bindungstheorie zur Therapie*. Klett-Cotta 1999; Brisch, Karl Heinz & Hellbrügge, Theodor (Hrsg.): *Bindung und Trauma. Risiken und Schutzfaktoren für die Entwicklung von Kindern*. Klett-Cotta 2003.

5 Dtsch Arztebl 1999; 96 (44): A–2788 / B–2390 / C–2221.

6 Factsheet »Kinder psychisch kranker Eltern«, Dachverband Gemeindepsychiatrie e. V., in: https://www.dvgp.org/veroeffentlichungen/factsheets.html.

Von der Schwierigkeit, heute Mutter zu sein

1 Hans Hopf, Kinder- und Jugendlichen-Psychotherapeut und Analytiker, betont in seinen Büchern immer wieder den Unterschied zwischen Jungen und Mädchen und plädiert dafür, die Eigenarten von Jungen und Mädchen

in der Erziehung zu respektieren und zu berücksichtigen (vgl. Hopf 2017, 2019).

2 Dass bei der Frage der Gleichberechtigung auch Männer aufgrund ihres Geschlechts benachteiligt werden, vergisst man leicht. Der Kampf um die Gleichstellung von Mann und Frau wurde nicht zuletzt ausgelöst durch einen Prozess in den USA, in dem das Recht eines Mannes, der seine alte Mutter pflegte und die finanziellen Ausgaben für die Pflege seiner Mutter nicht wie Frauen von der Steuer absetzen durfte, von der Anwältin Ruth Bader Ginsberg und ihrem Mann Marty Ginsberg vor dem Bundesberufungsgericht erfolgreich eingeklagt wurde. Ruth Bader Ginsberg ist heute mit 86 Jahren Richterin am Supreme Court der USA. Der 2018 erschienene Spielfilm *On the Basis of Sex* (dt.: *Die Berufung – Ihr Kampf für Gerechtigkeit*) schildert diesen Fall.

3 Zeit Online, 07.02.2018 (Der Text ist leider nicht frei zugänglich. Einen vergleichbaren Artikel finden Sie in: https://www.zeit.de/arbeit/2019-03/kein-ruhestand-frauen-altersarmut-irene-goetz-vorabdruck, Abruf am 04.02.2020)

4 *Prävalenz von Burn-out in Deutschland nach Geschlecht, Alter und sozialem Status 2012*. Veröffentlicht von Statista Research Department, 26.08.2019, in: https://de.statista.com/statistik/daten/studie/233475/umfrage/praevalenz-von-burn-out-nach-geschlecht-alter-und-sozialem-status/, Abruf am 04.02.2020.

5 Die Belastung berufstätiger Mütter hat sich 2020 in der Coronakrise überdeutlich gezeigt, als Kitas, Kindergärten und Schulen wochenlang geschlossen wurden und alle Kinder zuhause bleiben mussten.

6 Grindwale leben in sehr engen Familienverbänden zusammen. Meine Familie und ich haben vor Jahren ein Walforscher-Ehepaar besucht, das in der Meeresenge zwischen Teneriffa und La Gomera Wale in freier Wildbahn aufsuchte. Wir fuhren im Schlauchboot hinaus, bis wir eine Grindwalfamilie fanden. Diese umfasste damals über 40 Individuen verschiedenen Alters. Wir sind mit Schnorcheln ins Wasser gegangen und mit ihnen zusammen geschwommen. Einmal begegneten wir einer Walmutter und deren Kind, zu denen sich das große Männchen wenig später dazu gesellte. Das Forscher-Ehepaar berichtete, dass sie kurz zuvor einen Trauerzug der Wale erlebt hätten: Eine Walmutter schwamm voraus und trug ihr totes Baby im Maul, flankiert von mehreren Walen und gefolgt von der ganzen Großfamilie. Dies war ein eindrucksvoller Beleg für die enge soziale Bindung innerhalb der Grindwalfamilie. Von Schwertwalen (auch Orcas oder Killerwale genannt) weiß man, dass sie äußerst erfolgreich in engen familiären Verbänden jagen. Anscheinend garantiert die Menopause der älteren Weibchen eine höhere Überlebenschance der Jungtiere und der gesamten Sippe.

Die Partnerbeziehung zwischen den Eltern

1 Traumatherapeuten berichten, dass Frauen während der Schwangerschaft und der Geburt ihres Kindes manchmal ihre eigenen traumatischen Erlebnisse als Fötus oder Neugeborenes wiedererleben.

2 Einen ähnlichen Prozess sehen wir in manchen Beziehungen zwischen einer jungen Frau und einem viel älteren Mann. Nur ist es hier nicht die Mutter, sondern der Vater, der das spätere Beziehungsleben prägt. Es könnte sein, dass beide zu wenig Liebe und Anerkennung von ihren Vätern bekommen haben oder überhaupt keinen Vater erlebt haben. Die Frau sucht dann eine Vaterfigur, der Mann hingegen identifiziert sich mit einem imaginären, omnipotenten Vater (was ihn narzisstisch aufwertet und ihm über seine eigene Vaterlosigkeit hinweghilft) und wird selbst zum Vater für seine Partnerin.

3 Der Höhepunkt der Scheidungsrate liegt im 6.–7. Ehejahr und damit in einer Zeit, in der viele Paare Kinder bekommen.

Zur Versöhnung der Geschlechter

1 Siehe hierzu das Kapitel »Wenn der Vater fehlt oder abwesend ist«.

2 Hier beziehe ich mich explizit auf die heterosexuelle Liebesbeziehung. Über homosexuelle Beziehungen zu schreiben, fühle ich mich nicht kompetent.

3 Zur Praxis des Tantra siehe beispielsweise Richardson 2013 und Cremer & Cremer 2019.

Abschied nehmen von der Mutter

1 Aus: Bodo von Petersdorf (Hrsg.): *Deutscher Liederschatz. Band 5. Kinderlieder.* Augsburg: Weltbild (o. J.), S. 69. Die Kurzfassung finden Sie zum Beispiel in: Ernst Klusen (Hrsg.): *Deutsche Lieder* Frankfurt/M.: Insel 1980.

Versöhnung mit meiner Mutter

1 In meinem Buch *Neugeburt einer Familie. Familienstellen in der Gestalttherapie* (2008) habe ich die Technik und Wirkungsweise des Familienstellens ausführlich beschrieben, mit vielen Fallbeispielen.

Literatur

Frauen, Mädchen und Mütter, Frauenbewegung

Ausfelder, Trude: Alles, was Mädchen wissen wollen. Infos und Tipps für die aufregendsten Jahre im Leben. Oberstebrink 2017.

Beck-Gernsheim, Elisabeth: Geburtenrückgang und Geschlechterverhalten – Eine Zwischenbilanz. In: Wimmer-Puchinger, Beate & Riecher-Rössler, Anita (Hrsg.): Postpartale Depression. Von der Forschung zur Praxis. Springer 2006.

Chesler, Phyllis: Mutter werden. Die Geschichte einer Wandlung. rororo 1996.

Chesler, Phyllis: A Politically Incorrect Feminist. Creating a Movement with Bitches, Lunatics, Dykes, Prodigies, Warriors and Wonder Women. St. Martin's Press 2018.

Dammasch, Frank: Die innere Erlebniswelt von Kindern alleinerziehender Mütter. Eine Studie über Vaterlosigkeit. Brandes & Apsel 2004.

Franz, Matthias: PALME. Präventives Elterntraining für alleinerziehende Mütter. Vandenhoeck & Ruprecht 2009.

Friday, Nancy: Wie meine Mutter (My Mother My Self). S. Fischer 1982.

Garsoffky, Susanne & Sembach, Britta: Die Alles ist möglich-Lüge. Wieso Familie und Beruf nicht zu vereinbaren sind. Pantheon 2014.

Garsoffky, Susanne & Sembach, Britta: Der tiefe Riss. Wie Politik und Wirtschaft Eltern und Kinderlose gegeneinander ausspielen. Pantheon 2017.

Geo Wissen: Mütter, wie sie uns ein Leben lang prägen, Geo-Wissen Nr. 52, 2013.

Johnstone, Rufus A. & Cant, Michael A. (2019): Evolution of menopause. Current Biology, 29(4), S. 112–115.

Key, Ellen: Mißbrauchte Frauenkraft. Albert Langen 1898.

Kelle, Birgit: Muttertier. Eine Ansage. Fontis 2017.

Lahdenperä, M., Gillespie D. O. S., Lummaa, V. & Russell A. F.: Severe intergenerational reproductive conflict and the evolution of menopause. (https://www.ncbi.nlm.nih.gov/pubmed/22913671).

Langer, Marie: Das gebratene Kind und andere Mythen. Die Macht unbewusster Phantasien. Kore 1987.

Olivier, Christiane: Jokastes Kinder. Die Psyche der Frau im Schatten der Mutter. Claassen 1989.

Meeker, Meg: Starke Väter, starke Töchter. Wie Töchter von ihren Vätern geprägt werden. MVG 2015.

Sick, Helma & Schmidt, Renate: Ein Mann ist keine Altersvorsorge. Warum finanzielle Unabhängigkeit für Frauen so wichtig ist. Kösel 2019.
Spencer-Brown, George: Dieses Spiel geht nur zu zweit. Bohmeier 2004.
Steinem, Gloria: Outrageous Acts and Everyday Rebellions. Picador 2019.
Welldon, Estela V.: Perversionen der Frau. Psychosozial 2003.
Wolf, Naomi: Vagina. Eine Geschichte der Weiblichkeit. Rowohlt 2019.

Männer, Jungen und Väter

Ackermann, Robert J.: Silent Sons. A book for and about men. New York 1993.
Amendt, Gerhard: Wie Mütter ihre Söhne sehen. Fischer 1994.
Ausfelder, Trude: Alles, was Jungen wissen wollen. Infos und Tipps für die aufregendsten Jahre im Leben. Oberstebrink 2015.
Benard, Cheryl & Schlaffer, Edit: Mütter machen Männer. Wie Söhne erwachsen werden. Heyne 1994.
Biddulph, Steve: Jungen! Wie sie glücklich heranwachsen. Heyne 2002.
Biddulph, Steve: Männer auf der Suche. Sieben Schritte zur Befreiung. Beust 1996.
Chu, Victor: Vaterliebe. Klett-Cotta 2016.
Falkenstein, Tom: Hochsensible Männer. Mit Feingefühl zur eigenen Stärke. Junfermann 2017.
Franck, Barbara: Mütter und Söhne. Gesprächsprotokolle mit Männern. Hoffmann und Campe 1981.
Friday, Nancy: Die sexuellen Phantasien der Männer. Rowohlt 1983.
Härtling, Peter: Nachgetragene Liebe. Luchterhand 1980.
Hopf, Hans: Die Psychoanalyse des Jungen. Klett-Cotta 2017.
Hopf, Hans: Jungen verstehen. Klett-Cotta 2019.
Koppetsch, Cornelia & Speck, Sarah: Wenn der Mann kein Ernährer mehr ist. Suhrkamp 2015.
Meeker, Meg: Starke Mütter, starke Söhne. Wie Mütter ihre Söhne zu außergewöhnlichen Männern erziehen. MVG 2015.
Miller, Martin: Das wahre »Drama des begabten Kindes«. Die Tragödie Alice Millers. Herder 2016.
Pilgrim, Volker Elis: Muttersöhne. Claassen 1986.
Rüttner-Cova, Sonja: Der Matriarch. Die gespaltene Liebe des Mannes. Sphinx 1988.
Schwarzkopf, H. Norman: It Doesn't Take A Hero. Bantam 1992.
Schmidt, Sascha: Neue Väter – neue Karrieren. Gabal 2014.
Theweleit, Klaus: Männerphantasien. Roter Stern/Stroemfeld 1977/78.
Wieck, Wilfried: Männer lassen lieben. Die Sucht nach der Frau. Kreuz 1989.
Wieck, Wilfried: Was Männer nur Männern sagen und was Frauen trotzdem wissen sollten. Kreuz 1999.

Wieck, Wilfried: Liebe Mutter, du tust mir nicht gut. Söhne schreiben an ihre Mutter. Kreuz 2000.
Wurr, Rüdiger: Prinzen und ihre Mütter. Zwei Biographien zur Entwicklung vaterloser Kinder. Klett-Cotta 1985.

Bindung, Bindungstheorie

Brisch, Karl Heinz: Bindungsstörungen. Von der Bindungstheorie zur Therapie. Klett-Cotta 1999.
Brisch, Karl Heinz & Hellbrügge, Theodor (Hrsg.): Bindung und Trauma. Risiken und Schutzfaktoren für die Entwicklung von Kindern. Klett-Cotta 2003.
Grossmann, Klaus E. & Grossmann, Karin (Hrsg.): Bindung und menschliche Entwicklung. John Bowlby, Mary Ainsworth und die Grundlagen der Bindungstheorie. Klett-Cotta 2003.
Grossmann, Karin & Grossmann, Klaus E.: Bindungen – das Gefüge psychischer Sicherheit. Klett-Cotta 2004.
Winnicott, Donald: Von der Kinderheilkunde zur Psychoanalyse. Psychosozial 2008.

Paarbeziehung

Armstrong, Alison A.: Making Sense of Men. A Woman's Guide to a Lifetime Love, Care and Attention from All Men. PAX Programs Incorporated 2012.
Chu, Victor: Liebe, Treue und Verrat Von der Schwierigkeit, sich selbst und dem Partner treu zu sein. Kösel 1995, Neuauflage Tredition 2014.
Chu, Victor: Casablanca oder wohin dich die Sehnsucht führt. Kösel 1997, Neuauflage Tredition 2014.
Moeller, Michael Lukas: Die Wahrheit beginnt zu zweit: Das Paar im Gespräch. Rowohlt 2010.

Familie

Bertram, Hans & Bertram, Birgit: Familie, Sozialisation und die Zukunft der Kinder. Verlag Barbara Budrich 2009.
Chu, Victor: Überleben in der Lebensmitte: Glück und Stress der Sandwich-Generation. Kösel 1999, Neuauflage Tredition 2014.
Chu, Victor: Die Kunst, erwachsen zu sein. Wie wir uns von den Fesseln der Kindheit lösen. Kösel 2002, Neuauflage Tredition 2014.
Chu, Victor: Lebenslügen und Familiengeheimnisse. Auf der Suche nach der Wahrheit. Kösel 2005, Neuauflage Tredition 2014.
Chu, Victor: Von der schwierigen Kunst, treu zu sein. Warum wir betrügen, was wir lieben. Kösel 2008.

Chu, Victor: Neugeburt einer Familie. Familienstellen in der Gestalttherapie. gikPress 2008.
Erikson, Erik: Identität und Lebenszyklus. Suhrkamp 1973.
Fossum, Merle A. & Mason, Marilyn J.: Facing Shame: Families in Recovery, Norton 1989 (dt: Aber keiner darf's erfahren. Scham und Selbstwertgefühl in Familien. Kösel 1992).
Johnstone, Rufus A. & Cant, Michael A. (2019): Evolution of menopause. Current Biology, 29(4), S. 112–115.
Imber-Black, Evan (Hrsg.): Secrets in Families and Family Therapy. Norton 1992.
Krähenbühl, Verena, Jellouschek, Hans, Kohaus-Jellouschek, Margarete & Weber, Roland: Stieffamilien. Struktur – Entwicklung – Therapie. Lambertus 2011.

Borderline-Störung

Kreisman, Jerold J. & Straus, Hal: Ich hasse dich – verlass mich nicht. Die schwarzweiße Welt der Borderline-Persönlichkeit. Kösel 2012.
Kreisman, Jerold J. & Straus, Hal: Zerrissen zwischen Extremen. Leben mit einer Borderline-Störung, Hilfen für Betroffene und Angehörige. Kösel 2005.
Sendera, Alice & Sendera, Martina: Borderline – die andere Art zu fühlen. Beziehungen verstehen und leben. Springer 2010.
Soliman, Tina: Der Sturm vor der Stille. Warum Menschen den Kontakt abbrechen. Klett-Cotta 2014.

Narzissmus

Bollnow, Otto Friedrich: Wesen und Wandel der Tugenden. Ullstein 1958.
Chu, Victor & De las Heras, Brigitta: Scham und Leidenschaft. Kreuz 1995, Neuauflage Tredition 2014.
Kernberg, Otto F.: Borderline-Störungen und pathologischer Narzissmus. Suhrkamp 1983.
Wardetzki, Bärbel: Weiblicher Narzissmus. Der Hunger nach Anerkennung. Kösel 2007.
Wardetzki, Bärbel: Eitle Liebe. Wie narzisstische Beziehungen scheitern oder gelingen können. Kösel 2009.

Kinder psychisch kranker Eltern

Homeier, Shirin: Sonnige Traurigtage. Ein Kinderfachbuch für Kinder psychisch kranker Kinder. Mabuse 2006.
Homeier, Schirin & Schrappe, Andreas: Flaschenpost nach irgendwo. Ein Kinderfachbuch für Kinder suchtkranker Eltern. Mabuse 2012.

Van der Kolk, Bessel: Verkörperter Schrecken. Traumaspuren in Gehirn, Geist und Körper und wie man sie heilen kann. G. P. Probst Verlag 2015.

Krause-Girth, Cornelia & Oppenheimer, Christa (Hrsg.): Lebensqualität und Beziehungen. Geschlechtersensible Betreuung psychisch Kranker. Psychiatrieverlag 2004.

Lenz, Albert & Jungbauer, Johannes (Hrsg.): Kinder und Partner psychisch kranker Menschen, Belastungen, Hilfebedarf, Interventionskonzepte. dgvt-Verlag 2008.

Mattejat, Fritz & Lisofsky, Beate: Nicht von schlechten Eltern. Kinder psychisch Kranker. Psychiatrieverlag 2008.

Schlösser, Sebastian: »Lieber Matz, Dein Papa hat 'ne Meise«. Ein Vater schreibt Briefe über seine Zeit in der Psychiatrie. Ullstein 2012.

Wulf, Anette: Kinder psychisch kranker Eltern, Leben zwischen Wahn und Normalität. VDM Dr. Müller 2007.

Politik und Gesellschaft

Durant, Will & Durant, Ariel: The Lessons of History. Simon & Schuster 2010.

Nonn, Christoph: Das 19. und 20. Jahrhundert. Orientierung Geschichte. UTB 2014.

Ringen, Stein: The Perfect Dictatorship. China in the 21st Century. Hong Kong University Press 2016.

Tanahashi, Kazuaki: Painting Peace. Art in a Time of Global Crisis. Shambhala 2018.

Sexualität

Mason, Richard: Suzie Wong. Unionsverlag 2011.

Richardson, Diana: Zeit für Liebe. Sex, Intimität und Ekstase in Beziehungen. Innenwelt Verlag 2013.

Roth, Cornelius: Sexsucht. Krankheit und Trauma im Verborgenen. Ch. Links 2007.

Saint-Exupéry, Antoine de: Der Kleine Prinz. Karl Rauch 1988.

Cremer, Yella & Cremer, Samuel: Liebe würde Slow Sex machen. Sex, der Frauen und Männer wirklich glücklich macht – endlich konkret erklärt. LoveBase Media 2019.

Sexueller Missbrauch

Bass, Ellen & Davis, Laura: Trotz allem. Wege zur Selbstheilung für sexuell missbrauchte Frauen. Orlanda 1991.

Van den Broek, Jos: Verschwiegene Not: Sexueller Missbrauch an Jungen. Kreuz 1993.

Haag, Karl: Wenn Mütter zu sehr lieben. Verstrickung und Missbrauch in der Mutter-Sohn-Beziehung. Kohlhammer 2015.

Lew, Mike: Als Junge missbraucht. Wie Männer sexuelle Ausbeutung in der Kindheit verarbeiten können. Kösel 1993.

Rutschky, Katharina & Wolff, Reinhart (Hrsg.): Handbuch Sexueller Missbrauch. Rowohlt 1994.

Wais, Mathias & Gallé, Ingrid: … der ganz alltägliche Missbrauch. Aus der Arbeit mit Opfern, Tätern und Eltern. Edition Tertium 1996.

Spiritualität, Tod

Becker, Ernest: Die Überwindung der Todesfurcht. Dynamik des Todes. Goldmann 1987.

Erlbruch, Wolf: Ente, Tod und Tulpe. Kunstmann 2007.

Jung, C. G.: Erinnerungen, Träume, Gedanken. Aufgezeichnet und herausgegeben von Aniela Jaffé. Rascher 1962.

Thich Nhat Hanh: Das Herz von Buddhas Lehre: Leiden verwandeln – die Praxis des glücklichen Lebens. Herder 2004.

Der Autor

Dr. med. Victor Chu, Arzt und Diplom-Psychologe, arbeitet als Psychotherapeut, Tai-Chi-Lehrer und Ausbilder für Gestalttherapie und gestalttherapeutisches Familienstellen. Seine Frau und er haben drei erwachsene Kinder. Sie leiten eine psychotherapeutische Praxis bei Heidelberg (www.vchu.de).

Victor Chu ist Autor zahlreicher Sachbücher, unter anderem Krisenzeit – Meditationen eines Psychotherapeuten nach Tschernobyl, Scham und Leidenschaft, Casablanca oder wohin dich die Sehnsucht trägt, Liebe, Treue und Verrat, Überleben in der Lebensmitte, Die Kunst, erwachsen zu sein, Lebenslügen und Familiengeheimnisse, Neugeburt einer Familie und Vaterliebe.